글로벌 인적자원관리

박 주 홍

유원북스

머 리 말

2014년 기준으로 한국의 국내총생산(GDP) 규모는 총 1조 4,495억 달러로 세계 13위를 기록하였다. 또한 2014년 기준으로 무역규모는 총 1조 988억 달러이며, 이 중에서 수출은 5,731억 달러, 수입은 5,257억 달러로 무역수지 474억 달러 흑자를 달성하였다. 우리나라의 이러한 괄목할 만한 경제적 성과와 무역성과는 기업의 수출주도적인 마케팅전략과 글로벌화에 힘입은 바가 크다고 할 수 있다. 한국 경제가 선진국의 대열에 진입하기 위해서 무엇보다도 기업들은 그들의 글로벌 경쟁력을 강화할 필요가 있다.

1980년대 후반부터 현재까지 널리 사용되고 있는 '글로벌화'라는 용어는 때때로 '국제화'의 동의어로 간주되기도 한다. 글로벌화는 제2차 세계대전 이후의 국제경제의 급속한 발전에 기인하고 있으며, 신기술의 가속적 개발, 대량생산, 국가 간 교역의 증대, 통신 및 수송 시스템의 발달, 국내시장의 구매력의 한계 등과 같은 여러 가지 요인들에 의해 촉진되고 있다. 글로벌화는 세계시장을 하나의 통합된 관점에서 고찰하며, 무엇보다도 세계시장에서의 소비자의 동질성 또는 유사성을 중요하게 고려한다.

글로벌 기업은 기업의 모든 기능영역에서 세계적으로 운영을 표준화하려는 기업을 의미한다. 그러므로 글로벌 기업은 기업의 국적개념보다는 기업이 관계하고 있는 시장의 글로벌화에 더 중요한 의미를 부여하며, 인적·물적 자원의 세계적인 활용, 규모의 경제 및 시너지효과 등을 통하여 세계적인 경쟁력강화를 추구한다. 글로벌 기업은 기업의 규모 또는 매출액에 관계없이 정의될 수 있을 뿐만 아니라, 그들이 활동하는 국가 또는 지역과 무관하게 정의될 수도 있다. 즉, 기업이 세계적으로 활동하고 있다면, 글로벌 기업의 범주에는 대기업과 중소기업, 선진국 기업과 개발도상국 기업 등이 모두 포함될 수 있다.

글로벌 인적자원관리(global human resource management)는 '글로벌 기업이 기업목표를 달성하기 위하여 글로벌 인적자원의 배치전략 및 계획을 수립하고, 조직을 관리할 뿐만 아니라 글로벌 인적자원의 해외파견, 현지채용 및 노사관계 등을 관리하며, 글로벌 기업의 통제와 성과관리 및 글로벌 리더십의 개발 등을 포괄하는 글로벌 인적자원과 관련된 관리활동을 하는 것'으로 정의할 수 있다.

글로벌 인적자원관리는 기업의 글로벌화를 통하여 인사부문에서 발생하는 특수성을 포괄한다. 이러한 특수성은 무엇보다도 글로벌 인적자원의 조달, 투입 및 개발과 관련되어 있다. 또한 이러한 특수성은 한편으로는 글로벌 기업이 활동하거나 활동하려는 국가의 정치적, 법적, 경제적 및 사회문화적 환경의 다양성을 통하여 제한을 받을 뿐만 아니라, 다른 한편으로는 서로 다른 가치관, 경험 및 행동양식을 가진 인적자원의 다양한 국적으로 인하여 제약을 받는다.

저술연구의 일환으로 집필된 본서는 인용한 참고문헌에 대한 출처를 제시한 각주(footnote)와 자료원(source)을 명확하게 표기하였다. 저자가 이미 발표한 논문 및 저서의 내용을 직접적으로 인용하거나 수정하여 인용한 경우에는 해당 부분을 재인용 또는 수정 재인용으로 표기하였다. 본서에서 제시한 다양하고 광범위한 참고문헌은 글로벌 인적자원관리 분야의 연구에 관심을 가진 연구자 또는 독자들이 원전(原典)을 파악하는 데 있어서 많은 도움을 줄 것으로 보인다. 또한 저자는 본서의 주요 독자층이 학부 학생임을 감안하여 현학적이거나 난해하고 복잡한 문장의 사용을 피하고, 비교적 이해하기 쉬운 간결한 문장으로 표현하고자 노력하였다.

본서는 이론적인 부분에 대한 실무적 또는 실제적인 설명력을 높이기 위하여 신문에 게재된 최신 기사를 수집·보완하여 각 장별로 2개의 News Case를 별도로 제시하였다. 즉, News Case는 간단한 사례연구를 위해 활용할 수 있도록 기사의 내용을 있는 그대로 인용하거나, 일부 문구 및 문장을 수정하였다. 그러나 각 장의 주제에 정확하게 일치하는 유익한 자료를 수집하는 데 있어서 어느 정도 한계가 있었다는 사실은 부인할 수 없다.

본서는 총 5부 13장으로 구성되어 있으며, 그 주요 내용은 다음과 같다. '제1부 글로벌 인적자원관리의 개념과 사회문화적 환경'은 본서의 도입 부분으로서 글로벌화와 글로벌 인적자원관리의 개념(제1장)과 글로벌 인적자원관리와 사회문화적 환경(제2장)에 대하여 체계적으로 설명한다. '제2부 글로벌 인적자원과 배치전략, 계획 및 조직'은 글로벌 인적자원과 배치전략(제3장), 글로벌 인적자원과 계획(제4장) 및 글로벌 인적자원과 조직(제5장)에 대하여 논의한다. '제3부 글로벌 인적자원의 해외파견관리'는 글로벌 인적자원의 모집과 선발(제6장) 및 글로벌 인적자원의 교육훈련(제7장)뿐만 아니라, 글로벌 인적자원의 동기부여와 보상관리(제8장) 및 글로벌 인적자원의 해외파견과 재통합관리(제9장)에 대하여 서술한다. '제4부 글로벌 인적자원의 현지채용관리와 글로벌 기업의 노사관계'는 글로벌 인적자원의 현지채용관리(제10장)와 글로벌 기업의 노사관계(제11장)에 대하여 체계적으로 살펴본다. 마지막으로 '제5부 글로벌 기업의 통제와 성과관리 및 글로벌 리더십의 개발'은 글로벌 기업의 통제와 성과관리(제12장) 및 글로벌 리더십의 개발(제13장)에 대하여 각각 논의한다.

본서의 출판을 위해 많은 관심과 후원을 아끼지 않으신 유원북스 이구만 사장님과 원고정리를 위해 수고해 주신 편집부 김양형 편집위원님께도 감사를 드린다. 또한 본서가 집필되는 1년 여 동안 많은 시간을 빼앗겨야만 했던 사랑하는 아내와 아들 지형(智亨)에게 마음으로부터의 고마움을 전한다.

2016년 2월

궁산 기슭 연구실에서

저자 씀

◆ 강의(교수용) 파워포인트 자료는 출판사 또는 juhong@kmu.ac.kr로 문의바람.

차 례

제 2 부 글로벌 인적자원과 배치전략, 계획 및 조직

제3장 글로벌 인적자원과 배치전략

제4장 글로벌 인적자원과 계획

그림 차례

표 차례

News Case 차례

제 1 부

글로벌 인적자원관리의 개념과 사회문화적 환경

제 1 부는 글로벌 인적자원관리의 개념과 사회문화적 환경의 이해와 관련된 본서의 도입 부분이다. 제 1 장에서는 글로벌화와 글로벌 인적자원관리의 개념에 대하여 논의한다. 여기에서는 글로벌화에 대한 개념적 기초, 글로벌 인적자원관리의 개념과 전개과정 및 글로벌 인적자원관리의 목표와 과제 등에 대하여 설명한다. 제 2 장은 글로벌 인적자원관리에 큰 영향을 미치는 사회문화적 환경에 대하여 살펴본다. 여기에서는 문화의 개념과 사회문화적 환경에 대한 이론적 배경을 검토한다.

제 1 부 글로벌 인적자원관리의 개념과 사회문화적 환경

- 제1장 글로벌화와 글로벌 인적자원관리의 개념
- 제2장 글로벌 인적자원관리와 사회문화적 환경

⇩

제 2 부 글로벌 인적자원과 배치전략, 계획 및 조직

- 제3장 글로벌 인적자원과 배치전략
- 제4장 글로벌 인적자원과 계획
- 제5장 글로벌 인적자원과 조직

⇩

제 3 부 글로벌 인적자원의 해외파견관리

- 제6장 글로벌 인적자원의 모집과 선발
- 제7장 글로벌 인적자원의 교육훈련
- 제8장 글로벌 인적자원의 동기부여와 보상관리
- 제9장 글로벌 인적자원의 해외파견과 재통합관리

⇩

제 4 부 글로벌 인적자원의 현지채용관리와 글로벌 기업의 노사관계

- 제10장 글로벌 인적자원의 현지채용관리
- 제11장 글로벌 기업의 노사관계

⇩

제 5 부 글로벌 기업의 통제와 성과관리 및 글로벌 리더십의 개발

- 제12장 글로벌 기업의 통제와 성과관리
- 제13장 글로벌 리더십의 개발

제 1 장

글로벌화와 글로벌 인적자원관리의 개념

1.1 글로벌화에 대한 개념적 기초[1]

1.1.1 글로벌화와 글로벌 기업의 개념

1980년대 후반부터 널리 사용되기 시작한 글로벌화(globalization)라는 용어는 때때로 국제화(internationalization)의 동의어로 간주되기도 한다. 글로벌화는 제2차 세계대전 이후의 국제경제의 급속한 발전에 기인하고 있으며, 신기술의 가속적 개발, 대량생산, 국가 간 교역의 증대, 통신 및 수송 시스템의 발달, 국내시장의 구매력의 한계 등과 같은 여러 가지 요인들에 의해 촉진되고 있다.[2] 글로벌화는 세계시장을 하나의 통합된 관점에서 고찰하며, 무엇보다도 세계시장에서의 소비자의 동질성 또는 유사성을 중요하게 고려한다.

글로벌 기업(global company)은 기업의 모든 기능영역에서 세계적으로 운영을 표준화하려는 기업을 의미한다.[3] 그러므로 글로벌 기업은 기업의 국적개념보다는 기업이 관계하고 있는 시장의 글로벌화에 더 중요한 의미를 부여하며, 인적·물적 자원의 세계적인 활용, 규모의 경제 및 시너지효과 등을 통하여 세계적인 경쟁력강화를 추구한다.[4] 글로벌 기업은 기업의 규모 또는 매출액에 관계없이 정의될 수 있을 뿐만 아니라, 그들이 활동하는 국가 또는 지역과 무관하게 정의될 수도 있다. 즉, 기업이 세계적으로 활동하고 있다면, 글로벌 기업의 범주에는 대기업과 중소기업, 선진국 기업과 개발도상국 기업 등이 모두 포함될 수 있다.

〈표 1-1〉은 2015년 포춘(Fortune)지 선정 세계 10대 글로벌 기업을 제시한다. 포천은 매년 세계 500대 글로벌 기업을 선정하고 있다. 이 표에서는 세계

---

1 박주홍(2013), p. 24 이하; 박주홍(2012a), p. 22 이하; 박주홍(2012b), p. 24 이하 수정 재인용.

2 박주홍(2009), p. 25.

3 Ball, D. A. et al.(2004), p. 6.

4 박주홍(2009), p. 30.

10위 이내의 글로벌 기업의 순위가 매출액 기준으로 나열되었다. 이 표에는 제시되어 있지 않지만, 삼성전자는 13위, SK홀딩스는 57위, 그리고 현대자동차는 99위로 세계 100대 기업에 그 이름을 올렸다.

표 1-1 포춘(Fortune)지 선정 세계 10대 글로벌 기업(2015년)

순위(기업명)	매출액(단위: 10억 달러)
1. Walmart	$485.7
2. Sinopec	$446.8
3. Royal Dutch Shell	$431.3
4. China National Petroleum Corporation	$428.6
5. ExxonMobil	$382.6
6. BP	$358.7
7. State Grid Corporation of China	$339.4
8. Volkswagen	$268.6
9. Toyota	$247.7
10. Glencore	$221.0

자료원: http://fortune.com/global500/

표 1-2 포춘(Fortune)지 선정 세계 500대 글로벌 기업의 국가별 분포(2015년)

국가명	글로벌 기업의 수
미국	127
중국	98
일본	54
프랑스	31
영국	29
독일	28
한국	17
네덜란드	13
스위스	12
캐나다	11

자료원: http://fortune.com/global500/

〈표 1-2〉는 2015년 포춘(Fortune)지 선정 세계 500대 글로벌 기업의 국가별 분포를 보여준다. 이 표에 나타나 있는 바와 같이 미국 기업이 127개로 가장 많았으며, 한국 기업은 17개로 확인되었다.

1.1.2 글로벌화의 촉진요인

무역 및 투자장벽의 감소

무역과 투자는 글로벌화를 촉진시키는 가장 대표적인 기업활동에 속한다. 즉, 무역과 투자에 대한 국가 간의 장벽이 낮을수록 글로벌화가 촉진될 수 있다. 역사적 관점에서 볼 때, 1947년에 출범한 관세 및 무역에 관한 일반협정(General Agreement on Tariffs and Trade, GATT)은 국제무역의 증진과 관세 및 비관세장벽의 완화에 많은 공헌을 하였을 뿐만 아니라, 글로벌화를 촉진하는 요인으로도 작용하였다.

그러나 무엇보다도 국가 간의 무역 및 투자장벽의 감소에 결정적인 영향을 미친 것은 GATT 체제를 대체하기 위해 1995년 1월에 설립된 세계무역기구(World Trade Organization, WTO)이다. WTO는 세계무역장벽을 감소시키고 자유무역을 촉진시키기 위한 목적으로 설립되었으며, 2008년 7월 현재 153개의 회원국을 가진 국제기구이다.[5] 물론 WTO의 출범에도 불구하고 관세 및 비관세 등의 무역장벽이 없는 완전한 자유무역과 국가 간 투자자유화가 아직 이루어지지 않고 있지만, WTO는 다양한 산업분야에서의 무역기회의 창출, 공정한 국제무역질서의 확립과 국가 간 투자자유화 등에 크게 기여하고 있다.

기술혁신의 가속화

일반적으로 기술혁신(technology innovation)은 제품 및 공정기술의 개발을 통한 신제품 및 신공정의 도입을 의미한다. 특히, 기술혁신을 통하여 생산된

5 http://www.wto.org

신제품은 세계시장을 목표로 하여 판매가 이루어지는 경향이 있다. 정보통신, 화학, 제약 및 항공기 산업 등과 같은 첨단산업은 총 매출액에서 연구개발비용이 차지하는 비율이 다른 산업에 비해 상대적으로 높으며, 내수시장보다는 세계시장에 중점을 두게 된다. 왜냐하면 내수시장만으로는 투자한 연구개발비용이 회수되기 어렵기 때문이다.

또한 기술혁신의 가속화는 제품수명주기를 더욱 짧게 만들기 때문에 막대한 연구개발비용을 유발시킨다. 차별화된 제품을 세계시장에 먼저 도입한 기업은 판매에 있어서 우위를 갖게 되며, 이를 통하여 보다 높은 이윤을 달성할 수 있다.

수송 및 통신 시스템의 발달

제2차 세계대전 이후부터 오늘날에 이르기까지 급속도로 진행되고 있는 수송 및 통신 시스템의 발달은 기업활동의 범위를 세계로 확대하는 데 결정적으로 기여하였다. 해상 및 항공운송 분야에서의 괄목할 만한 발전은 대량선적과 신속한 운송을 가능하게 하였다. 특히, 인터넷으로 대변되는 정보통신혁명은 세계시장을 단일 네트워크로 통합하고 연결함으로써 기업활동의 글로벌화와 전 세계 고객과의 커뮤니케이션 등을 촉진시켰다.

고객욕구의 동질화

고객욕구의 동질화는 글로벌 기업으로 하여금 표준화된 마케팅전략을 수행할 수 있는 기본적 조건을 충족시키고 있다. 이러한 고객욕구는 정보통신혁명에 의한 국경초월적인 커뮤니케이션의 활성화, 경제개발을 통한 소득수준의 향상 및 글로벌 기업의 푸시전략(push strategy) 등을 통하여 국가 또는 지역을 초월하여 더욱 동질화되고 있다.

News Case 1-1

▶ 독일 기업의 기술혁신과 글로벌화

2013년 기준 총 글로벌 고용 인력 수 379만 명, 매출 합계 1조 8,000억 달러로 독일 전체 GDP의 절반을 차지하며 독일 경제의 바탕이 되는 기업집단, 바로 독일 DAX30의 기업들이다. DAX(Deutscher Aktien Index) 지수는 프랑크푸르트 증권거래소에 상장된 주식 중 시가총액 기준 상위 30개 기업의 종합주가지수로 우리나라로 치면 국내 30대 그룹의 종합주가지수와 같은 의미라고 볼 수 있다.

17일 포스코경영연구원이 발표한 '독일 경제를 이끄는 글로벌 파워하우스, DAX 30' 보고서에 따르면 DAX30 지수는 글로벌 경기침체에도 불구하고 지난 2005년부터 2015년까지 157% 상승하며 고공행진을 이어가고 있다.

DAX를 구성하는 30개 기업 대다수는 금융·화학·제약·자동차·인프라 각 분야에서 글로벌 시장을 이끄는 톱5 브랜드에 포함돼 있다. 독일 상장기업을 대표하는 30개 기업의 평균수명은 109년에 이르며, 기업분할·합병을 감안하면 평균 126년에 이르는 장수기업군이다. 전 세계 화학분야 1위 바스프, 의류 브랜드 가치 5위 아디다스, 자동차 판매 2위 폭스바겐, 은행 자산규모 2위 도이체방크 등 글로벌 리더 기업들이 대거 포진해 있다.

보고서는 DAX 기업들의 성공요인으로 적극적 글로벌화, 기술혁신 DNA 및 미래예측에 의한 위기관리 등을 꼽았다. 보고서에 따르면 DAX 기업들은 철저한 현지화 전략을 통해 2000년대 이후 포화된 독일 자국시장의 부진을 해외시장을 통해 만회했다. DAX 기업들의 2008년부터 2013년까지 국내 매출은 제자리걸음을 한 가운데 해외매출은 33.4%가 증가해 이 기간 신규매출의 대부분이 해외에서 창출되었다.

DAX 기업은 독일 특유의 합리적 문화와 시스템 경영으로 해외에서도 쉽게 정착해 채용인력의 60%가 해외인력이며 총 매출의 77%가 해외에서 발생한다. 독일 특유의 합리적 문화와 시스템 경영이 지역에 관계없이 연착륙을 돕고 있다는 평가다. 아울러 수출 외에도 현지 정착을 위한 기반 마련과 현지인 중심의 채용과 운영으로 글로벌 기업으로서의 면모를 갖추게 되었다.

최초의 자동차, 발전기, 액정 등 기술에 기반한 창업 스토리와 더불어 국가 연구기관, 중소기업(미텔슈탄트)과의 밀착관계도 DAX 기업들의 성공요인으로 작용했다. 지멘스는 발전기와 전차, 벤츠는 자동차, 머크는 LCD를 최초로 개발해 창업의 계기가 됐으며 현재도 이 기술혁신 DNA가 이어지고 있다. 막스플랑크, 헬름홀츠 등 기초과학 연구소 및 기업과 교류를 통해 상용기술을 개발하는 프라운호퍼 연구소, 그리고 풍부한 대학 자원이 기술 혁신의 기반이 되었다는 설명이다. 특히 폭스바겐 95억, 다임러 56억, 지멘스 45억 유로('12년 기준) 등 독일 기업 R&D투자의 상위 10개 기업 가운데 8개 기업이 DAX 기업일 정도로 기술개발에 적극적으로 나서고 있다.

자동차는 슈투트가르트, 뮌헨 등 전통적 생산지역 외 최근에는 라이프치히 등 구동독 지역에 산업 클러스터가 형성되고 있고, 화학산업은 독일 전역 약 60여 개 산업단지에서 25만 명이 종사하며 시너지 효과를 내고 있다. 이외에도 DAX 기업들은 60개 화학산업단지 내 대학연계 공동연구, 2,000여 개에 이르는 중견·중소화학기업과의 협력을 통해 지속적으로 경쟁력을 향상시키고 있다. 기업 R&D 산학연 클러스터의 가장 성공적 사례로는 프라운호퍼와 독일 산업연구연합 AiF가 전기자동차 연구를 통해 탄소섬유 소재와 전기차 플랫폼 개발 협력을 한 친환경 자동차 연구를 들 수 있다.

미래예측에 의한 위기관리 능력도 DAX 기업들의 성공비결 중 하나이다. DAX 기업 상당수는 미래전망 전담조직을 갖추고 있다. 이를 통해 미래를 예측하고 결과에 따라 제품 및 사업 포트폴리오를 과감하게 정리하는 한편 M&A도 주기적으로 추진하고 있다. 다임러는 1979년부터 STRG(Society and Technology Research Group)를 운영했고, 폭스바겐도 전담조직을 통해 미래 자동차 콘셉트 등을 담은 비전을 제시한 바 있다. 지멘스는 PoF(Picture of the Future) 툴을 통해, SAP는 최근 빅데이터 기법을 이용해 주기적으로 미래 변화상을 예측하고 이를 통해 전략을 수립한다. 이외에 BASF, 랑세스 등 화학기업들도 미래전망을 통해 발 빠르게 제품 포트폴리오를 변경해 특수도료·전자소재 등 특수소재 분야 강자로 거듭났다.

자료원: 뉴스토마토, 2015년 8월 17일

1.1.3 글로벌화의 제약요인

문화적 다양성의 존재

다양한 국가 또는 지역에 존재하는 특유의 문화는 글로벌화의 제약요인으로 작용할 수 있다. 국가문화(national culture)는 어떤 국가의 국민의 가치관, 태도, 관습, 신념 및 커뮤니케이션 등에 강력한 영향을 미치기 때문에, 획일적인 글로벌화는 현지인의 반발을 초래할 수 있다.[6] 즉, 현지의 문화를 고려하지 않은 글로벌화는 현지 국가 또는 지역에서 활동하는 글로벌 기업과 현지인 간의 문화적 충돌을 야기할 수 있다.

현지정부의 규제

WTO의 출범으로 인하여 국가 간의 무역 및 투자장벽이 완화되고 있음에도 불구하고, 현지정부는 자국 기업의 보호를 위해 정치적 및 법적 규제를 하고 있다. 이러한 현상은 선진국보다는 개발도상국에서 많이 발견된다. 특히, 현지국에서 활동하는 글로벌 기업은 여러 가지 규제적 법률환경(regulative legal environment)에 노출되어 있다. 이러한 규제적 법률환경은 글로벌 기업의 활동에 심각한 타격 또는 손실을 발생시킬 수 있다. 예를 들면, 기업의 소유지분을 규제하는 법률, 현지종업원의 고용과 관련된 법률 및 투자원금의 회수와 본국송금과 관련된 법률 등은 글로벌 기업의 활동에 부정적인 영향을 미칠 수 있다.[7]

반글로벌화 운동

반글로벌화 운동(anti-globalization movement)은 글로벌화에 반대하는 노동조합, 시민단체, 대학생 및 지식인 등에 의하여 이루어지고 있다. 이들은 글로벌화와 관련된 국제적인 행사를 방해하는 시위를 하고, 특정 글로벌 기업의

6 Wild, J. J. et al.(2008), p. 51.
7 박주홍(2009), p. 90 이하.

상품에 대하여 불매운동을 하거나 현지점포를 파괴하기도 한다. 예를 들면, 맥도널드(McDonald's)와 스타벅스(Starbucks)와 같은 미국계 글로벌 기업의 해외 점포는 반글로벌화 운동가들의 시위에 의해 가끔 파손되기도 하였다.

1.2 글로벌 인적자원관리의 개념과 전개과정

1.2.1 글로벌 인적자원관리의 개념

글로벌 인적자원관리(global human resource management)는 '글로벌 기업이 기업목표를 달성하기 위하여 글로벌 인적자원의 배치전략 및 계획을 수립하고, 조직을 관리할 뿐만 아니라 글로벌 인적자원의 해외파견, 현지채용 및 노사관계 등을 관리하며, 글로벌 기업의 통제와 성과관리 및 글로벌 리더십의 개발 등을 포괄하는 글로벌 인적자원과 관련된 관리활동을 하는 것'으로 정의할 수 있다. 이 정의에 포함되어 있는 용어를 구체적으로 살펴보면 다음과 같다.

- 글로벌 인적자원(global human resource): 글로벌 기업에서 일하는 본사 및 현지 자회사의 관리자 및 근로자(제조 및 서비스 창출의 관점에서 보면 인적자원은 투입요소에 해당됨.)
- 배치전략: 글로벌 인적자원의 네 가지 배치전략(본사 중심적, 현지 중심적, 지역 중심적 및 글로벌 중심적 배치전략)
- 계획: 글로벌 인적자원의 수급계획(인적자원의 수요 및 공급)
- 조직: 글로벌 조직구조와 조직관리
- 해외파견관리: 글로벌 인적자원의 모집과 선발, 교육훈련, 동기부여와 보상관리, 해외파견 및 재통합관리(파견 후 본사귀환관리)
- 현지채용관리: 현지 자회사가 필요로 하는 관리자 및 근로자의 모집관리
- 노사관계: 글로벌 기업에서의 노사관계

- 성과관리: 글로벌 인적자원의 성과에 대한 통제
- 리더십의 개발: 글로벌 리더십의 개발과 실행

글로벌 인적자원관리는 기업의 글로벌화를 통하여 인사부문에서 발생하는 특수성을 포괄한다.[8] 이러한 특수성은 무엇보다도 글로벌 인적자원의 조달, 투입 및 개발과 관련되어 있다. 또한 이러한 특수성은 한편으로는 글로벌 기업이 활동하거나 활동하려는 국가의 정치적, 법적, 경제적 및 사회문화적 환경의 다양성을 통하여 제한을 받을 뿐만 아니라, 다른 한편으로는 서로 다른 가치관, 경험 및 행동양식을 가진 인적자원의 다양한 국적으로 인하여 제약을 받는다.

News Case 1-2

▶ 글로벌 인적자원관리: 통합과 분권

2012년 말 기준으로 삼성전자의 총 임직원 수 22만 명, 해외 근무자는 11만 9,700명, 국내 근무 외국인 임직원은 1,200여 명(2012년 기준)에 달하며, 현대자동차의 경우 국내 생산 비중이 30%대로 떨어지는 등 한국 대표 기업들의 해외 생산이 국내 생산을 앞지르는 '생산 역전' 현상이 가속화되고 있다. 과거 우리 기업들은 해외시장 개척을 위해서 핵심 공장은 국내에 두고 영업조직이나 조립 공장을 해외에 수립하는 전략을 구사했었다. 그러나 최근에는 핵심 공장까지 해외로 이전하고 있으며, 이에 따라 국내 기업의 해외 투자가 외국 기업의 국내 투자를 앞서기 시작했다. 이러한 기조가 기업들의 단순한 비용절감의 필요성에서 기인했다기보다는 국내 경영환경의 악화에 따른 전략적 의사결정의 결과라고 보는 것이 타당할 것이다.

글로벌 기업의 HR issues와 대응 전략: paradox management in GHRM(Global Human Resource Management)

기업이 글로벌화되면서 직면하게 되는 주요 이슈들은 인력 수급, 인사제도, 기업문화, 인적자원관리 역량에 있어서 글로벌 표준화(global standardization)와 현지화(localization)의 의사결정이다. 삼정KPMG와

---

8 Perlitz, M.(2004), p. 401 이하.

함께 국내 기업의 GHR practice 개발을 위하여 협력하고 있는 영국 Henley Business School의 C교수의 연구에 따르면, 국내 대기업을 포함한 대표적인 다국적 기업(multinational companies)의 GHRM 전략은 글로벌 표준화와 현지화를 상호 배타적인 선택 옵션으로 생각하기보다는, 이슈에 따라서 글로벌 표준화와 현지화를 선택적으로 적용하는 모순적 접근 방법을 적용하는 것으로 나타났다.

구체적으로 다국적 기업의 GHRM 전략에 있어서 통합 전략(integration strategy)으로는 문화적 통합(global cultural integration), 인적자원관리의 통합(global workforce integration), 인적자원관리 역량의 통합(global HR capability integration)을 추구하고 있으며, 현지화 전략(localization strategy)으로는 인력 현지화(localization of people), 인적자원관리 실제 방안의 국가별 차별화(local customization of HRM practices)를 추구하고 있는 것으로 조사되었다. 여기서 중요한 사실은 다국적 기업들이 추구하는 GHRM 전략이 특정한 이슈와 관련해서 제한적으로 추구되기보다는 모든 분야에서 동시적이고 포괄적으로 추구되고 있다는 점이다. 다만 구체적 전략적 지향점에 있어서는 글로벌 시장의 통합 정도, 자원 이동에 대한 국가별 규제의 차이, 기업의 사업 전략, 진출 국가와의 문화적 차이 등에 따라서 산업별·기업별로 차별적으로 나타나고 있다.

GHRM의 실행: global integration과 local responsiveness의 동시 추구

1990년대 이후 GE, IBM, Nokia 등과 같은 글로벌 기업들은 외부 시장에 신속·유연하게 대응할 수 있는 기반 마련을 위하여 조직의 슬림화와 함께 직급 체계(grade system) 단순화(broadband)를 추진했다. 과거에는 조직운영의 효율성 차원에서 다단계의 직급 체계를 운영하였으나, 직무등급(position level)의 조정 없이 업무수행 내용과 성과를 근거로 다양한 수준의 급여를 받을 수 있는 가능성을 마련하고, 직원들의 경력개발 기회확대를 도모하기 위해서 직급 단계를 축소하였다. 그리고 보상 관리의 글로벌 효율성을 제고하기 위하여 기업문화(corporate value)에 기반한 실행계획(global implementation plan)을 수립하여 직급 단계의 단순화를 전 세계 지사 조직에 단계적으로 적용하였다.

글로벌 기업들은 직급 체계의 통합이라는 대원칙하에서도 구체적인 실행 전략에 있어서는 차별적인 접근법을 적용하고 있다. 직무분류, 직급 체계(단계 수, 직급의 구분, 타이틀), 승진 기준 등에 있어서는 본사(corporate headquarters)의 규정을 일괄적으로 적용하도록 하는 것이 일반적이나, 직무 수행과 관련하여 구체적 업무 내용이나 승진 프로세스 등의 운영에 있어서는 현지화를 위한 가이드라인(global HRM guideline)을 제시하고 각 지역의 사정에 맞게 운영상의 자율권을 부여(권한 위임)하고 있다.

글로벌 기업들의 경우 직급 체계에 기초하여 보상관리를 실시하고 있다. 기본적으로 성과주의(pay-for-performance)라는 보상정책 혹은 보상전략은 글로벌 기업에 동일하게 적용되는 가운데, 급여 체계와 급여(밴드)의 범위, 급여 인상, 인센티브 등에 대해서는 본사의 가이드라인(global compensation guideline)을 따르도록 하고 있다.

급여 체계는 기본적으로 고정급(기본급)과 변동급(성과급)으로 구성하도록 권장하지만, 직급이나 직책에 따른 고정급과 변동급의 구성비는 국가별 문화적 차이나 규제 환경의 차이를 인정하여 차별적으로 운영하는 것을 인정하고 있다. 급여 수준(pay level)에 있어서는 국가별 화폐 가치나 생활비 수준의 차이, 그리고 해당 국가의 노동시장의 경쟁 정도 등을 고려하여 국가별로 차별화하여 결정하는 것을 인정하는 것이 보편적이다. 하지만 기본급의 조정 방식에 있어서는 대부분의 기업들이 성과 평가의 결과와 연계하는 방식(merit increase)을 글로벌 표준으로 강제하고 있다.

한편 성과급의 경우 개인별 성과 목표의 달성 정도에 따라 지급액이 결정되는 개인목표 성과급(individual target incentive)이 대표적으로 운영되어 왔으나, 최근에는 개인별 동기부여보다는 집단지성의 활용과 협업을 강조하는 사회적 분위기에 따라서 PS(Profit Sharing)와 같은 집단 성과급으로 전환하는 기업도 증가하고 있다. 한편 규제의 영향을 많이 받는 복리 후생과 관련해서는 상대적으로 현지화(localization)의 경향이 강하게 나타난다.

성과주의 인사제도에서 보상 결정의 기초가 되는 성과관리와 관련해서 평가 요소(performance evaluation factor)나 평가 지표(performance measurement scale), 평가 프로세스, 평가 주기 등에 대해서는 일반적으로 글로벌 표준의 적용을 권장하고 있다. 반면 고과권자의 지정, 평가 방법(절대평가/상대평가)의 결정, 그리고 보상과의 연계를 제외한 평가 결과의 활용 등에 대해서는 상대적으로 현지 기업의 결정을 존중하고 있다.

최근에는 사업 기반의 글로벌화와 인적자원의 이동에 대한 규제 완화에 따라 국지적으로 분리되어 있던 기업의 내부노동 시장이 점차 전 세계적으로 통합되는 추세에 있으며, 이에 따라서 인적자원관리의 통합(global workforce integration)이 중요한 과제로 부상하고 있다. 글로벌화된 기업들의 경우 내부노동시장에서 인적자원의 운영 효율성을 극대화하기 위해 글로벌 인적자원계획(global strategic workforce planning)에 기초한 글로벌 공통의 자원 (재)배치 시스템을 도입하여 운영하고 있으며, 미래 경영자 육성을 위한 승계계획(succession plan)을 운영하는 데 있어서도 지역이나 기업단위로 인력 풀(pool)을 분리하지 않고 통합함으로써 인력의 다양성을 추구하고 있다. 이와 같은 인적자원관리의 통합을 지원하기 위해서 e-HRM 시스템의 통합을 추진하고 있다.

또한 글로벌 기업들은 직원들의 정체성을 통일하기 위해서 단일 기업 정책(global one firm)의 일환으로 적극적인 문화적 통합(global cultural integration)을 시도하고 있다. 문화적 통합을 위해서 기업의 핵심 가치(core values)에 기반한 공통 역량(common competency)과 글로벌 리더십 모델에 따른 리더십 역량(leadership competency)의 표준화(standardization)가 필수적이며, 각국의 지사와 이를 공유하기 위한 표준화된 교육 훈련 프로그램(global learning & development program)을 도입하여 운영하고 있다.

국내 기업의 해외진출, 부정적 사고를 벗어나 역량 강화의 기회로 활용해야

국내 기업들의 핵심 생산 공장의 해외이전에 대하여 국내 경제에 있어서의 산업연관효과 상실과 그에 수반되는 고용 감소라는 부정적 영향으로 경제의 저성장 기조를 가속화한다는 비판도 존재한다. 하지만 생산 거점의 해외 진출은 값싼 노동력의 공급뿐만 아니라 현지 생산에 따른 관세와 교역 비용의 절감, 원재료 조달의 편리, 새로운 소비 시장으로의 진출 등 많은 이익을 기업에 가져다 줄 수 있고, 궁극적으로는 우리 기업의 글로벌화에 긍정적으로 기여하는 측면이 존재한다.

1990년대부터 원가절감을 위해 중국, 동남아, 중남미 등 신흥시장으로 대거 생산시설을 이전했던 Whirlpool, Otis, GE, Caterpillar 등과 같은 미국 업체들이나, Sharp, Canon, Sony 등과 같은 대표적인 일본의 제조업체들 역시 최근 생산 거점을 본국으로 다시 이전하는 이른바 '리쇼어링(reshoring)'이 증가하고 있다. 이러한 추세는 최근 중국, 동남아시아 지역의 인건비 상승, 국제유가 상승에 따른 운송비 부담 증가, 각국 정부의 적극적인 해외진출 기업 U-turn 정책에 따른 결과로 분석된다. 이러한 현상의 이면에는 기업들이 해외 거점을 통해서 학습하고 축적한 다양한 조직역량들을 본국으로의 회귀 이후에도 글로벌 비즈니스에서의 핵심적 경쟁우위로 활용하고 있다는 사실을 간과해서는 안 된다. 따라서 우리 기업들도 단순히 영업 조직이나 조립 공장을 해외에서 운영하는 전략에서 벗어나, 보다 적극적인 글로벌 비즈니스 추진 전략을 추구할 필요가 있으며, 해외 진출을 인적자원관리 역량을 한 단계 고도화하는 기회로 활용하려는 노력 또한 게을리하지 말아야 할 것이다.

자료원: 월간인재경영, 2013년 7월호

1.2.2 글로벌 인적자원관리의 전개과정

글로벌 인적자원관리는 일반적으로 다음과 같은 3단계의 전개과정을 거치면서 진화해 왔다.[9]

산업화의 시대(era of industrialization)

국제적 맥락에서의 현대적 인적자원관리의 근원은 18세기 후반 산업혁명까지 거슬러 올라 갈 수 있다. 유럽과 미국에서의 산업화의 확산은 이러한 발전을 촉진하는 데 필요한 원재료 조달을 위한 세계적인 자원탐색을 유발시켰다. 산업화의 시대에는 무역회사, 선박회사, 은행 및 전기회사 등이 국제화의 확산에 관여하였다. 19세기 중반에 국경초월적인 생산이 이루어지기 시작했지만, 그 당시의 수송 및 커뮤니케이션 발전 수준이 낮아 다른 국가 또는 지역에서의 생산에 대한 통제는 매우 어려웠을 것으로 보인다.

인적자원관리의 관점에서 볼 때, 이 시대의 경영자는 작업환경의 개선, 종업원 복지 등과 같은 산업개선(industrial betterment)에 관심을 갖기 시작했을 뿐만 아니라 시간 및 동작연구, 피로연구, 그리고 직무분석 등과 같은 과학적 관리(scientific management)에 근거하여 인적자원을 관리하였다. 그러나 1930년대에 시작된 인간관계론(human relations)과 관련된 다양한 연구를 통하여 종업원은 더 이상 기업에 속한 하나의 부속품이 아닌 하나의 인격체로 대우를 받기 시작하였다.

국제화의 시대(era of internationalization)

제2차 세계대전 이후 동구권과 서구권의 냉전체제가 고착되기 시작하였으나 서구권을 중심으로 한 자유진영 국가들 사이의 무역 및 경제적 교류가 증대되었다. 특히, 1950년대에 접어들어 미국 기업의 해외진출이 가속화되었

9 Thomas, D. C./Lazarova, M. B.(2014), p. 12 이하; Evans, P./Pucik, V./Björkman, I.(2011), p. 31 이하.

으며, 1960년대에는 제2차 세계대전 이후 경제재건에 성공한 유럽과 일본 기업들의 해외진출이 점차 증대하였다. 또한 1980년대 이후 신흥공업국 기업들의 국제화가 이루어지기 시작하였다. 이러한 국제화의 시대에는 수송 및 커뮤니케이션의 발전을 통하여 국가 및 지역 간의 무역과 해외투자가 급속도로 늘어나기 시작하였다.

특히, 이 시대에는 인적자원관리라는 용어의 사용이 일상화되기 시작하였을 뿐만 아니라, 무역과 해외투자를 담당하는 인력의 해외파견 및 국제적 인적자원관리에 대한 학문적 연구가 중요한 이슈로 떠오르게 되었다. 또한 이 시대에는 국제기업의 급속한 발전을 조직적으로 뒷받침할 수 있는 국제기업의 조직구조와 관련된 주제(예를 들면, 제품 및 지역별 조직, 매트릭스조직 등)가 중요하게 고려되었다.

글로벌화의 시대(era of globalization)

1980년대 후반부터 널리 사용되기 시작한 글로벌화(globalization)라는 용어는 1990년대에 접어들어 글로벌 관점에서의 그 의미를 부여받기 시작하였다. 즉, 1980년대 말부터 1990년대 초까지 이어진 동구권의 붕괴, 그리고 1995년 WTO의 출범은 그동안 냉전체제로 양분되었던 전 세계를 하나의 통합적 관점에서 고찰할 수 있도록 해 주었다. 이 시대에는 무엇보다도 정보통신기술의 발전에 힘입어 전 세계가 광범위한 네트워크로 연결될 수 있었으며, 이를 통하여 다양한 글로벌 기업활동이 통합적으로 관리될 수 있었다.

인적자원관리의 측면에서 볼 때, 이 시대에는 조직을 다양한 자원의 집합으로 보는 자원기반적 관점(resource-based view)이 중요한 연구주제로 대두되었다. 즉, 이러한 관점은 인적자원관리와 관련된 역량들(예를 들면, 배치실무, 성과평가, 교육훈련, 보상, 노사관계 등)이 글로벌 경쟁우위의 원천이 될 수 있음을 보여준다. 또한 글로벌 통합적 지식경영, 그리고 조직의 글로벌 조정 및 통제와 관련된 문제는 이 시대의 중요한 과제로 인식되기 시작하였다.

1.3 글로벌 인적자원관리의 목표와 과제

글로벌 인적자원관리의 목표는 기업 전체의 목표 및 기능영역 차원에서 포괄적으로 설정되어야 한다. 이러한 목표들은 다음과 같다.[10]

- 글로벌 기업 전체의 목표: 글로벌 관점에서의 조직의 유지와 성장(이윤 및 수익성 증대, 글로벌 경쟁력 확보 등)
- 기능영역 차원의 목표: 글로벌 기업의 노동생산성(산출량/투입된 노동량) 증대, 노동경제성(산출한 가치/지출한 비용) 증대, 글로벌 인적자원의 욕구충족

글로벌 인적자원 관리자는 전 세계적 관점에서 글로벌 기업 전체의 전략 실행에 필요한 인적자원의 배치전략과 계획의 수립 및 조직, 인적자원의 해외 파견관리, 현지채용관리와 노사관계, 그리고 글로벌 기업의 성과관리 및 글로벌 리더십 개발 등과 같은 활동들을 효과적이고 효율적으로 수행하여야 하는 과제를 갖고 있다. 이들이 담당해야 하는 글로벌 인적자원관리의 주요 과제는 다음과 같이 요약될 수 있다. 〈표 1-3〉은 글로벌 인적자원관리의 주요 과제를 보여준다.

글로벌 인적자원과 배치전략, 계획 및 조직

글로벌 인적자원의 배치전략과 계획을 수립하는 것은 글로벌 인적자원의 효율적 관리를 위한 기본적 과제이다. 즉, 글로벌 인적자원의 배치전략과 계획을 수립함으로써 글로벌 인적자원의 관리와 관련된 구체적인 목표와 방법 등이 설정될 수 있다. 또한 글로벌 인적자원의 조직은 글로벌 인적자원의 계획을 실행하는 역할을 담당한다.

10 박경규(2010), p. 41 이하.

글로벌 인적자원의 해외파견관리

글로벌 인적자원의 해외파견관리는 글로벌 인적자원 관리자에게 가장 중요한 과제의 하나로 볼 수 있다. 글로벌 기업의 본사는 현지 자회사의 운영과 관리에 필요한 인력의 모집과 선발, 교육훈련, 그리고 동기부여와 보상관리를 효율적으로 실행함으로써 본사의 경영철학, 경영목표 및 관리방식 등이 현지 자회사에 원활하게 이전될 수 있을 뿐만 아니라, 해외로 파견된 직원의 동기부여와 만족도를 증대시킬 수 있다. 아울러 글로벌 인적자원 관리자는 해외파견인력의 투입과 관련된 의사결정을 해야 할 뿐만 아니라, 글로벌 인적자원에 대한 글로벌 인적자원의 재통합관리를 통하여 현지 자회사에서의 파견근무를 마치고 본사로 귀환하는 직원의 원활한 본사적응을 도울 수 있다.

글로벌 인적자원의 현지채용관리와 글로벌 기업의 노사관계

현지 자회사의 다양한 업무는 본사 파견인력에 의해서만 전적으로 관리되는 것이 아니다. 그러므로 현지 자회사의 원활한 생산 및 운영을 위하여 현지국에서 관리자 및 근로자를 채용하여야 하며, 이들의 직무에 적합한 교육훈련이 실시되어야 한다.[11] 또한 글로벌 기업이 활동하는 현지국의 법적 및 정치적 환경은 현지 자회사의 노사관계에 큰 영향을 미칠 수 있기 때문에 이에 대한 분석에 기초한 노사관계는 매우 중요한 과제가 될 수 있다.

글로벌 기업의 통제와 성과관리 및 글로벌 리더십의 개발

글로벌 기업의 통제와 성과관리는 글로벌 기업의 성과뿐만 아니라, 인적자원의 계획 수립과 조직에서의 직무실행의 결과에 대한 피드백을 포괄한다. 따라서 글로벌 인적자원 관리자는 다양한 형태의 인적자원의 성과를 파악하고 이에 대한 피드백을 통하여 글로벌 기업의 원활한 목표 달성에 기여해야 한다. 글로벌 기업의 통제와 성과관리는 계획, 실행 및 결과를 포괄하는 글로

11 박주홍(2012a), p. 264.

표 1-3 글로벌 인적자원관리의 주요 과제

글로벌 인적자원관리의 주요 과제
• 글로벌 인적자원과 배치전략, 계획 및 조직 • 글로벌 인적자원의 해외파견관리 • 글로벌 인적자원의 현지채용관리와 글로벌 기업의 노사관계 • 글로벌 기업의 통제와 성과관리 및 글로벌 리더십의 개발

벌 기업의 성과와 인적자원의 관리활동의 전반에 대한 지속적이고 체계적인 검토를 의미한다. 또한 글로벌 인적자원 관리자는 글로벌 리더십의 개발을 통하여 글로벌 기업의 변화와 발전에 긍정적인 영향을 미칠 수 있어야 한다.

1.4 본서의 구성 및 주요 내용

본서는 총 5부 13장으로 구성되어 있으며, 그 주요 내용은 다음과 같다.

'제1부 글로벌 인적자원관리의 개념과 사회문화적 환경'은 본서의 도입 부분으로서 글로벌화와 글로벌 인적자원관리의 개념(제1장)과 글로벌 인적자원관리와 사회문화적 환경(제2장)에 대하여 설명한다.

'제2부 글로벌 인적자원과 배치전략, 계획 및 조직'은 글로벌 인적자원과 배치전략(제3장), 글로벌 인적자원과 계획(제4장) 및 글로벌 인적자원과 조직(제5장)에 대하여 체계적으로 논의한다.

'제3부 글로벌 인적자원의 해외파견관리'는 글로벌 인적자원의 모집과 선발(제6장), 글로벌 인적자원의 교육훈련(제7장), 글로벌 인적자원의 동기부여와 보상관리(제8장) 및 글로벌 인적자원의 해외파견과 재통합관리(제9장) 등을 다룬다.

'제4부 글로벌 인적자원의 현지채용관리와 글로벌 기업의 노사관계'는 먼저 글로벌 인적자원의 현지채용관리(제10장)에 대하여 검토한 후, 글로벌 기업의 노사관계(제11장)에 대하여 논의한다.

마지막으로 '제5부 글로벌 기업의 통제와 성과관리 및 글로벌 리더십의 개발'은 글로벌 기업의 통제와 성과관리(제12장) 및 글로벌 리더십의 개발(제13장)에 대하여 논의한다. 〈그림 1-1〉은 본서의 구성 및 주요 내용을 제시한다.

그림 1-1 본서의 구성 및 주요 내용

제1부 글로벌 인적자원관리의 개념과 사회문화적 환경

제1장 글로벌화와 글로벌 인적자원관리의 개념
제2장 글로벌 인적자원관리와 사회문화적 환경

⇩

제2부 글로벌 인적자원과 배치전략, 계획 및 조직

제3장 글로벌 인적자원과 배치전략
제4장 글로벌 인적자원과 계획
제5장 글로벌 인적자원과 조직

⇩

제3부 글로벌 인적자원의 해외파견관리

제6장 글로벌 인적자원의 모집과 선발
제7장 글로벌 인적자원의 교육훈련
제8장 글로벌 인적자원의 동기부여와 보상관리
제9장 글로벌 인적자원의 해외파견과 재통합관리

⇩

제4부 글로벌 인적자원의 현지채용관리와 글로벌 기업의 노사관계

제10장 글로벌 인적자원의 현지채용관리
제11장 글로벌 기업의 노사관계

⇩

제5부 글로벌 기업의 통제와 성과관리 및 글로벌 리더십의 개발

제12장 글로벌 기업의 통제와 성과관리
제13장 글로벌 리더십의 개발

제 2 장

글로벌 인적자원관리와 사회문화적 환경

2.1 문화와 글로벌 인적자원관리

2.2 주요 사회문화적 변수

2.3 사회문화적 환경의 분석을 위한 모형

2.1 문화와 글로벌 인적자원관리[1]

2.1.1 문화와 글로벌 인적자원관리의 중요성

글로벌 기업활동에 영향을 미치는 환경적 요인들은 매우 다양하다. 이러한 환경적 요인들은 정치적 및 법적, 경제적, 사회문화적, 기술적, 노동 및 자연적 환경 등을 포괄하고 있으며, 기업의 통제가 불가능한 속성을 갖고 있다. 그러므로 이러한 통제 불가능한 글로벌 기업환경은 글로벌 기업활동에 대한 위협으로 작용하기도 하고, 글로벌 기업활동을 위한 기회를 제공하기도 한다.[2]

무엇보다도 글로벌 인적자원관리는 다른 어떤 환경적 요인보다도 사회문화적 환경의 영향을 많이 받기 때문에 이에 대한 폭 넓은 이해가 필요하다. 즉, 글로벌 인적자원관리에 영향을 미치는 사회문화적 환경은 문화에 그 기반을 두고 있기 때문에 문화에 대한 이해가 필수적이다(2.1.2 및 2.1.3 참고). 글로벌 인적자원관리에 영향을 미치는 문화의 중요성은 다음과 같이 요약될 수 있다.

- 문화는 서로 다른 국가 또는 지역에서 활동하는 기업조직의 구성원(예를 들면, 본사와 현지 자회사)의 본질적 특성에 대한 이해의 틀을 제공한다.
- 문화는 유연성과 적응력을 가지고 있기 때문에 글로벌 인적자원관리의 효율성을 증대시킬 수 있다.
- 문화는 글로벌 인적자원관리를 위해 요구되는 국가 및 지역 간 원활한 커뮤니케이션의 원동력이 될 수 있다.

---

1 박주홍(2012b), p. 136 이하 수정 재인용.

2 박주홍(2012a), p. 125.

2.1.2 문화의 의의

문화(culture)는 라틴어의 'cultus(경작하다, 재배하다)'에 그 어원을 두고 있으며, 이것은 어떤 지역, 국가 및 집단의 "사회구성원들에 의해 공유되고 학습된 행위의 총체"를 의미한다.[3] *호프슈테데(Hofstede)*는 문화를 "어떤 한 집단의 구성원들을 다른 집단의 구성원들과 다르게 만드는 인간사고(人間思考)의 집단적 프로그래밍"으로 정의한다.[4] *폰 켈러(von Keller)*에 의하면, 문화는 다음과 같은 일곱 가지의 특징을 갖고 있다.[5]

- 문화는 인간에 의해 창조된다.
- 문화는 개인을 초월하며, 개인에게 지속적으로 영향을 미치는 하나의 사회현상이다.
- 문화는 학습된다.
- 문화는 규칙, 규범 및 행동방식 등을 통하여 행동을 조정한다.
- 문화는 내부적 일관성과 통합을 추구한다.
- 문화는 적응력을 갖고 있다.
- 문화는 장기간에 걸쳐 변화된다.

문화는 실체의 대부분은 바닷물에 잠겨 있고, 매우 작은 일부분만이 외부에 노출되어 있는 빙산에 비유되기도 한다(〈그림 2-1〉 참고). 외부에 드러나는 문화의 요소들은 심벌, 종교의식, 언어, 의복, 음식 및 예술 등과 같은 인공적 산물이다. 그러나 이러한 요소들은 가치관, 규범, 사고방식 및 태도 등과 같이 눈에 보이지 않는 무의식적이고 내재적인 요소들을 반영하고 있다.[6]

글로벌 기업은 문화적 전통과 배경이 다른 국가 또는 지역에서 활동하기 때문에 현지국 또는 현지지역의 문화에 대한 다양한 측면들을 분석할 필요

3 Hoebel, A.(1970).
4 Hofstede, G.(2000), p. 10.
5 von Keller, E.(1982), p. 114 이하.
6 Perlitz, M.(2004), p. 250 이하; Trompenaars, F.(1993), p. 22 이하.

그림 2-1 빙산으로 표현된 문화

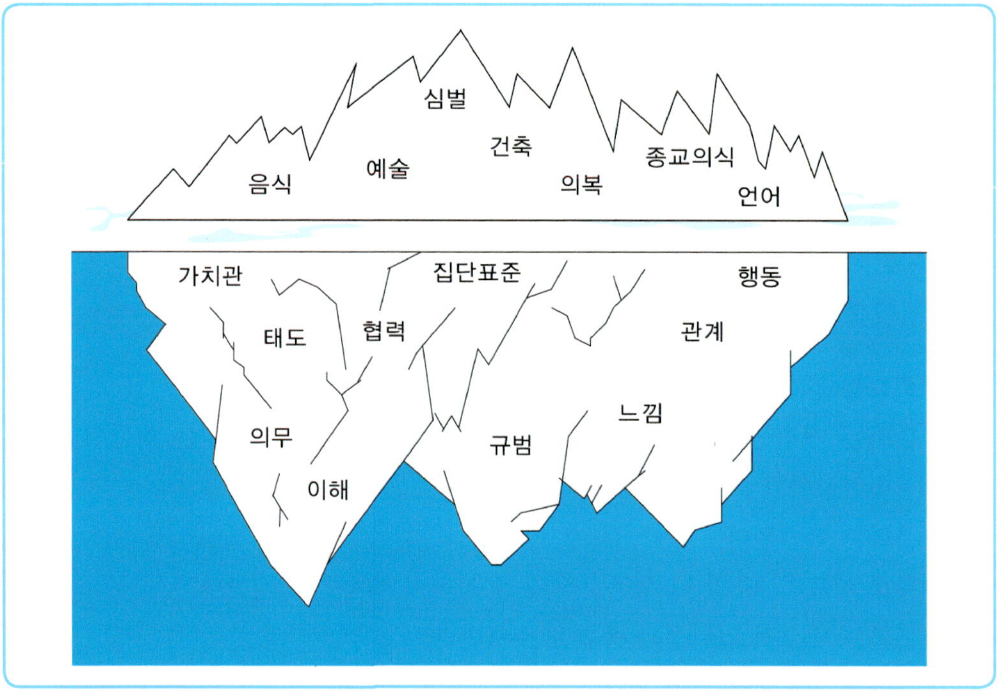

자료원: Perlitz, M.(2004), p. 251.

가 있다. 사회문화적 환경으로서의 문화는 어떤 기업이 글로벌 기업활동에 관계할 때 가장 먼저 직면하게 되는 요소이다. 글로벌 기업활동의 관점에서 볼 때, 현지국의 문화는 다음과 같은 다양한 측면들과 관련되어 있다.

- 현지종업원의 일에 대한 태도 및 동기부여
- 현지고객의 제품에 대한 욕구 또는 취향(예를 들면, 소비자행동)
- 현지파견인력 및 현지종업원에 대한 교육 및 훈련
- 현지인 또는 현지종업원과의 커뮤니케이션
- 글로벌 마케팅전략의 수립(예를 들면, 제품디자인, 광고전략 및 유통전략 등의 수립)
- 국제적 협상

글로벌 경영자는 현지국과 본국의 문화적 차이 때문에 발생하는 문제를 해결하기 위하여 문화적 지식을 갖출 필요가 있다. 이러한 문화적 지식은 사실적 지식과 해석적 지식으로 구분될 수 있다.[7] 사실적 지식(factual knowledge)은 대체로 명백하며 학습되어야 하는 것이다. 예를 들면, 문화에 따른 색상의 서로 다른 의미, 서로 다른 취향 및 고유한 문화적 특성 등은 글로벌 경영자가 예상, 연구 및 습득할 수 있는 사실적 지식이다. 이에 반해, 해석적 지식(interpretative knowledge)은 서로 다른 문화적 특성과 패턴을 충분히 이해하고 평가할 수 있는 능력이다. 예를 들면, 시간의 의미, 다른 사람과 특정대상에 대한 태도, 어떤 사람의 사회적 역할에 대한 이해 및 삶의 의미 등은 문화에 따라 크게 다르며, 이것을 충분히 이해하기 위해서는 사실적 지식 이상의 것이 필요하다.

2.1.3 문화의 종류

기업의 관점에서 볼 때, 문화는 개인문화, 기업문화, 산업문화 및 사회문화 등과 같은 네 가지로 구분될 수 있다.[8] 〈그림 2-2〉에 나타나 있는 바와 같이, 개인, 기업, 산업 및 사회의 순서로 문화의 관련영역이 넓어진다.

개인문화

개인문화(individual culture)는 어떤 한 개인의 문화적 표준에 그 기초를 두고 있다. 개인의 문화적 표준은 각 개인의 성장과정, 교육, 인간관계 및 환경 등과 같은 요소에 의해 결정되는 경향이 있다. 특히, 개인문화는 소비자로서의 개인을 이해하는 데 있어서 매우 중요한 의미를 갖는다.

7 Cateora, P. R.(1993), p. 99 이하.
8 Scheuss, R.(1985).

기업문화

기업문화(corporate culture)는 어떤 한 기업의 문화적 표준에 근거하고 있다. 기업문화는 어떤 기업의 가치관, 규범, 사고방식 및 행동 등과 같은 문화적 요소들이 오랜 기간에 걸쳐 개인에게 영향을 미쳐 형성되며, 이것은 그 기업에서 일하는 개인(예를 들면, 경영자 및 종업원)의 행동을 통제할 가능성이 매우 높다. 기업문화는 다음과 같은 여러 가지 특징을 갖고 있다.[9]

- 기업문화는 기업의 역사와 환경을 통하여 형성된다.
- 기업문화는 기업구성원들의 장기간에 걸친 상호작용의 산물이다.
- 기업문화는 개별적이다. 즉, 모든 기업은 어떤 전형적이고 특징적인 문화를 갖고 있다.
- 기업문화는 학습이 가능하다.
- 기업문화는 함축적인 특성을 갖고 있다.
- 기업문화는 다양한 표현양식을 갖고 있다.
- 기업문화는 대다수의 기업구성원들의 총체적인 가치관과 규범을 내포한다.
- 기업문화는 정서적인 관계를 구축한다.

산업문화

산업문화(industrial culture)는 한 산업의 문화적 표준에 그 기반을 두고 있다. 산업문화는 어떤 한 산업에 속해 있는 여러 기업들의 기업문화를 총체적으로 반영한다. 글로벌 기업의 관점에서 볼 때, 어떤 국가의 특정산업문화는 어떤 특정기업의 기업문화를 유추할 수 있는 기회를 제공할 수 있다.

9 Macharzina, K.(1993), p. 191 이하.

사회문화

사회문화(social culture)는 전 사회의 문화적 표준에 그 바탕을 두고 있다. 즉, 이것은 국가적 차원의 문화를 의미한다. 사회문화는 어떤 국가의 개인문화, 산업문화 및 기업문화를 모두 포괄하고 있다. 사회문화의 대표적인 예로 국민성을 들 수 있는데, 이것은 한 국가에서 오랜 기간 동안 학습되고 공유된 인성적인 특징을 말한다. 그리고 어떤 국가에서 발견되는 특징적인 관행 또는 습관 등도 사회문화의 주요 구성요소이다.

그림 2-2 문화의 종류(상자모델)

상자모델	관련영역
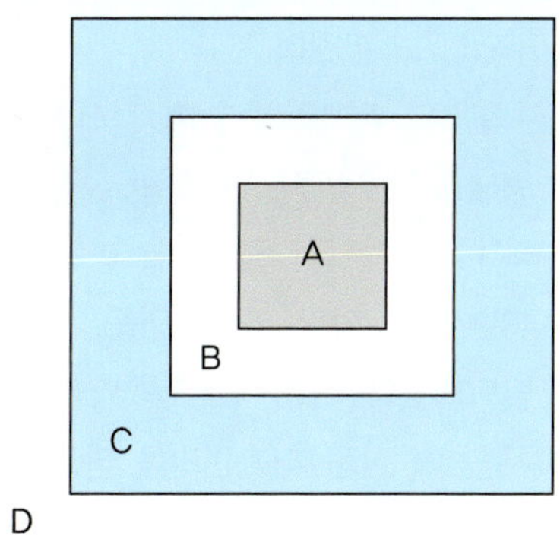	A: 개인문화 (한 개인의 문화적 표준) B: 기업문화 (한 기업의 문화적 표준) C: 산업문화 (한 산업의 문화적 표준) D: 사회문화 (전 사회의 문화적 표준)

자료원: Scheuss, R.(1985).

News Case 2-1

▶ 보수적 기업문화를 바꾼 유니클로

유니클로가 세계적인 패션브랜드로 성장한 비결 중 하나는 보수적인 일본 색채를 확 뺐다는 점이다. 일본 내 유니클로 매장에서 외국인 직원 비중을 15~20%까지 높이고, 능력만 있으면 20·30대에도 직원 수백 명을 둔 점장 자리에 오르는 '파격'도 흔히 볼 수 있다. 이는 유니클로 창업자인 Y회장 특유의 '글로벌 경영' 철학 영향이 크다. 그는 직원들에게 잔소리처럼 끊임없이 "영어를 비롯한 외국어 실력을 키우라"고 주문했다. 일본의 유니클로 매장에선 전체 직원의 20% 선을 다른 나라 언어가 가능한 외국인으로 채우는 것을 목표로 삼고 있다.

특히, 일본 최대 매장으로 유명한 유니클로 긴자점의 경우 현재 외국인 직원 비중이 15%인데, 이를 20%까지 끌어올릴 방침이다. 긴자점 N부점장(33)은 "우리 점포는 특히 외국인 관광객 비중이 높아 전체 직원 400명 가운데 20%를 외국인으로 채용하려 한다"며 "일본어는 물론 영어, 중국어, 한국어, 프랑스어, 러시아어, 스페인어 등을 구사할 수 있는 직원이 매장에 항시 대기 중"이라고 말했다.

철저한 비즈니스 마인드를 강조하는 것도 Y회장의 경영 철학이다. 그는 "경제신문을 처음부터 끝까지 보고 다 이해할 수 있어야 한다"며 직원들에게 신문 읽기를 독려한다. 이 같은 경영방침을 잘 보여주는 게 파격적일 정도로 빠른 승진제도다.

N부점장은 2006년 대학 졸업 후 유니클로에 입사해 20대에 능력을 인정받아 미국 뉴욕점 현지 오픈 준비팀에 합류해 점장 육성 및 트레이닝을 담당했다. 이후 20대에 이미 작은 점포 점장직을 거쳐 일본 최대 규모의 긴자점 부점장 자리를 30대 초반에 꿰찼다. 승진이 느리고 보수적인 여타 일본 회사와는 확실히 차별화되는 셈이다. 그는 "20대에 해외에 나갈 수 있다는 것 자체에 대해 주변에서 놀라워한다"면서 "유니클로에선 노력하고 실력만 있으면 얼마든지 승진이 가능하다는 믿음이 있다"고 말했다.

일본의 '빅' 카메라와 함께 컬래버레이션 매장 형태로 낸 '빅클로' 매장의 점장인 G씨(32) 역시 2005년 유니클로 아르바이트로 입사해 10년 만에 직원 300여 명을 거느린 점장에 발탁되었다. 그는 "2012년 빅클로 매장이 오픈할 때 상품 재고관리를 담당했는데, 당시 여러 가지 아이디어를 내고 노력한 결과 젊은 나이에 점장에 올랐다"고 설명했다.

자료원: 매일경제, 2015년 7월 21일

2.2 주요 사회문화적 변수

글로벌 기업이 현지국 기업 및 국민과 좋은 관계를 유지하고, 기업의 성과를 증대시키기 위해서는 그 국가의 문화를 이해하는 것이 중요하다. 사회문화적 변수 또는 문화의 구성요소는 어떤 국가의 문화를 연구하고 분석하기 위한 개념적인 기초가 된다.

언 어

언어(language)는 문화들 간의 차이점을 분명하게 확인시켜주는 가장 중요한 변수이다. 이것은 의사소통도구로 사용되며, 어떤 국민 또는 민족의 정체성을 대변하는 기준이 된다. 즉, 어떤 하나의 언어는 다른 언어와 구별되는 특유의 문화적 정체성을 보유하고 있다.

언어는 음성언어와 비음성언어로 구분된다. 음성언어(spoken language)는 말과 글로 표현되는 언어이다. 예를 들면, 한국어, 영어, 중국어 및 일본어 등은 음성언어에 해당되며, 이것은 말과 글로 구성되어 있다. 그러나 어떤 음성언어는 말로 표현되지만 고유의 글이 없는 경우도 있다. 다민족 또는 다인종 국가에서는 다양한 음성언어가 존재하기 때문에 타민족 또는 타인종과의 의사소통이 불가능하거나 어려운 상황이 발생할 수 있다. 비음성언어(unspoken language)는 제스처, 표정 및 몸짓 등과 같은 것을 통하여 의사소통이 이루어진다. 이것은 국가별, 민족별 또는 부족별로 매우 다를 수 있을 뿐만 아니라, 동일한 표현도 전혀 다른 의미로 해석될 수 있다.

언어는 다음과 같은 글로벌 기업활동에 영향을 미칠 수 있다.

- 언어로 표현된 본사의 경영노하우 및 기술노하우의 현지 자회사로의 이전(업무지침 및 사용매뉴얼 등의 번역)

- 현지경영자 및 종업원과의 의사소통
- 현지소비자와의 의사소통
- 상표명 및 광고주제의 설정 등과 같은 글로벌 마케팅활동
- 글로벌 시장조사(예를 들면, 현지인을 대상으로 하는 설문조사 및 인터뷰 등)

언어와 관련된 상표 및 광고주제의 오해 또는 오류, 번역상의 뉘앙스 차이에 대한 사례를 살펴보면 다음과 같다.[10]

- GM Nova: '신성(新星)'이라는 의미가 스페인에서는 '움직이지 않는다(won't move)'로 이해된다.
- Dreck: 남성적인 뉘앙스를 풍기는 미국의 가죽손질용 스프레이의 상표가 독일어에서는 '오물'로 해석된다.
- 대영자전거: 영어로 표시된 상표 'Dai Young'이 'die young'으로 발음되어 '일찍 죽는다'로 해석된다.
- 파커 펜: '당황스러운 상황을 피하십시오-파커 펜을 사용하십시오(Avoid embarrassment-use Parker Pens.)'라는 광고문구의 'Avoid embarrassment'가 남미에서는 '임신을 피하십시오(Evite embrazazos)'로 번역된다.
- 미국 방취제회사: '당신이 우리 회사의 방취제를 사용한다면, 당신은 공공장소에서 당황하지 않을 것입니다(If you use our deodorant, you won't be embarrassed in public.)'라는 광고문구의 'you won't be embarrassed in public'이 멕시코에서는 '공공장소에서 임신하지 않을 것입니다'라는 스페인어로 번역된다.

제스처 또는 몸짓과 관련된 국가 간 오해의 사례를 살펴보면 다음과 같다.[11]

- 엄지와 집게손가락으로 동그라미를 만드는 몸짓: 미국에서는 'OK', 프랑스에서는 숫자 '0', 일본에서는 '돈', 남미에서는 '저속한 의미', 튀니지에서는 '너를 죽이겠다'를 의미한다.

10 Wild, J. J. et al.(2008), p. 68 이하; Ball, D. A. et al.(2004), p. 316; 김주헌(2004), p. 104 이하.
11 Wild, J. J. et al.(2008), p. 68 이하; 김주헌(2004), p. 104 이하; 반병길(1998), p. 163 이하.

- 머리를 위에서 아래로 흔드는 몸짓: 대부분의 국가에서는 '예 또는 긍정'을 의미하지만, 영국에서는 '동의한다'라는 의미보다는 '듣고 있다', 불가리아와 그리스의 일부 지역에서는 '아니오 또는 부정'을 의미한다.
- 90도 이상 허리를 숙임: 한국이나 일본에서는 '예의바른 인사'이지만, 사우디아라비아에서는 '개종을 부탁'하는 것으로 이해된다.

미 학

미학(aesthetics)은 사전적으로 자연이나 인생 및 예술 등에 담긴 미의 본질과 구조를 탐구하는 학문을 의미한다. 이것은 어떤 문화의 미적 감각과 취향 등과 관련되어 있으며, 예술(음악, 미술, 연극 및 무용), 색채 및 형상 등으로 표현된다. 특히, 미학은 글로벌 마케팅과 관련하여 다음과 같은 측면에서 중요한 의미를 갖는다.

- 디자인: 제품, 포장 디자인
- 색채: 제품의 색상, 색상의 상징적 의미, 컬러 TV에서의 광고
- 음악: 글로벌 광고에서의 배경음악의 선택, 음악의 문화적 차이
- 상표명: 상표명에 대한 미학적 요소의 결합(디자인, 글꼴 및 색채 등)

특히, 특정색채와 관련된 의미에 대한 국가별 해석의 차이를 살펴보면 다음과 같다.[12]

- 녹색: 밀림 또는 정글국가에서는 '질병', 프랑스와 네덜란드에서는 '화장품'과 관련되어 있으며, 이집트에서는 국가색이기 때문에 포장지 등에 전혀 사용되지 않는다.
- 검정, 흰색, 보라색: 서양에서는 검정, 동양에서는 흰색, 남미에서는 보라색이 '죽음 또는 장례식'의 상징으로 사용된다.

12 김주헌(2004), p. 105 이하.

가치관 및 태도

가치관(values)은 사전적으로 인간이 자기를 포함한 세계와 그 속의 사상(事象)에 대해 가지는 근본적인 평가의 태도를 뜻한다. 여기에서 태도(attitudes)는 어떤 사물이나 상황 등을 대하는 자세를 의미한다. 인간의 행동은 대부분 이러한 가치관과 태도에 기초를 두고 있다. 일반적으로 가치관과 태도는 오랜 기간 동안 어떤 국민 또는 민족에게 영향을 미쳐온 종교 및 철학사상 등에 의하여 결정되는 경향이 있다. 가치관과 태도는 다음과 같은 측면에서 글로벌 기업활동과 관련되어 있다.

- 일에 대한 태도: 일에 대한 태도의 국가별 차이는 국가별 생산성 및 매출액에 영향을 미칠 수 있다. 예를 들면, 미국인은 일을 하나님이 준 사명으로 이해하지만, 인도인은 일을 적선의 수단으로 활용한다.
- 시간에 대한 태도: 국가에 따라서 시간약속을 잘 지키는 국가(예를 들면, 독일, 일본 및 유럽의 일부 국가 등)와 그렇지 못한 국가(예를 들면, 아시아와 남미의 일부 국가 등)가 있다. 국가 간의 시간관념의 차이는 글로벌 기업의 협상에 영향을 미칠 수 있다(예를 들면, 한국인의 조급함과 중국인의 느긋함의 차이).
- 부(富)에 대한 태도: 부를 성취의 상징으로 보는 국가와 그렇지 못한 국가가 있다. 이러한 태도의 차이에 따라 금전적 동기부여의 결과가 달라질 수 있다.
- 변화 또는 혁신에 대한 태도: 이것은 신제품개발과 시장도입에 영향을 미칠 수 있을 뿐만 아니라, 조직의 혁신에도 영향을 미칠 수 있다.
- 특정제품을 대하는 태도: 국가별 소비자 간의 어떤 특정제품에 대한 인식의 차이 때문에 소비자에 대한 접근이 달라질 수 있다(예를 들면, 자동차를 신분표시의 수단으로 인식하는 국가와 단순 수송수단으로 인식하는 국가에서의 광고는 차별화될 수 있음).

종 교

종교(religion)는 신, 초자연적인 절대자 또는 힘을 믿음으로써 인간생활의 고뇌를 해결하고 삶의 궁극적인 의미와 내세를 추구하는 문화체계를 의미한다. 종교는 인간의 일상생활, 가치관 및 태도 등에 큰 영향을 미친다. 즉, 어떤 특정종교는 그 종교를 믿는 사람의 행동과 사고에 중대한 영향을 미친다. 종교는 다음과 같은 측면에서 글로벌 기업의 다양한 활동에 영향을 미칠 수 있다.

- 직업윤리: 이것은 특정직업에 종사하는 사람들이 지켜야 하는 행동규범을 의미하며, 종교의 영향을 많이 받는다. 예를 들면, 청교도적인 직업윤리 및 유교적 직업윤리 등은 해당 국가에서 활동하는 글로벌 기업에 큰 영향을 미친다.
- 직장생활: 특정종교는 일정한 기도시간과 먹는 음식에 대한 명확한 기준을 갖고 있기 때문에 글로벌 기업은 종업원의 직장 내 종교활동을 존중할 필요가 있다(예를 들면, 독일 기업의 터키인 이주노동자들에 대한 이슬람 식단 및 기도실 제공, 종교에서 정하는 축일 또는 휴일의 존중).
- 소비자행동: 종교별로 금기시하는 제품이 있다(예를 들면, 식품과 의류 등).
- 시장세분화: 다종교국가에서는 서로 다른 세분시장이 나타난다.
- 광고활동: 국가에 따라 종교적 금기사항을 광고캠페인에 포함시키지 못한다.
- 현지인채용: 종교에 기인하는 계급제도를 통하여 인력관리의 문제점이 발생한다(예를 들면, 인도의 카스트제도와 글로벌 기업 내 채용, 배치 및 승진 등과 같은 인력관리의 특수성).
- 정부기관 및 공공기관과의 관계: 정교일치(政敎一致) 국가와 정교불일치 국가에서의 글로벌 기업과 정부와의 관계설정은 다를 수 있다.

사회제도

사회제도(social structure)는 어떤 국가에서 역사적, 관습적 및 종교적으로 지지되고 있는 사회계급과 사회조직 등을 포괄하는 개념이다. 사회계급은 공통적인 가계 또는 신분, 부, 교육 및 직업 등을 가진 개인들의 집단을 말한다. 어떤 특정사회계급은 유사한 생활방식, 유사한 관념, 느낌 및 태도를 보유하고 있기 때문에 다른 계급과 구별된다. 사회계급은 전통적인 신분제도와 소득계층에 따른 계층구조(예를 들면, 상류, 중류 및 하류) 등에 의해 구체적으로 분류될 수 있다. 사회계급은 사회계층이라고도 하며, 이것은 글로벌 기업의 시장세분화와 인력관리 등에 많은 영향을 미칠 수 있다.

사회조직(social organization)은 친척관계와 자유로운 연합 등으로 형성된 인간관계의 기본적 조직을 의미한다.[13] 친척관계(kinship)의 대표적인 기초단위는 가족이다. 일반적으로 가족은 가족구성원의 세대와 수에 따라 대가족 제도(extended family)와 핵가족 제도(nuclear family)로 분류될 수 있다. 그리고 친척관계에 근거하지 않은 자유로운 연합(free association)은 연령별(예를 들면, 노인협회 및 청년협회 등), 성별(예를 들면, 여성협회) 및 공통이해집단(예를 들면, 정당, 노동조합 및 취미동아리 등) 등으로 구분될 수 있다. 또한 넓은 의미의 사회조직에 교육제도가 포함될 수 있다. 교육제도(education system)는 일반적으로 학교교육의 동의어로 사용되기도 한다. 국가 간 교육제도와 투입하는 교육예산의 차이는 문맹률, 대학 이상의 고등교육을 받은 국민의 비율 및 여성교육비율 등에서의 국가 간 교육수준의 차이를 발생시킨다. 특히, 사회조직은 글로벌 기업의 생산 또는 판매제품의 종류 및 수량, 시장세분화, 인력관리 및 광고전략 등에 많은 영향을 미칠 수 있다.

---

13 Ball, D. A. et al.(2004), p. 321 이하.

News Case 2-2

▶ 자원빈국 네덜란드의 경제성장과 외국어

"독일인이나 프랑스인, 영국인들은 네덜란드어를 하지 않지만 네덜란드 사람들은 그들의 언어를 구사해야만 합니다. 이들은 네덜란드의 주요 수출 상대국이기 때문이죠. 한국의 상황도 네덜란드와 크게 다르지 않아 보입니다."

네덜란드의 면적은 남한의 40%, 인구는 3분의 1에 불과하지만 유로존(유로화 사용 19개국) 내 6위의 경제대국이다. 네덜란드는 여러 면에서 한국과 비슷하다. 척박한 천연자원과 협소한 국토, 적은 인구, 고령화와 저출산 그리고 강대국들에 둘러싸여 있는 지리적 위치가 그렇다. 그럼에도 무역규모 1조 달러(약 1,118조 원)가 넘는 무역대국인 것도 한국과 닮았다. 네덜란드 경제 역시 수출이 전체 국내총생산(GDP)의 50~60%를 차지할 정도로 수출의 비중이 높다.

주한네덜란드 E대사는 네덜란드와 한국이 작은 내수시장의 한계를 극복하고 살아남기 위해서는 해외시장 개척에 주력하는 방법밖엔 없다고 말했다. 그는 독일과 프랑스, 영국에 둘러싸여 있는 강소국 네덜란드가 이들과의 무역에서 이익을 극대화하고, 자국 국민의 해외진출을 돕기 위해서 외국어 교육은 선택이 아닌 필수 요소였다고 설명했다. 그는 한국의 교육제도가 시장과 기업이 기대하는 방향과 전혀 다른 방향으로 움직이고 있다고 쓴소리를 했다. 네덜란드에서는 국민의 90%가 한 개 이상의 외국어를 구사하고 44%가 영어와 독어를, 12%가 영어, 독일어, 프랑스어를 구사한다. E대사는 이 같은 성취는 환경적 요인보다 정부의 교육지침에 따른 것이라고 말했다.

2008년 글로벌 금융위기의 여파로 현재 네덜란드의 청년실업률은 한국과 비슷한 10% 수준이다. 하지만 유럽에서도 출중한 외국어 실력과 글로벌 마인드로 무장한 까닭에 네덜란드인들은 17세기 대항해 시대를 주름잡던 그들의 선조들처럼 글로벌 비즈니스의 총성 없는 전장 곳곳에서 두각을 나타내고 있다.

열악한 환경 속에서도 강소국의 위치를 유지해 오고 있는 네덜란드에서 한국이 타산지석으로 삼을 부분이 있는지 E대사에게 물었다.

네덜란드와 한국은 작은 면적과 적은 인구, 수출 주도형 경제 등 비슷한 점이 많은 것 같다.

"네덜란드의 국토 면적은 남한의 40%밖에 되지 않는다. 인구도 1,600만 명 정도로 한국보다 훨씬 적다. 한국과 네덜란드의 공통점은 강대국들에 둘러싸인 작은 국가라는 점이다.

한국에게는 중국과 일본이 있다면 네덜란드는 한 쪽에 독일, 다른 한 쪽에는 프랑스,

그리고 남쪽으로는 영국에 둘러싸여 있다.

한국과 네덜란드는 또한 작은 나라이기 때문에 수출에 대한 의존도가 매우 높다. 두 나라는 내수시장만으로 자급자족하기 어렵기 때문에 수출이 필수적이다. 지하자원이나 천연자원도 풍부하지 않다. 땅 말고는 아무것도 없다. 거시적으로 경제 흐름을 봐도 한국과 네덜란드는 고령화와 저출산, 그에 따른 연금 부담 등 여러 면에서 비슷한 문제들을 안고 있다."

이렇게 열악한 조건에도 불구하고 네덜란드가 유럽에서 여섯 번째로 큰 경제대국이 될 수 있었던 비결은 뭔가?

"네덜란드는 언제나 시장과 사회에 대한 개방정책을 유지해 왔다. 17세기의 네덜란드에는 이주민과 난민들이 많이 모여들었다. 그 중에는 다양한 분야의 학자들도 포함돼 있었다. 그들의 서로 다른 문화와 지식이 뒤섞이면서 네덜란드는 거대한 용광로(melting pot)가 되었다. 그리고 그 때가 우리의 황금기(Golden Age)였다. 지금의 상황도 17세기와 크게 다르지 않다. 우리는 작은 나라다. 개방 없이는 도저히 살아남을 수 없다. 우리는 누구보다도 적극적으로 다른 나라에 진출해서 그 곳에서 성장하고 또 우수한 현지인재들을 끌어들여야 한다. 그것이 우리의 가장 중요한 생존 전략이다.

과거 폐쇄된 사회와 경제 시스템으로 알려졌던 한국도 점점 더 개방적인 분위기로 바뀌고 있다. 90년대에도 한국에 있었는데, 그 때와 비교하면 한국에 진출한 해외 기업이 많이 늘었다."

상당수의 네덜란드인들은 3~4개 국어를 유창하게 구사한다. 글로벌 기업의 각국 지사장 중에도 네덜란드 출신이 많다. 이것 또한 유럽의 작은 국가로서의 생존 전략의 결과인가?

"네덜란드는 다른 국가들과의 교류 없이는 살 수가 없다. 그런데 전 세계 어디에도 네덜란드어를 하는 국가가 없다. 그렇기 때문에 우리에게 외국어 교육은 생존을 위해 필수적이다.

우리의 주요 무역상대국을 살펴보면, 우선 네덜란드 수출의 25%를 차지하는 독일이 있다. 우리의 제품을 구매하고 우리와 무역을 하는 독일의 언어를 잘 해야 하는 것은 당연하다. 독일 사람들은 네덜란드어를 못 해도 되지만, 우리는 독일어를 해야 한다.

벨기에와 프랑스도 주요 교역 파트너기 때문에 프랑스어도 중요하다. 다음은 영국이다. 우리는 영어를 모국어와 다름없이 사용하고 있다. 영어를 공용어로 사용하는 도시도 있다. 정부도 외국어 교육의 중요성을 잘 알고 있기 때문에 관련교육에 각별한 신경을 쓰고 있다.

한국의 경우 대중국 수출이 전체의 27%를 차지한다. 그럼에도 중국어를 구사하는 한국인은 많지 않아 보인다. 중국이 한국의 중요한 무역파트너라는 점이 교육에도 반영돼야 한다. 한국의 외국어 교육을 보면 시장에서 원하는 교육과는 차이가 크다. 물론 90년대에 비해 많이 좋아졌다.

한국인들은 외국어를 구사할 때 실수에 대해 지나치게 두려워한다. 네덜란드어를 곧잘 하는 한국인도 실제 네덜란드인을 만나면 제대로 말을 하지 못하는 경우를 종종 봤다. 문화적인 문제인 것 같기도 하다."

한국과 네덜란드는 우호적인 관계를 유지해 왔다. 양국 간 경제적 협력은 어떤가?

"네덜란드에게 한국은 중국 다음으로 큰 아시아 시장이다. 관련 무역규모는 매년 8%씩 성장해 왔다. 현재 네덜란드와 한국의 연간 무역규모는 100억 유로(약 13조 1,570억원)정도다. 물론 중국과 비교할 순 없지만 굉장히 큰 액수다. 네덜란드는 EU 안에서도 한국과 경제 교류가 가장 빈번한 국가 중 하나다. 네덜란드에는 130개의 한국 기업들이 진출해 있고 한국에는 78개의 네덜란드 기업들이 있다. 그렇기 때문에 네덜란드에게 한국이 중요한 것 이상으로 한국에게 네덜란드는 유럽으로 뻗어 나갈 수 있는 길목으로 큰 의미가 있다."

어떤 분야에서 가장 많은 투자와 교역이 일어나고 있나?

"네덜란드의 입장에서는 정보기술(IT) 분야의 협력이 매우 중요하다. 따라서 삼성전자나 SK하이닉스 등과 같은 기업들과의 협력에 관심 많다. 농업과 서비스업에서도 협력이 필요하다. 한국은 네덜란드를 유럽 물류의 중심지(허브)로 보고 있다. 한국 기업들이 네덜란드로 상품을 가져와 유럽의 여러 국가들로 유통한다. 네덜란드는 수준 높은 물류 시스템을 갖추고 있다."

한국은 자유무역협정(FTA) 등을 맺을 때도 항상 농업 부문이 논란의 중심으로 떠오른다. 한국의 농업이 어떻게 발전해야 한다고 생각하나?

"농업 부문을 개방하지 않는 것이 장기적으로는 손해일 수도 있다. 만약 네덜란드가 농업 시장을 개방하지 않았다면 세계적인 농업 수출국이 될 수 없었을 것이다.

한국은 농업을 발전시키기에 좋은 요소들을 많이 가지고 있다.

첫째로 한국은 IT, 하이테크 기반의 경제다. 네덜란드에서는 농업이 하이테크 산업이다. 농부가 실제로 밭에서 일을 하는 시간이 많지 않다. 네덜란드에서 농부들은 컴퓨터 앞에 앉아 어떤 때에, 어떤 곳에 얼마만큼의 농약이나 물이 필요한지를 계산하는 것부터 수출을 확대할 수 있는 방안 연구까지 다양한 일을 한다.

한국은 또한 김포공항이나 인천국제공항처럼 물류 허브도 갖추고 있다. 모든 것이 다 갖춰져 있지만 농업에 대한 이미지가 좋지 않은 것은 문제다. 국가가 젊은 청년들에게 농업이 한국의 중요한 미래가 될 것이라는 확신을 심어줘야 한다.

현재 일본에서 수입하는 70% 이상의 고추는 한국산이다. 중국은 어떤가? 중국인들은 한국의 농산물을 고급 상품으로 친다. 식품 가공 분야에서도 많은 기회들이 있다. 주변국들과의 FTA를 통해 한국 농산물의 수출을 늘릴 수 있는 기회는 얼마든지 있다. 다만 한국에서 농업은 구식이라는 고정관념을 없애야 한다."

네덜란드와 한국이 서로 보완하거나 협력할 수 있는 분야가 있다면?

"농업 부분에서 협력이 기대된다. 네덜란드 전체 노동력의 2%가 농업에 종사하고 있지만 네덜란드는 미국 다음으로 세계에서 두 번째로 많은 농산물을 수출하는 국가다. 네덜란드의 농산물 수출규모는 800억 유로(약 105조 1,544억 원)에 달한다.

한국 경제는 엄청나게 빠른 속도로 성장했다. 하지만 앞서가는 분야가 있으면 뒤처지는 분야도 있기 마련이다. 한국은 자동차, 조선, IT 산업을 집중적으로 키웠지만 농업 분야의 발전은 더디게 진행되고 있다.

두 번째로, 네덜란드는 유럽에서 스타트업의 중심지가 되고 있다. 네덜란드는 전 세계 청년들에게 창업을 위한 IT 인프라 외 인센티브를 제공하고 있다. 결과는 꽤 성공적이다. 새로운 아이디어나 새로운 기술이 결과물로 나타나기 시작했다.

한국에서도 경기도 N지사가 암스테르담의 창업 현장을 방문할 예정이다. 나는 이 부분에서도 한국과 네덜란드가 협력할 수 있을 것이라고 생각한다. 한국 청년들과 네덜란드 청년들이 함께 혁신을 이룰 수 있다."

한국 정부도 창업을 장려하고 있지만 창업에 대한 부정적인 이미지 때문에 어려움을 겪고 있다.

"한국이 혁신과 창조경제, 중소기업 기반으로의 변화를 추구한다면 스타트업은 당연히 중요한 일부다. 네덜란드에서는 대학은 물론 필립스와 같은 대기업들도 젊은 청년들의 창업을 돕고 있다. 정부도 여러 가지 인센티브를 제공한다.

물론 창업이 항상 성공할 수는 없다. 하지만 창업 지원은 결국 성공의 기회를 높이는 일이기도 하다. (실리콘밸리의 중심지인) 샌프란시스코에서는 실패가 성공적인 사업가가 되기 위한 필수조건으로 여겨지는 분위기다. 실패를 통해 배운 것은 평생 간다는 것이다.

네덜란드도 한국과 비슷해 실패에 대해 부정적이지만, 점차 변하고 있다. 네덜란드 정부와 민간 기업도 창업에 대한 부정적 인식을 바꾸기 위해 노력 중이다.

한국인들은 매우 창의적이다. 카카오톡이나 온라인 게임들만 봐도 알 수 있다. 10개 기업을 창업하면 그 중 한 개만 살아남을 수 있는 것이 창업이지만, 혁신적인 사업 아이디어를 활짝 꽃 피울 수 있는 좋은 방법이기도 하다."

네덜란드의 청년 실업률은 10%로 높은 편이다. 한국과 비슷한 수준인데.

"2008~2009년 글로벌 금융위기 이후 네덜란드의 청년 실업률은 12%까지 치솟았다. 하지만 네덜란드 정부가 고용 창출을 위한 다양한 조치를 취하면서 최근에는 경기 회복 분위기 속에 고용도 늘고 있다. 네덜란드 정부는 청년 실업 문제 해소를 위해 여러 정책을 내놨다. 그 중 하나가 청년 실업 담당관을 민간 기업에 파견해 기업들을 설득하고, 고용을 늘리는 기업에 감세 등의 혜택을 제공한 것이다. 여기에 더해 지방 정부에도 금전적인 지원과 함께 청년 고용을 늘리도록 장려했다.

기업들이 실제로 필요로 하는 방향으로 교육이 이뤄지도록 교육제도도 정비했다. 자기소개서 작성 등 취업 준비에 도움이 될 만한 과정을 도입한 것도 도움이 되었다."

자료원: 조선일보, 2015년 8월 18일

2.3 사회문화적 환경의 분석을 위한 모형

2.3.1 *호프슈테데(Hofstede)*의 모형

네덜란드의 사회심리학자인 *호프슈테데*의 연구는 다른 연구자들에 의해 가장 많이 인용되고 있는 문화에 대한 연구에 속한다. 그는 1967년부터 1973년까지 전 세계 67개국의 11만 7,000명의 IBM 자회사의 직원을 대상으로 60개의 항목에 대한 설문조사를 하였다.[14] 그는 이러한 연구결과를 바탕으로 문화를 권력간격(권력의 평등 대 불평등), 개인주의 대 집단주의, 남성성 대 여성성 및 불확실성 회피 대 수용 등과 같은 네 가지 차원으로 분류하였다. 또한 그는 23개국을 대상으로 문화에 대한 추가적인 연구를 통하여 시간지향성(장기지향

14 Hofstede, G.(1982), p. 53 이하.

성 대 단기지향성)이라는 다섯 번째 문화의 차원을 제시하였다.[15] 이러한 다섯 가지 문화의 차원을 살펴보면 다음과 같다.

권력간격(권력의 평등 대 불평등)

권력간격(power distance)은 어떤 국가의 사회와 조직 내에서 권력이 불평등하게 배분되어 있는 것을 수용하는 정도를 말한다. 권력간격이 작은 국가 또는 권력이 평등하게 배분되어 있는 국가의 조직구성원은 그들이 속한 조직이 민주적이라고 생각한다. 반면에, 권력간격이 큰 국가 또는 권력이 불평등하게 배분되어 국가의 조직구성원은 그들이 속한 조직이 독재적이라고 느낄 수도 있지만 이것을 용인하는 경향이 높다. 일반적으로 권력간격이 좁은 국가는 평등주의적인 성향을 띠는 반면에, 권력간격이 큰 국가는 사회적 불평등을 더 용인하며 소득의 격차나 권력배분의 차이를 수용하는 정도가 더 높다. *호프슈테데*의 연구결과에 의하면, 말레이시아, 과테말라, 파나마, 필리핀 및 멕시코 등의 국가는 권력간격이 크고, 오스트리아, 이스라엘, 덴마크, 아일랜드 및 스웨덴 등의 국가는 권력간격이 작은 것으로 나타났다.

개인주의 대 집단주의

개인주의 대 집단주의(individualism vs. collectivism)의 구분은 어떤 국가의 조직구성원이 어떤 집단의 구성원으로서보다는 독립적인 개인으로서 그들 자신을 평가하는 정도의 차이에 기초한다. 개인주의에서는 각 개인의 자유가 존중되는 반면, 집단주의에서의 개인은 집단에 소속되거나 통합되어 있기 때문에 개인의 자유보다는 집단의 목표가 중요하게 고려된다. *호프슈테데*의 연구결과에 따르면, 미국, 호주, 영국, 캐나다 및 네덜란드 등의 국가는 개인주의적인 성향을 띠고 있으며, 과테말라, 에콰도르, 파나마, 베네수엘라 및 콜롬비아 등의 국가는 집단주의적인 성향을 갖고 있는 것으로 나타났다.

15 Hofstede, G.(2001), p. 238 이하.

남성성 대 여성성

남성성 대 여성성(masculinity vs. feminity)의 구분은 남성과 여성의 역할 또는 행동의 차이에 근거한다. 남성적인 사회는 자기주장이 강하고, 거칠고, 경쟁적이고, 자신감이 높다. 반면에, 여성적인 사회는 온화하고, 부드러우며, 배려심이 강하고, 삶의 질을 중요하게 생각한다. *호프슈테데*의 연구결과에 의하면, 일본, 오스트리아, 베네수엘라, 이탈리아 및 스위스 등의 국가는 남성성이 강하고, 스웨덴, 노르웨이, 네덜란드, 덴마크 및 코스타리카 등의 국가는 여성성이 강한 것으로 밝혀졌다.

불확실성의 회피 대 수용

불확실성의 회피 대 수용(uncertainty avoidance vs. acceptance)의 구분은 어떤 국가의 조직구성원이 불확실하거나 낯선 상황에 의해 위협을 느끼는 정도에 기초한다. 불확실성의 회피정도가 높은 국가는 미래를 통제하려고 하며, 법률제정, 규칙설정 및 행동에 대한 규제, 안전 및 보호수단, 비정상적인 행동의 거부 및 위험회피 등을 추구한다. 이에 반해, 불확실성의 수용정도가 높은 국가는 반드시 필요한 규칙 이외의 것은 만들지 않는다. *호프슈테데*의 연구결과에 의하면, 불확실성의 회피정도가 높은 국가는 그리스, 포르투갈, 과테말라, 우루과이 및 벨기에 등이며, 불확실성 회피정도가 낮은 국가는 싱가포르, 자메이카, 덴마크, 스웨덴 및 홍콩 등으로 나타났다.

시간지향성(장기지향성 대 단기지향성)

장기지향성 대 단기지향성(long–term orientation vs. short–term orientation) 등과 같은 시간지향성(time orientation)의 구분은 어떤 국가의 문화가 미래에 중점을 두는 정도에 근거한다.[16] 장기지향성은 목표추구과정에서의 인내, 직위 중심적인 계층구조의 존중, 높은 비율의 저축과 투자 및 수치심(feeling of shame) 등

16 Hofstede, G.(2001), p. 237 이하.

을 중요하게 고려한다. 반면에, 단기지향성은 개인적 인내와 안정, 체면유지, 전통의 존중, 상호주의에 근거한 격식 및 선물과 호의 등을 중요하게 생각한다. *호프슈테데*의 연구결과에 따르면, 장기지향성은 중국, 홍콩, 타이완, 일본 및 한국 등과 같은 유교문화권의 국가에서 높게 나타났으며, 단기지향성은 파키스탄, 나이지리아, 필리핀, 캐나다 및 짐바브웨 등의 국가에서 높게 나타났다.

*호프슈테데*의 문화에 대한 연구결과는 다음과 같은 관점에서 글로벌 기업의 의사결정을 위한 경영적 시사점을 제공한다.[17]

- 권력간격이 큰 국가에서는 의사결정이 중앙집권화되고, 조직 내의 이동성이 낮고, 조직의 계층구조가 길며, 상사의 명령에 복종하는 경향이 있다.
- 권력간격이 좁은 국가에서는 조직구조가 단순하고, 의사결정이 참여적이며, 조직 내의 이동성이 높은 경향이 있다.
- 개인주의적 국가에서의 성과평가 시스템은 집단보다는 개인에 대한 보상에 중점을 두는 것이 바람직하다.
- 집단주의적 국가에서는 집단 중심적인 보상 시스템이 적절하다.
- 남성성이 높은 국가에서는 조직의 목표가 시장점유율 및 수익성의 증대이며, 조직구성원은 상위경영층에 지배당하며, 과업성취가 중요하다.
- 여성성이 높은 국가에서는 직장에서의 삶의 질, 환경보호, 공평성과 공정성 및 기업의 사회적 책임 등이 중요하다.
- 불확실성의 회피정도가 높은 국가에서는 장기적 계획이 강조되어야 한다.
- 불확실성의 수용정도가 높은 국가에서는 단기계획과 융통성이 중요하다.
- 장기지향성이 높은 국가에서는 전략적 계획이 중요하다.
- 단기지향성이 높은 국가에서는 전술적 계획 또는 운영적 계획이 강조된다.

17 Neuland, E./Hough, J.(2007, Ed.), p. 96.

2.3.2 *홀(Hall)*의 모형

홀은 서로 다른 문화권 또는 국가 간의 문화의 차이를 비교·분석한 결과, 문화를 고배경문화와 저배경문화로 분류하였다.[18] 고배경문화와 저배경문화를 구체적으로 살펴보면 다음과 같다.

고배경문화(high context culture)

이것은 의사소통에 있어서 전체적인 맥락(context) 또는 비언어적인 설명에 의존하고 있다. 특히, 의사소통에 있어서의 문화적 단서(clues) 및 뉘앙스는 전달되는 메시지를 이해하는 데 도움이 될 수 있다. 예를 들면, 전체적인 분위기를 파악하고 있는 어떤 조직의 구성원들에게 "이해합니까(Do you understand?)?"라고 물으면 그들은 무엇을 이해했는지 대답하게 될 것이다. 한국, 일본, 중국, 동남아시아의 국가 및 중동의 국가들은 고배경문화에 속한다.

저배경문화(low context culture)

이것은 말하는 사람의 명확한 언어적 표현 또는 구체적인 메시지를 통하여 의사소통을 하는 문화를 말한다. 예를 들면, 구체적인 설명을 요구하는 경우에 있어서, 저배경문화에서는 "나는 이것이 무엇을 의미하는지 설명하기를 원합니다(I want to explain what it means.)"라는 명확한 표현을 하는 것이 의사소통에 도움이 된다. 대부분의 유럽의 국가 및 미국은 저배경문화에 속한다.

〈표 2-1〉은 고배경문화와 저배경문화의 차이점을 제시한다.

고배경문화와 저배경문화에 대한 글로벌 경영적인 시사점은 다음과 같다.[19]

- 고배경문화는 장기적인 관계에 가치를 두며, 신뢰를 협상수행을 위한 기본으로 간주한다.

18 Hall, E. T.(1976), p. 67 이하.

19 Griffin R. W./Pustay, M. W.(2007), p. 99.

표 2-1 고배경문화와 저배경문화의 차이점

구 분	고배경문화	저배경문화
법률 또는 법률가	덜 중요하다.	매우 중요하다.
개인의 말	개인이 보증한다.	서면으로 보증한다.
공 간	서로 어울리는 공간을 중요하게 여긴다.	개인적 공간을 중요하게 여기며 침해받는 것을 싫어한다.
시 간	폴리크로닉(polychronic, 다원적)하다.	모노크로닉(monochronic, 일원적)하다. 즉, '시간은 돈이다'라는 관념이 아주 강하다.
협 상	협상이 매우 세밀하게 이루어진다. 그것은 협상의 목적을 모든 당사자들이 충분히 이해하도록 하는 데 있다.	매우 신속하게 이루어진다.
경쟁입찰	빈번하지 않다.	일반적이다.
해당 국가	일본 및 중동	미국 및 북유럽

자료원: Keegan, W. J.(1989), p. 117; 김시경(2007), p. 416 재인용.

- 일본과 같은 고배경문화에서의 광고는 정서지향적이지만, 독일과 같은 저배경문화에서의 광고는 사실지향적이다.
- 저배경문화에서는 합의와 거래의 구체적인 조건에 중요성이 부여되는 반면, 고배경문화에서는 협상을 위해 신뢰를 구축하는 것이 중요하다.
- 고배경문화에서는 정서적이고 사회적인 환경조건이 의사결정에 도움이 된다. 반면에, 저배경문화에서의 의사결정은 비개인적이며, 이해당사자와의 갈등은 무조건 피해야 한다.

2.3.3 *클러크혼과 스트로트벡(Kluckhohn and Strodtbeck)*의 모형

*클러크혼과 스트로트벡*은 문화 간의 차이를 분석하기 위하여 인간의 본성, 인간과 자연의 관계, 인간관계, 인간의 행동양식, 시간관념 및 공간관념

등과 같은 여섯 가지 차원의 문화적 지향성을 제시하였다.[20] 이러한 여섯 가지 차원을 살펴보면 다음과 같다.[21]

- 인간의 본성: 인간의 본성은 기본적으로 '선한가?' 또는 '악한가?'라는 두 가지 관점에서 파악될 수 있다. 그리고 인간의 본성이 변화될 수 있는가에 대한 관점은 문화에 따라 다를 수 있다.
- 인간과 자연의 관계: 이것은 인간이 자연을 지배하는가(예를 들면, 미국 및 유럽) 또는 인간과 자연이 조화를 이루는가(예를 들면, 동양)에 대한 문제이다.
- 인간관계: 이것은 개인주의(서양) 또는 집단주의(동양)의 관점에서 파악될 수 있다.
- 인간의 행동양식: 이것은 동적(dynamic) 또는 정적(static)인가에 대한 것이다. 일반적으로 서양은 동적인 문화에, 동양은 정적인 문화에 기초하고 있다.
- 시간관념: 이것은 미래 중심적 또는 과거 중심적, 그리고 단기지향적 또는 장기지향적 관점에서 파악될 수 있다.
- 공간관념: 이것은 사무실 등과 같은 기업의 공간이 사적으로 독점되는가 또는 공적으로 공유되는가에 대한 문제를 다룬다. 사적 독점의 문화권에서는 폐쇄적인 사무실을 선호하는 경향이 있고, 공적 공유의 문화권에서는 개방적인 사무실을 선호하는 경향이 있다.

2.3.4 *트롬페나아즈(Trompenaars)*의 모형

*트롬페나아즈*는 전 세계 28개국의 15,000명의 경영자를 대상으로 문화 간의 차이점을 분석하기 위한 실증적 연구를 수행하였다.[22] 그는 이러한 연구결

20 Kluckhohn, F. R./Strodtbeck, F.(1961), p. 12.
21 Adler, N. J.(1984); 김시경(2007), p. 415 재인용.
22 Trompenaars, F.(1993), p. 8 이하.

과를 바탕으로 문화를 보편주의 대 특수주의, 개인주의 대 집단주의, 중립적 관계 대 정서적 관계, 특수한 관계 대 확산된 관계, 실적 대 귀속, 순서적 대 동시적 및 내부지향적 대 외부지향적 등으로 분류하였다. 이러한 일곱 가지 문화의 차원을 살펴보면 다음과 같다.[23]

보편주의 대 특수주의(universalism vs. particularism)

보편주의는 규칙의 준수 및 인간관계에 대한 규칙의 제정 등과 같은 것에 큰 가치를 두는 반면, 특수주의는 특수한 상황 또는 개인적 사정을 중요하게 고려한다. 보편주의적 문화는 독일, 오스트리아, 스위스, 미국, 캐나다 및 영국 등과 같은 국가에서 발견되며, 특수주의적 문화는 한국, 베네수엘라, 러시아 및 중국 등과 같은 국가에서 발견된다.

개인주의 대 집단주의(individualism vs. collectivism)

앞에서 살펴본 바와 같이(2.3.1 참고), 개인주의 대 집단주의는 어떤 국가의 조직구성원이 어떤 집단의 구성원으로서보다는 독립적인 개인으로서 그들 자신을 평가하는 정도의 차이에 따라 분류된다. *트롬페나아즈*의 연구결과에 따르면, 미국, 루마니아, 체코, 러시아, 나이지리아 및 이스라엘 등의 국가는 개인주의적인 성향을 띠고 있으며, 일본, 인도, 이집트 및 멕시코 등의 국가는 집단주의적인 성향을 갖고 있는 것으로 밝혀졌다.

중립적 관계 대 정서적 관계(neutral vs. emotional relationships)

중립적 관계는 이성적 행동에 의하여 형성되는 반면, 정서적 관계는 억압되지 않은 느낌과 감정에 의하여 형성된다. *트롬페나아즈*의 연구결과에 의하면, 일본, 중국, 폴란드, 불가리아 및 오스트리아 등의 국가는 중립적 관계를

23 전게서; Rugman, A. M./Hodgetts, R. M.(2003), p. 136 이하.

중요하게 고려하며, 대부분의 남미, 아프리카 및 중동의 국가는 정서적 관계를 중요하게 고려하는 것으로 나타났다.

특수한 관계 대 확산된 관계(specific vs. diffuse relationships)

특수한 관계를 추구하는 문화에서는 공사(公私)가 분명하게 구분되는 반면, 확산된 관계를 추구하는 문화에서는 공사가 잘 구분되지 않는 경향이 있다. *트롬페나아즈*의 연구결과에 따르면, 미국과 유럽 국가 등은 특수한 관계를 중요하게 생각하며, 중국, 쿠웨이트, 인도네시아 및 칠레 등의 국가는 확산된 관계를 중요하게 고려하는 것으로 밝혀졌다.

실적 대 귀속(achievement vs. ascription)

이것은 조직에 있어서 어떤 직위의 결정요인이 개인의 실적(예를 들면, 성과 또는 능력)에 달려 있는가 또는 개인적 귀속요인(예를 들면, 출신성분, 종교 및 연령)에 달려 있는가에 대한 문제를 다룬다. *트롬페나아즈*의 연구결과에 따르면, 미국은 실적을 중요하게 고려하는 국가이고, 대부분의 남미, 아시아 및 중동의 국가, 그리고 이탈리아, 독일 및 러시아 등과 같은 유럽의 일부 국가들은 개인적 귀속을 중요하게 고려하는 것으로 밝혀졌다.

순서적 대 동시적(sequential vs. synchronic)

이것은 시간에 대한 태도에 따라 구분된다. 순서적 개념은 어떤 일들이 진행되면 먼저 하나가 끝나고 그 다음의 일이 진행되어야 하는 것을 뜻한다. 반면에, 동시적 개념은 어떤 일들이 순서에 관계없이 동시에 진행될 수 있다는 것을 의미한다. 순서적 시간관념은 시간에 대한 선형적 관점(linear view of time)을 중요하게 생각하는 서양에서, 동시적 시간관념은 시간에 대한 순환적 이해(cyclical understanding of time)를 추구하는 동양에서 주로 발견된다.

내부지향적 대 외부지향적(inner-directed vs. outer-directed)

이것은 운명에 대한 통제를 누가 하느냐에 따라 구분된다. 일반적으로 운명이 개인의 능력 또는 의지에 달려 있다는 내부지향적 사고는 서양에서, 그리고 운명이 외부요인(예를 들면, 하늘 및 사주팔자)에 의해 좌우된다고 믿는 외부지향적인 사고는 동양에서 발견된다.

제 2 부

글로벌 인적자원과 배치전략, 계획 및 조직

제 2 부에서는 글로벌 인적자원과 배치전략, 계획 및 조직에 대하여 검토한다. 제 3 장에서는 글로벌 인적자원과 배치전략에 대하여 설명한다. 특히, 여기에서는 EPRG 모델 관점에서의 글로벌 인적자원의 배치전략이 상세하게 논의된다. 제 4 장에서는 글로벌 인적자원과 계획에 대하여 알아본다. 그리고 제 5 장에서는 글로벌 인적자원과 조직에 대하여 체계적으로 논의한다.

제 1 부 글로벌 인적자원관리의 개념과 사회문화적 환경

제1장 글로벌화와 글로벌 인적자원관리의 개념
제2장 글로벌 인적자원관리와 사회문화적 환경

⇩

제 2 부 글로벌 인적자원과 배치전략, 계획 및 조직

제3장 글로벌 인적자원과 배치전략
제4장 글로벌 인적자원과 계획
제5장 글로벌 인적자원과 조직

⇩

제 3 부 글로벌 인적자원의 해외파견관리

제6장 글로벌 인적자원의 모집과 선발
제7장 글로벌 인적자원의 교육훈련
제8장 글로벌 인적자원의 동기부여와 보상관리
제9장 글로벌 인적자원의 해외파견과 재통합관리

⇩

제 4 부 글로벌 인적자원의 현지채용관리와 글로벌 기업의 노사관계

제10장 글로벌 인적자원의 현지채용관리
제11장 글로벌 기업의 노사관계

⇩

제 5 부 글로벌 기업의 통제와 성과관리 및 글로벌 리더십의 개발

제12장 글로벌 기업의 통제와 성과관리
제13장 글로벌 리더십의 개발

제 3 장

글로벌 인적자원과 배치전략

3.1 글로벌 인적자원과 배치전략의 특수성

3.2 EPRG 모델 관점에서의 글로벌 인적자원의 배치전략

3.3 글로벌 인적자원과 배치인력의 국적

3.1 글로벌 인적자원과 배치전략의 특수성

글로벌 인적자원의 배치는 글로벌 기업 전체 차원에서 접근해야 할 과제이다. 기업의 글로벌화를 통하여 글로벌 기업의 인적자원(인력)은 본사의 라인 부문(예를 들면, 해외영업부), 본사의 스태프 부문(예를 들면, 기획실), 그리고 현지 자회사 또는 해외 지사에서 업무를 담당할 수 있다. 특히, 글로벌 기업의 본사가 현지 자회사에 인력을 파견함으로써 다음과 같은 목표를 달성할 수 있다.[1]

- 기술 및 경영 노하우의 이전
- 국제적 및 문화 간 경영능력의 개발
- 자질이 부족한 현지인력의 보완
- 현지에서의 기업의 관심사항 확인
- 서로 다른 국적을 가진 동료직원 간의 협력 증대
- 관리자에 대한 글로벌 의식 증대

현지 자회사 또는 해외 지사로의 본사 인력의 파견은 기업의 글로벌화의 정도, 기업의 발전단계, 노동력의 교육수준, 현지 자회사 또는 해외 지사의 규모, 기업의 과제영역, 조직구조, 요구되는 노하우의 이전 및 해외에서의 법적인 환경조건 등을 통하여 영향을 받을 수 있다.[2] 글로벌 기업의 인력배치 또는 수급계획은 본사와 현지 자회사 및 해외 지점 또는 해외 공장 간의 어떤 상호작용의 과정으로 볼 수 있다.

글로벌 기업에서는 직무순환의 원칙에 기초하여 해외 업무에 투입될 인적자원의 공급이 중요한 문제로 부각된다. 무엇보다도 해외파견인력에 대한 수요는 기업 내부적 및 기업 외부적 인력조달을 통하여 충족될 수 있다. 기업 내부적 및 기업 외부적 인력조달은 다음과 같은 관점에서 설명될 수 있다.

---

1 Perlitz, M.(2004), p. 401 이하 재인용.

2 전게서, p. 402.

- 기업 내부적 인력조달: 글로벌 기업이 현재 보유하고 있는 인력 풀에서 조달함.
- 기업 외부적 인력조달: 글로벌 기업이 기업 외부의 국내 또는 해외 노동시장에서 인력을 조달함.

글로벌 기업의 인적자원의 배치전략은 다음에서 살펴볼 EPRG 관리개념의 관점에서 이해될 수 있다(3.2 참고). 즉, 이러한 전략적 관리개념에 대한 대표적인 이론으로서 *펄뮤터(Perlmutter)*의 EPRG 관리개념을 들 수 있다.[3] 여기에서 EPRG는 **E**thnocentric(본사 중심적), **P**olycentric(현지 중심적), **R**egiocentric(지역 중심적) 및 **G**eocentric(글로벌 중심적)의 영문 앞 글자를 따서 만든 용어이다.

또한 글로벌 인적자자원의 배치전략과 관련하여 중요한 영향을 미치는 요인으로 배치하려는 인력의 국적을 들 수 있다. 이러한 인적자원의 국적은 다음과 같은 세 종류로 구분될 수 있다(3.3 참고).

- 본국 파견인력(parent country nationals): 본국에서 선발하여 현지 자회사 또는 해외 지사로 파견하는 인력
- 현지국 채용인력(host country nationals): 현지국에서 채용하여 현지 자회사 또는 현지 지사에 배치하는 인력
- 제3국 채용인력(third country nationals): 본국과 현지국 이외의 국가에서 채용하여 배치하는 인력

---

3 박주홍(2007), p. 137 이하; Perlitz, M.(2004), p. 119 이하; Heenan D. A./Perlmutter. H. V.(1979), p. 17 이하; Perlmutter, H. V.(1969), p. 9 이하.

News Case 3-1

▶ 삼성그룹의 해외 주재원 감축

삼성그룹이 해외 주재원 수를 줄이고 있다. 전사적인 비용 절감 노력과 함께 현지 법인 근무자는 현지채용인력으로 운영한다는 기본적인 방침을 정한 뒤 상당수 주재원들을 철수시키고 있다. 임직원들 사이에선 향후 주재원 제도 자체가 사라질 수도 있다는 얘기까지 돌고 있다. 9일 삼성그룹 내 전자계열사 등에 따르면 지난해부터 미국, 유럽 등 주요 시장에 근무하는 주재원 수를 꾸준히 줄이고 있다.

삼성그룹의 경우 70여 개국에 500여 개 거점을 보유하고 있으며, 2010년 이후 지법인 통합작업으로 줄어들고 있는 추세다. 글로벌 네트워크 구축단계에서는 주재원 수가 급증했지만 현지 법인 구축이 마무리단계에 돌입한 이후에는 현지 인력으로 대체하는 경우가 많아 올해부터는 전체 주재원 수가 줄어들 것으로 보인다. 삼성 관계자는 "주재원 수 감소비율이 올해의 경우 한 자리 수에 그치지만 향후 5년 내 두 자리 수를 기록할 수 있다"고 전망했다. 다른 삼성 전자계열사 한 관계자는 "미국과 유럽 등 선진시장 법인의 주재원 수가 해마다 크게 줄어들고 있다"면서 "올해의 경우 이미 가기로 예정돼 있던 주재원 자리가 사라진 경우도 있다"고 말했다. 그는 이어 "현지채용인력이 늘어나고 있어 장기적으로는 주재원 제도 자체가 유명무실해질 것"이라고 전망했다.

삼성그룹이 주재원 수를 줄이는 까닭은 현지채용인력으로 주재원을 대신할 수 있게 된 영향이 크다. 법인 설립 초기와 달리 규모가 커지면서 간부급 사원들이 현지채용을 통해 입사하기 시작했고 이들이 주재원보다는 현지 네트워크 활용이나 마케팅 활동 등에 더 적임자이기 때문이다. 비용도 줄일 수 있다. 주재원의 경우 3~5년 이상을 해외에서 근무하기 때문에 현지 생활이 가능하도록 별도의 수당을 주고 있다. 때문에 주재원 1인당 드는 비용은 국내 근무 임직원의 2~3배를 넘어서는 경우가 많다.

주재원들이 빠져 나온 자리는 삼성그룹 특유의 파견 제도인 현장전문가들이 대신하고 있다. 6개월 파견 근무를 하는 현장전문가는 기간이 짧고 1인 파견이 기본이다. 홀로 기숙사 생활을 하는 경우가 많아 비용도 크게 줄어든다. 주재원들의 규모는 줄이고 있지만 연 350여 명 규모로 해외 각 지역에 연수를 보내는 '지역전문가' 제도는 그대로 유지한다. 지역전문가는 주재원을 양성하기보다는 글로벌 비즈니스를 위해 국내 우수인력을 재교육하는 삼성그룹의 독특한 인재 양성제도이다.

기업마다 조금씩 사정은 다르지만 주재원들은 전반적으로 줄어들고 있는 추세다. 특히 미국, 유럽 등 국내 기업들이 어느 정도 자리잡은 선진 시장에서는 계속 감소 추세에 있고, 이제 막 시장 개척에 나선 신흥시장에서는 증가세를 보이고 있다.

현대기아차는 수년간 해외공장을 늘리면서 주재원을 늘리고 있지만 주로 신규 법인이 위치한 곳에 집중돼 있다. 2월 현재 현대기아차는 연구소 및 해외사무소 47개에 주재원 600여 명을 두고 있다. 기아차는 36개국에 300여 명의 주재원이 근무한다. 현대차그룹 관계자는 "이미 현지 시장에 자리잡은 해외 사업장의 경우 현지 인력들을 늘리며 주재원을 계속 줄여 현지화에 집중하고 있다"고 말했다. 다만 해외 사업장이 크게 늘어나면서 전체 주재원 수는 늘고 있다. 그는 "전체 주재원 수는 최근 수년간 해외 사업장이 급격히 늘어난 추세로 신규 법인에는 주재원들을 집중적으로 파견하고 있는 상황"이라고 말했다. 현대중공업은 비용절감을 위해 현재 25개 법인과 21개 지사를 통폐합하기로 했다. 이 과정에서 해외 주재원을 대폭 줄이고 필요한 인원은 단기 파견을 통해 해결할 계획이다. 국내 지사 역시 그룹 지사망을 활용해 통합 운영할 계획이다.

자료원: 아시아경제, 2015년 6월 29일

3.2 EPRG 모델 관점에서의 글로벌 인적자원의 배치전략

3.2.1 본사 중심적 배치전략

본사 중심적 배치전략(ethnocentric staffing strategy)은 본사의 탁월한 기업문화가 해외로 이전된다는 가정에서 출발한다. 아울러 본국의 인력이 현지 자회사의 인력보다 더욱 능력이 뛰어나고 우수하다는 가정에 근거하고 있다. 이러한 배치전략에 기초하여 비교적 높은 비율의 본사 인력이 현지 자회사의 주요 직위에 배치된다. 즉, 이 배치전략은 현지 자회사의 주요 직위를 배치하는 경우에 있어서 본국에서 파견하는 인력을 우대하는 것을 의미한다.[4]

---

4 박주홍(2012a), p. 252 이하; Perlitz, M.(2004), p. 405.

본사 중심적 배치전략의 장점은 다음과 같이 요약될 수 있다.[5]

- 통일적인 기업정책의 실현: 본사의 기업정책은 현지 자회사의 기업정책과 일관성을 유지하며 실현되어야 한다. 본사의 파견인력은 본사의 기업정책에 정통하기 때문에 현지 자회사에서 통일적인 기업정책을 실현할 수 있다.
- 본사와 현지 자회사 간의 커뮤니케이션의 원활성: 현지 자회사에 파견된 본사의 인력은 언어, 기업문화 등의 측면에서 볼 때 본사와 동질성을 갖고 있기 때문에 현지 자회사에서 근무하는 동안 본사와 원활한 커뮤니케이션을 유지할 수 있다.
- 본사의 경영 및 기술 노하우의 현지 자회사로의 원활한 이전: 현지 자회사의 운영에 필요한 경영 및 기술 노하우는 본사에서 이전되어야 한다. 예를 들면, 경영 노하우는 현지 자회사에 파견되는 경영자에 의해, 그리고 기술 노하우는 현지 자회사에 파견되는 기술 인력 또는 엔지니어 등에 의해 원활히 이전될 수 있다. 이러한 경영 및 기술 노하우의 이전을 통하여 본사가 보유하고 있는 핵심역량이 현지 자회사에 이전될 경우 기업 전체의 가치가 증대될 수 있을 뿐만 아니라, 글로벌 경쟁력이 강화될 수 있다.
- 능력이 있는 본사 인력의 현지 자회사 파견(현지 자회사에 자질이 우수한 인력이 부족한 경우): 본사 인력을 파견하려는 국가가 개발도상국 또는 후진국일 경우 현지 자회사 운영에 적합한 인력을 채용하기 어려운 상황이 발생할 수 있다. 이러한 경우에 있어서 본사 인력의 파견은 최적적인 대안이 될 수 있다.
- 본사 파견인력의 높은 충성심: 일반적으로 현지 자회사에 파견된 인력은 본사 또는 본사국에 대한 높은 충성심을 갖고 있기 때문에 현지 자회사에서 근무하는 동안 현지 자회사 또는 현지국의 이익보다는 본사 또는 본사국의 이익을 대변하는 경향이 강하게 나타날 수 있다.

---

5 이광철(2015), p. 356; 박주홍(2012a), p. 252 이하; Dowling, P. J./Festing, M./Engle, Sr., A. D.(2008), p. 80; Perlitz, M.(2004), p. 405.

본사 중심적 배치전략의 단점을 살펴보면 다음과 같다.[6]

- 현지 자회사 인력의 불만 및 동기부여의 악화: 현지 자회사의 주요 직위를 본사에서 파견된 인력이 거의 대부분을 차지할 경우 현지 자회사에서 근무하는 인력의 불만이 커지고, 동기부여가 악화될 수 있다. 현지 자회사 인력의 불만 및 동기부여의 악화는 현지 자회사의 경영실적 감소와 경쟁력의 약화를 초래할 수 있다.
- 본사 파견인력의 현지문화에 대한 이해 부족: 본사에서 파견된 인력의 현지문화에 대한 이해의 부족으로 인하여 현지 자회사의 현지동화 및 원활한 운영에 지장이 초래될 수 있다. 효율적인 현지경영을 위해서는 현지문화의 특성 또는 환경에 맞추어 현지 적응전략 또는 차별화전략을 실행해야 한다. 하지만 본사 파견인력의 경우 현지문화를 이해하고 이를 기초로 하여 현지 자회사의 효율적 경영을 실행하는 데 많은 시간이 소요될 수 있다.
- 현지 자회사 인력의 승진기회의 박탈가능성: 현지 자회사의 주요 직위가 본사 파견인력들에게 배치되어 있기 때문에 현지 자회사에서 채용된 현지인력의 승진기회는 대폭 줄어들 수밖에 없다. 본사 파견인력보다 유능한 현지인력이 있을 경우 그들의 승진기회가 박탈될 가능성이 있으며, 이로 인하여 그들의 동기부여가 악화될 수 있다.
- 본사 파견인력의 교체비용의 증대: 일반적으로 본사 파견인력을 현지 자회사로 보낼 경우 추가적 비용 및 현지적응과 관련된 비용이 발생할 수 있다. 본사 파견인력은 현지 자회사에서 일정 기간 근무한 후 본국으로 귀환해야 하기 때문에 본사 파견인력의 투입비용 및 교체비용이 증대될 수 있다.

〈표 3-1〉은 본사 중심적 배치전략의 장점 및 단점을 제시한다.

---

6 이광철(2015), p. 356; 박주홍(2012a), p. 252 이하; Dowling, P. J./Festing, M./Engle, Sr., A. D.(2008), p. 80 이하; Perlitz, M.(2004), p. 405 이하.

표 3-1 본사 중심적 배치전략의 장점 및 단점

장 점	• 통일적인 기업정책의 실현 • 본사와 현지 자회사 간의 커뮤니케이션의 원활성 • 본사의 경영 및 기술 노하우의 현지 자회사로의 원활한 이전 • 능력이 있는 본사 인력의 현지 자회사 파견 • 본사 파견인력의 높은 충성심
단 점	• 현지 자회사 인력의 불만 및 동기부여의 악화 • 본사 파견인력의 현지문화에 대한 이해 부족 • 현지 자회사 인력의 승진기회의 박탈가능성 • 본사 파견인력의 교체비용의 증대

3.2.2 현지 중심적 배치전략

현지 중심적 배치전략(polycentric staffing strategy)은 본국 출신의 인력이 현지국의 경영적 특수성 및 환경 등을 잘 이해할 수 없다는 가정에서 출발한다. 또한 현지국의 인력이 현지문화뿐만 아니라, 현지의 다양한 환경에 잘 적응할 수 있다는 가정에 기초하고 있다. 이러한 배치전략에 근거하여 비교적 높은 비율의 현지국 인력이 현지 자회사의 주요 직위에 배치된다. 즉, 이 배치전략은 현지 자회사의 주요 직위를 배치하는 경우에 있어서 현지국에서 채용된 인력을 우대하는 것을 말한다.

현지 중심적 배치전략의 장점은 아래와 같다.[7]

- 현지국 채용인력의 현지문화에 대한 높은 적응력: 현지 자회사에서 근무하는 인력을 현지에서 채용하는 경우 현지언어를 구사할 뿐만 아니라 현지문화, 다양한 현지환경 및 상관습 등에 대한 이해의 폭이 넓기 때문에 현지 자회사의 현지동화에 큰 도움이 된다. 또한 사업과 관련하여 정부기관과 접촉을 하는 데 있어서 문제점이 거의 발생하지 않는다.

7 Dowling, P. J./Festing, M./Engle, Sr., A. D.(2008), p. 82; Perlitz, M.(2004), p. 406.

- 현지 자회사 인력에 대한 동기부여 증대: 현지 자회사의 주요 직위를 현지국 채용인력이 거의 대부분을 차지할 경우 현지 자회사에서 근무하는 인력의 만족도가 높아지고, 동기부여가 증대될 수 있다. 이러한 동기부여의 증대를 통하여 현지 자회사의 경영실적이 증대되고, 경쟁력이 강화될 수 있다.
- 현지 자회사 인력에 대한 승진기회의 제공: 현지 자회사의 주요 직위가 현지국 채용인력들에게 배치되어 있기 때문에 현지 자회사에서 채용된 현지인력의 승진기회는 대폭 늘어난다. 경우에 따라서 본사 파견인력에 대한 승진기회가 박탈되어 그들의 동기부여가 악화될 수 있다.
- 현지채용을 통한 비용 절감: 본사 파견인력을 현지 자회사로 보낼 경우에 발생하는 추가적 비용 및 현지적응과 관련된 비용이 절감될 수 있다.
- 현지 자회사 경영의 연속성 증대: 현지 자회사의 경영자가 오랜 기간 근무할 수 있고, 이직률이 낮기 때문에 장기적 관점에서 현지 자회사 경영의 연속성이 증대될 수 있다.

현지 중심적 배치전략의 단점은 다음과 같다.[8]

- 본사와 현지 자회사 간의 높은 커뮤니케이션 비용: 본사와 현지 자회사 간에 언어 및 문화적 장벽이 존재하는 경우 높은 커뮤니케이션 비용이 발생할 수 있다.
- 본사에서 현지 자회사로의 경영 및 노하우 이전의 문제점 발생가능성: 현지에서 채용인력은 본사의 경영 및 노하우에 정통하지 않기 때문에 본사의 경영전략을 이해하고, 업무 프로세스를 교육받는 데 상당한 기간이 소요될 수 있다. 장기적으로는 큰 문제가 없지만 단기적인 관점에서 볼 때, 본사와 현지 자회사 간의 통합에 부정적인 영향을 미칠 수 있다.
- 현지국 채용인력의 낮은 충성심: 본사국과 현지국 사이에 어떤 분쟁이 발생할 경우 현지국 채용인력은 현지 자회사 또는 현지국의 이익을 대

8 Dowling, P. J./Festing, M./Engle, Sr., A. D.(2008), p. 82; Perlitz, M.(2004), p. 407.

표 3-2 현지 중심적 배치전략의 장점 및 단점

장 점	• 현지국 채용인력의 현지문화에 대한 높은 적응력 • 현지 자회사 인력에 대한 동기부여 증대 • 현지 자회사 인력에 대한 승진기회의 제공 • 현지채용을 통한 비용 절감 • 현지 자회사 경영의 연속성 증대
단 점	• 본사와 현지 자회사 간의 높은 커뮤니케이션 비용 • 본사에서 현지 자회사로의 경영 및 노하우 이전의 문제점 발생가능성 • 현지국 채용인력의 낮은 충성심 • 본사와 현지 자회사 간의 목표설정에서의 갈등

변할 가능성이 높다. 특히, 민족주의적 성향이 강한 국가에서는 이러한 문제를 통하여 본사의 경영지침에 어긋나는 방향으로 현지 자회사의 경영이 이루어질 수 있다.

- 본사와 현지 자회사 간의 목표설정에서의 갈등: 현지국 채용인력에 의해 현지 자회사에서의 주요 의사결정이 이루어질 수 있기 때문에 현지 자회사는 본사가 추구하는 목표와 동떨어진 의사결정을 할 수 있다. 이 경우에 있어서 충분한 커뮤니케이션이 이루어지지 않는다면 본사와 현지 자회사 간에 기업 전체의 목표달성을 저해하는 갈등이 나타날 수 있다.

〈표 3-2〉는 현지 중심적 배치전략의 장점 및 단점을 보여준다.

3.2.3 지역 중심적 배치전략

지역 중심적 배치전략(regiocentric staffing strategy)은 동일한 지역으로부터 채용한 인력을 주요 직책에 배치하는 전략이다. 일반적으로 이 전략에서는 지역본부(headquarters)의 관점에서 기업전략이 수립되고 커뮤니케이션이 이루어질 뿐만 아니라, 인적자원의 관리도 이루어진다. 특히, 이 전략은 지역본부에 필요한 우수한 인력이 지역본부뿐만 아니라, 지역본부와 연결된 현지 자회사에 배치된다는 가정을 하고 있다.

지역 중심적 배치전략의 장점은 다음과 같이 요약될 수 있다.[9]

- 동일한 지역으로부터의 폭 넓은 인력채용: 어떤 지역에 많은 현지 자회사가 운영되고 있다면, 그 지역에서 폭 넓은 인력채용이 이루어질 수 있다. 예를 들면, 많은 국가가 있는 유럽의 경우 현지 자회사에서 근무할 인력을 유럽본부 차원에서 채용할 수 있다.
- 지역의 현지 자회사 간의 원활한 상호작용: 문화적 유사성이 높은 지역의 경우 지역의 여러 현지 자회사에 근무하는 인력들 간의 원활한 상호작용이 촉진될 수 있다. 특히, 유사한 언어 및 종교는 이러한 상호작용의 원천이 될 수 있다.
- 지역에서 활동하는 현지 자회사에 적합한 인력공급: 동일한 지역본부에 연결된 현지 자회사가 필요로 하는 인력이 지역 차원에서 최적적으로 공급되기 때문에 인적자원의 배치의 효율성이 증대될 수 있다.
- 글로벌 중심적 배치전략의 중간단계: 본사 중심적 및 현지 자회사 중심적, 그리고 글로벌 중심적 배치전략의 중간단계로서 지역 중심적 배치전략이 중요한 의미를 갖는다. 즉, 성공적인 지역 중심적 배치전략은 향후의 글로벌 중심적 배치전략의 사전단계로 볼 수 있다.

지역 중심적 배치전략의 단점을 살펴보면 다음과 같다.[10]

- 지역 내 문화적 환경의 차이로 인한 문제점 또는 갈등 발생가능성: 지역 내의 언어, 종교 및 문화 등에서의 이질성이 있는 경우 이로 인한 인력관리에 있어서 문제점 또는 갈등이 나타날 수 있다. 예를 들면, 이러한 문제점은 동질적인 문화적 배경을 가진 유럽보다는 이질적인 문화와 종교를 가진 동남아시아(기독교, 불교, 이슬람 등 다양한 종교)에서 나타날 가능성이 높다.

9 박주홍(2012a), p. 252; Dowling, P. J./Festing, M./Engle, Sr., A. D.(2008), p. 84.
10 전게서.

표 3-3 지역 중심적 배치전략의 장점 및 단점

장 점	• 동일한 지역으로부터의 폭 넓은 인력채용 • 지역의 현지 자회사 간의 원활한 상호작용 • 지역에서 활동하는 현지 자회사에 적합한 인력공급 • 글로벌 중심적 배치전략의 중간단계
단 점	• 지역 내 문화적 환경의 차이로 인한 문제점 또는 갈등 발생가능성 • 지역주의적 성향의 발생가능성

- 지역주의적 성향의 발생가능성: 글로벌 관점에서 볼 때, 지역 중심적 배치전략을 통하여 지역본부 간의 독립채산제가 강화되며, 이로 인하여 글로벌 인적자원의 지역주의적 성향이 고착화될 수 있다. 경우에 따라서 지역본부 간 및 본사와의 인적교류가 원활하지 않을 수도 있다.

〈표 3-3〉은 현지 중심적 배치전략의 장점 및 단점을 제시한다.

3.2.4 글로벌 중심적 배치전략

글로벌 중심적 배치전략(geocentric staffing strategy)은 현지 자회사에 필요한 인력을 전 세계적으로 선발하여 국적에 관계없이 배치하는 전략이다. 이 전략의 목표는 본사의 가치관과 기본방침을 반영할 뿐만 아니라, 모든 현지 자회사들이 보유하고 있는 특유의 문화적 요소를 포함하는 통일적이고 글로벌한 기업정체성을 창출하는 것이다.[11] 이 전략에서는 전 세계적으로 선발된 인력이 본사의 경영철학과 기업전략을 잘 이해할 수 있으며, 현지 자회사의 운영을 위해 요구되는 현지문화에 잘 적응할 수 있다는 측면이 강조된다.

글로벌 중심적 배치전략의 장점을 살펴보면 아래와 같다.[12]

11 Perlitz, M.(2004), p. 407 재인용.

12 Dowling, P. J./Festing, M./Engle, Sr., A. D.(2008), p. 83; Perlitz, M.(2004), p. 408 이하.

- 글로벌 차원의 대규모의 인력 풀(manpower pool)을 통한 인력조달의 유동성 증대: 본사 또는 현지 자회사 차원에서의 가용 인력은 제한적일 수밖에 없기 때문에 글로벌 차원의 대규모 인력 풀을 통하여 글로벌 기업은 인력조달의 유동성을 증대시킬 수 있다. 이러한 인력 풀에 근거하여 글로벌 기업은 현지 자회사의 관련된 직위 또는 직책을 담당할 수 있는 후보자군을 활용할 수 있다.
- 제3국 인력투입을 통한 경영자 부족문제의 해결: 본사 또는 현지 자회사에서 제공될 수 있는 자질 있는 전문경영인력의 부족은 글로벌 기업의 인적자원 투입과 관련하여 애로요인으로 작용할 수 있다. 일반적으로 근로자보다는 경영자의 부족현상이 나타날 가능성이 높기 때문에 글로벌 중심적 배치전략에서는 이러한 경영자 부족의 문제가 해결될 가능성이 매우 높다.
- 글로벌 기업 전체 차원에서의 협력 및 자원공유의 증대: 글로벌 기업 전체 관점에서 본사 및 현지 자회사가 보유하고 있는 인적자원의 글로벌 활용도가 증대된다.

글로벌 중심적 배치전략의 단점은 다음과 같다.[13]

- 외국인 채용을 줄이려는 현지국 정부정책과의 갈등가능성: 현지 자회사가 활동하고 있는 현지국 정부는 다른 국적의 인력이 그들의 국가에서 취업하는 것을 반대할 가능성이 매우 높다. 따라서 글로벌 중심적 배치전략은 현지국 정부의 취업비자 발급거부 등과 같은 정치적 및 법적인 장벽에 직면하게 될 수 있다.
- 의사소통의 문제와 갈등 발생가능성: 현지 자회사 내에서 다양한 국적과 문화적 배경을 가진 인력들 간의 의사소통의 문제와 갈등 발생가능성이 나타날 수 있다.
- 높은 수준의 글로벌 인력투입비용: 글로벌 인적자원의 현지 자회사 파견을 위해서는 국가 간 인력이동 관련비용, 교육훈련비용, 체류비용 등

13 전게서.

표 3-4 글로벌 중심적 배치전략의 장점 및 단점

장 점	• 글로벌 차원의 대규모의 인재 풀을 통한 인력조달의 유동성 증대 • 제3국 인력투입을 통한 경영자 부족문제의 해결 • 글로벌 기업 전체 차원에서의 협력 및 자원공유의 증대
단 점	• 외국인 채용을 줄이려는 현지국 정부정책과의 갈등가능성 • 의사소통의 문제와 갈등 발생가능성 • 높은 수준의 글로벌 인력투입비용

과 같은 글로벌 인력투입비용이 발생하기 때문에 글로벌 기업에게 큰 부담으로 작용할 수 있다.

〈표 3-4〉는 글로벌 중심적 배치전략의 장점 및 단점을 보여준다.

3.2.5 EPRG 배치전략 채택의 고려사항

EPRG 관리개념에 기초한 글로벌 인적자원의 구체적인 배치전략은 글로벌 기업이 보유한 인적 및 물적 자원, 그리고 기업의 경영철학 및 경영방침에 따라 최종적으로 결정될 수 있다. 경우에 따라서 글로벌 인적자원의 배치전략은 혼합적인 전략으로 구체화되기도 한다. 예를 들면, 혼합적인 형태의 배치전략은 본사 중심적 배치전략과 현지 중심적 배치전략이 현지 자회사의 인력투입을 위하여 동시에 채택될 수 있다. EPRG 배치전략을 효과적으로 채택하기 위해서는 다음과 같은 요인을 고려하여야 한다.[14]

- 배치전략에 대한 법적 및 계약적 규제가능성: 배치전략에 대한 법적인 규제는 현지국 정부의 법적인 규제를 의미하며, 이러한 규제는 본사 인적자원의 해외파견 규모에 영향을 미칠 수 있다. 현지국 관점에서 볼 때, 본사에서 현지 자회사로 파견되는 인력은 외국인이기 때문에 취업

14 Perlitz, M.(2004), p. 410.

비자의 발급에 있어서 규제적인 성향을 띠게 된다. 또한 현지 자회사가 합작투자에 의해 설립된 기업의 경우 주요 직위의 배치는 합작 파트너 간의 계약에 의해 결정된다.

- 현지 자회사의 최고경영자 배치문제: 현지국에 따라서 현지 자회사의 최고경영자가 본사에서 파견되었는가 또는 현지국에서 채용되었는가에 대한 문제는 향후 현지 자회사의 경영에 부정적 또는 긍정적 영향을 미칠 수 있다. 그러므로 현지국의 성향에 따라 최고경영자를 임명할 필요가 있다.
- 현지 자회사의 발전단계에 따른 배치전략의 채택문제: 현지 자회사의 발전단계에 따라 서로 다른 배치전략이 채택될 수 있다. 예를 들면, 현지 자회사가 설립된 초기단계에는 본사의 경영 및 기술적 노하우의 이전이 중요한 과제이기 때문에 이 단계에서는 본사 중심적 배치전략이 채택될 수 있다. 하지만 현지 자회사가 현지국에서 어느 정도 경쟁력을 갖추게 되면 본사 중심적 배치전략이 아닌 현지, 지역 또는 글로벌 중심적 배치전략이 채택될 수도 있다.
- 배치전략에 영향을 미치는 주요 요인의 검토: 효과적인 배치전략을 채택하기 위해서는 배치전략에 결정적인 영향을 미칠 수 있는 주요 요인을 검토하는 것이 바람직하다. 예를 들면, 현지인력의 자질, 본사인력의 현지파견 가능성 및 현지국의 환경조건 등을 검토하여 현지 자회사에 적합한 배치전략을 채택하여야 한다.
- 현지 자회사 파견비용의 고려: 본사 인력을 현지 자회사에 파견하는 경우 현지국에서 채용하여 배치하는 것보다 더 많은 비용이 소요될 수 있다. 그러므로 효과적인 배치전략을 채택하기 위해서는 현지 파견비용에 대한 정확한 분석이 요구된다.

〈표 3-5〉는 EPRG 배치전략의 채택 사례를 보여준다. 이 표에 제시되어 있는 수치는 실증적 분석에 기초한 미국과 독일 기업의 EPRG 배치전략의 채택 비율이다. 아울러 이 표에 나타나 있는 바와 같이, 미국과 독일 기업은 서로 다른 배치전략을 채택하고 있다.

표 3-5 EPRG 배치전략의 채택 사례

배치전략의 구분	미국(1988)	독일(1991)	독일(2000)
본사 중심적	15%	41%	31%
현지 중심적	12%	37%	38%
지역 중심적	20%		
글로벌 중심적	18%	22%	31%
혼합적인 배치전략	35%		

자료원: Weber, W. et al.(2001), p. 115; Perlitz(2004), p. 410 재인용.

3.3 글로벌 인적자원과 배치인력의 국적

글로벌 인적자원과 배치인력의 국적은 기업 전체 관점(corporate view) 및 현지 자회사 관점(subsidiary view)에서 각각 설명되어야 한다. 아래에서는 본사 및 현지 자회사의 관점에서의 배치인력의 국적에 대하여 살펴보기로 한다. 앞서 언급한 바와 같이 배치인력의 국적은 본국 파견인력, 현지국 채용인력 및 제3국 채용인력 등으로 구분할 수 있다(3.1 참고).

기업 전체 관점 및 현지 자회사 관점에서의 본국 파견인력, 현지국 채용인력 및 제3국 채용인력은 인재 풀(talent pool)의 의미를 갖는다. EPRG 배치전략의 관점에서 볼 때, 본사 중심적 배치전략에서는 본국 파견인력이 인재 풀로 활용되는 반면, 현지 중심적 배치전략에서는 현지국 채용인력이 인재 풀로 사용된다. 지역 중심적 및 글로벌 중심적 배치전략에서는 본국 파견인력, 현지국 채용인력 및 제3국 채용인력 모두가 인재 풀로 활용될 수 있다.[15]

15 Vance, C. M./Paik, Y.(2015), p. 199.

3.3.1 기업 전체 관점에서의 배치인력의 국적

아래에서는 기업 전체 관점에서의 배치인력의 국적을 본국 파견인력, 현지국 채용인력 및 제3국 채용인력 등으로 구분하여 그 의의를 살펴보고, 주요 장점 및 단점에 대하여 간략히 논의하기로 한다.[16] 〈표 3-6〉은 기업 전체 관점에서의 배치인력 국적의 장점 및 단점을 제시한다.

본국 파견인력(parent country nationals, PCN)

기업 전체 관점에서의 본국 파견인력은 기업의 본사가 있는 본국에서 인력을 선발하여 현지 자회사 또는 해외 지사로 파견하는 인력을 의미한다. 글로벌 기업이 여러 개의 현지 자회사를 가지고 있다면, 글로벌 기업의 본사는 본국의 인력을 이들 현지 자회사에 파견할 수 있다.

기업 전체 관점에서의 본국 파견인력의 주요 장점을 살펴보면 다음과 같다.

- 현지 자회사에 대한 직접 통제 및 인적 통제: 본국 파견인력은 본사와 직접적으로 연결되어 있기 때문에 본사가 요구하는 방향에 따라 현지 자회사에 직접적인 통제가 가능하다. 또한 현지 자회사에서 채용한 인력에 대한 인적 통제를 통하여 본사의 경영적 요구사항들이 충족될 수 있다.
- 설립 초기단계에서의 조직문화의 이전과 확립: 본국 파견인력은 현지 자회사의 설립 초기단계에 본사의 조직문화를 단기간 내에 현지 자회사에 이전할 수 있다. 특히, 본사의 조직문화 또는 기업문화는 본국 파견인력에게 이미 체화되어 있기 때문에 그들이 경험하고 습득한 조직문화는 현지 자회사에 쉽게 이전될 수 있다.
- 성과가 우수한 본사 파견인력에 대한 커리어 기회제공: 현지 자회사의 주요 직책을 담당하면서 우수한 경영성과를 거둔 본국 파견인력은 미래의 커리어 개발에 있어서 상대적인 우위를 확보할 수 있다.

---

16 Dowling, P. J./Festing, M./Engle, Sr., A. D.(2008), p. 85; Collings, D. G./Scullion, H.(2006), p. 25.

기업 전체 관점에서의 본국 파견인력의 주요 단점은 아래와 같이 요약될 수 있다.

- 높은 비용발생: 본국 파견인력과 관련된 비용(예를 들면, 파견 교육훈련비, 현지 체재비, 본사에서는 지급되지 않는 현지 자회사에서의 각종 추가적인 수당 등)이 많이 발생하게 되며, 이러한 높은 비용은 기업의 수익에 부정적인 영향을 미칠 수도 있다.
- 본국 파견인력의 경영실패로 인한 위험부담: 현지 자회사에 파견된 본국의 인력이 현지 자회사를 반드시 성공적으로 경영한다는 보장은 없다. 따라서 본국 파견인력의 경영실패로 인한 위험부담은 파견비용에 대한 손실 및 현지 자회사의 부실한 경영성과 등을 통하여 가중될 수 있다.
- 현지국 정부와의 긴장유발 가능성: 과도한 본국 파견인력은 현지인의 고용기회 및 승진기회를 제한하기 때문에 현지국 정부가 이에 대한 규제를 할 수 있다. 그러므로 현지 자회사의 경영을 책임지는 본국 파견인력과 현지국 정부 사이에 긴장이 유발될 가능성이 있다.

현지국 채용인력(host country nationals, HCN)

기업 전체 관점에서의 현지국 채용인력은 현지국에서 채용하여 현지 자회사 또는 현지 지사로 배치하는 인력을 의미한다. 글로벌 기업이 여러 개의 현지 자회사를 가지고 있다면, 이들 현지 자회사는 각 현지국에서 필요한 인력을 채용하여 배치한다.

기업 전체 관점에서의 현지국 채용인력의 주요 장점은 다음과 같이 요약될 수 있다.

- 언어 장벽 및 기타 장벽의 제거: 현지국 채용인력은 현지의 언어, 문화 및 관습 등에 익숙하기 때문에 현지 자회사의 경영 및 커뮤니케이션과 관련된 다양한 장벽들이 극복될 수 있다.

- 현지문화, 법률 및 시장에 대한 지식 보유: 현지국 채용인력은 현지문화, 법률 및 시장에 대한 지식을 보유하고 있기 때문에 현지 자회사를 효과적으로 경영할 수 있다.
- 현지국 채용인력에 대한 커리어 기회제공: 현지국 채용인력이 현지 자회사의 주요 직책을 담당하기 때문에 이들에 대한 커리어(예를 들면, 승진) 기회가 제공되며, 이를 통하여 현지국 채용인력의 동기부여가 증대될 수 있다.

기업 전체 관점에서의 현지국 채용인력의 주요 단점은 아래와 같이 요약될 수 있다.

- 본사에 의한 통제 및 조정이 어려움: 현지국 채용인력에 대한 본사의 직접적인 통제와 조정이 어렵기 때문에 본사와 현지 자회사 사이에 갈등이 나타날 수 있다.
- 본국 파견인력에 대한 커리어 기회감소: 현지 자회사의 주요 직책이 현지국 채용인력에게 배분되기 때문에 본사 파견인력의 커리어 개발에 부정적인 영향이 나타난다.
- 본사와의 커뮤니케이션 문제발생: 현지국 채용인력은 본국의 문화와 본사의 경영철학 및 정책 등에 정통하지 않기 때문에 본사와의 커뮤니케이션에 있어서 문제점이 야기될 수 있다.

제3국 채용인력(third country nationals, TCN)

기업 전체 관점에서의 제3국 채용인력은 기업이 본국과 현지국 이외의 국가에서 채용하여 배치하는 인력을 말한다. 글로벌 기업이 여러 개의 현지 자회사를 가지고 있다면, 글로벌 기업은 제3국에서 인력을 채용하여 본사 및 각 현지 자회사에 이들을 파견할 수 있다.

기업 전체 관점에서의 제3국 채용인력의 주요 장점을 요약하면 다음과 같다.

- 본국 및 현지국에 치우치지 않는 중립적 대안이 될 수 있음: 제3국 채용인력은 본국 및 현지국이 아닌 다양한 지역과 국가에서 채용되기 때문에 인재 풀이 넓을 뿐만 아니라, 중립적인 대안이 될 수 있다.
- 본국 파견인력보다 인건비 및 재배치 비용이 저렴함: 일반적으로 제3국에서 인력을 채용할 경우에 있어서 본국 파견인력보다 인건비 및 재배치 비용이 줄어들 수 있다. 특히, 제3국 채용인력의 국적이 개발도상국 또는 후진국일 경우 인건비 및 재배치 비용이 대폭 절감된다.
- 언어 장벽이 감소될 수 있음: 글로벌 기업의 공용어가 영어인 경우 영어에 능통한 제3국 채용인력을 통하여 현지 자회사에서의 언어 장벽이 완화될 수 있다. 경우에 따라서 현지어를 구사할 수 있는 제3국 채용인력이 현지 자회사에 파견되기도 한다.

기업 전체 관점에서의 제3국 채용인력의 주요 단점을 살펴보면 다음과 같다.

- 제3국 채용인력이 현지 자회사 운영에 있어서 단기적 관점을 가질 수 있음: 제3국 채용인력은 현지 자회사에서 오랜 기간 동안 근무할 가능성이 낮아 단기적 관점에서 활용되는 경향이 있다. 그러므로 장기적 관점에서는 현지국 채용인력이 선호될 수 있다.
- 취업허가 규제 및 법적 규제 발생가능성: 현지국 정부는 현지인의 취업기회를 확대하는 정책에 중점을 두는 경향이 있기 때문에 제3국 인력의 취업허가가 제한되는 경우가 많다.
- 제3국 채용인력이 과다한 경우 현지 경영의 통제력 상실가능성: 현지 자회사에 제3국 채용인력이 많은 경우 현지 자회사의 정체성에 문제점이 생길 수 있을 뿐만 아니라, 현지 경영의 통제력이 상실될 수 있다.

표 3-6 기업 전체 관점에서의 배치인력 국적의 장점 및 단점

구 분	장 점	단 점
본국 파견인력	• 현지 자회사에 대한 직접 통제 및 인적 통제 • 설립 초기단계에서의 조직문화의 이전과 확립 • 성과가 우수한 본사 파견인력에 대한 커리어 기회제공 • 관리자에 대한 국제 경험 기회제공 • 현지 자회사가 본사의 목표 및 정책을 추구함.	• 높은 비용발생 • 본국 파견인력의 경영실패로 인한 위험부담 • 현지국 정부와의 긴장유발 가능성 • 불안정한 분야에서의 배치수급 문제 및 가족동반 문제 • 현지문화, 법률 및 시장에 대한 이해 부족 • 현지국 채용인력이 현지 자회사 운영에 있어서 단기적 관점을 가질 수 있음. • 현지 경영팀에서의 불연속성 초래 가능성 • 취업허가 규제 및 법적 규제 발생가능성
현지국 채용인력	• 언어 장벽 및 기타 장벽의 제거 • 현지문화, 법률 및 시장에 대한 지식 보유 • 현지국 채용인력에 대한 커리어 기회제공 • 본사 파견인력에 비해 비용이 저렴함. • 현지 경영팀에서의 연속성 확보 • 현지 정부 및 종업원의 높은 호감도 • 현지 자회사 운영에서의 장기적 관점을 가질 수 있음.	• 본사에 의한 통제 및 조정이 어려움. • 본국 파견인력에 대한 커리어 기회 감소 • 본사와의 커뮤니케이션 문제발생 • 본국 파견인력에 대한 국제 경험 습득기회 제한 • 기업 전체 차원에서의 글로벌 통합 저해
제3국 채용인력	• 본국 및 현지국에 치우치지 않는 중립적 대안이 될 수 있음. • 본국 파견인력보다 인건비 및 재배치 비용이 저렴함. • 언어 장벽이 감소될 수 있음. • 인력 채용 풀이 큼.	• 제3국 채용인력이 현지 자회사 운영에 있어서 단기적 관점을 가질 수 있음. • 취업허가 규제 및 법적 규제 발생가능성 • 제3국 채용인력이 과다한 경우 현지 경영의 통제력 상실가능성

	• 본국 파견인력보다 국제적 업무의 수용성이 높음.	• 제3국 채용인력이 그들의 고국으로 귀환할 경우 유사직위가 없을 수도 있음. • 배치기간이 종료된 이후 제3국 채용인력이 그들의 고국으로 귀환을 원하지 않을 수도 있음. • 기술적 또는 관리적 능력보다 언어능력에 의해 선발될 수 있음.

자료원: Dowling, P. J./Festing, M./Engle, Sr., A. D.(2008), p. 85; Collings, D. G./Scullion, H.(2006), p. 25.

News Case 3-2

▶ 해외 현지채용의 득과 실

현대자동차 인도법인은 이달 기획, 인사, 총무 직무에서 일할 인턴사원을 모집했다. 모집대상은 4년제 대학 3, 4학년 휴학생이나 졸업예정자이며, 계약기간은 최소 1년, 한 달 급여는 5만 루피(한화 88만 원)였다. 숙소 및 식사비용으로 2만 5,000루피(한화 44만 원)를 지원하지만 계약기간 1년을 채우지 못하고 그만두면 인도, 한국 간 왕복 항공비용과 비자발급비용을 물어내야 한다.

기아자동차의 유럽 판매법인 중 한 곳에 대졸 신입으로 입사했던 K씨(31세)는 현지 세율을 적용하고 나면 월급여로 180만 원을 수령했다. 별도 주거비 지원은 없어 주거비, 관리비를 제외하면 한 달에 손에 쥐는 돈은 100만 원 남짓이다. 명목상 정규직이지만 비자 문제 때문에 1년 단위로 계약을 다시 체결해야 했다.

국내 기업의 해외 제조, 판매법인 소속으로 현지에서 일할 인력을 채용하는 해외 현지채용이 늘어나면서 구직자들 또한 해외 현지채용에 대한 관심이 높아지고 있다. 일반적으로 해외 현지채용은 현지법인 소속이라 소득세 세율, 급여 모두 현지 생활수준을 고려해 책정되지만, 주재원은 국내 소속 인력을 해외에서 파견하는 개념으로 주거비, 가족 학비, 체제비 등을 수당으로 제공한다는 차이점이 있다.

국내에 비해 기업, 사회 분위기가 자유롭고 발전가능성이 높다는 이유로 현지법인을 꿈꾸는 지원자들이 늘고 있지만 실제 근무자들 사이에선 현지채용이 '빛 좋은 개살구'라는 평도 나온다. 현지 물가에 맞춰 임금이 책정되거나 별도의 주거비, 생활비가 지원되지 않는 경우가 많고, 국내와 비슷한 연봉수준이 책정된다고 해도 주거비, 식비 등을 제하면 사실상 국내 근무환경보다 조건이 열악하다는 이유에서다.

4일 정부와 관련업계에 따르면 최근 2년간(2013~2014년 10월) 한국산업인력공단의 해외취업 연수 및 알선을 통해 취업한 총 2,880명을 분석한 결과, 취업자들의 평균 연령은 27.1세, 평균 연봉은 2,600만 원 수준이었다. 이 중 대졸 신입이라고 볼 수 있는 연수취업자(1,727명)의 평균 연령은 25.4세였고, 평균 연봉은 2,200만 원에 그쳤다. 3~4년의 경력이 있는 알선취업자(1,153명)는 연수취업자보다 평균 연봉이 1,000만 원 가량 높았다.

취업준비생들이 진출을 원하는 국가와 실제 중견중소기업의 인력 수요가 있는 국가 간 간극이 큰 편이다. 구직자들은 선진국에서 근무하기를 원하는 반면 실제 해외에 진출한 기업은 아시아, 중동 등에서 근무할 인력을 원했다.

청년위원회가 지난해 말 취업·창업을 준비중인 20~30대 청년 1,004명과 327개 기업(해외진출기업 61개, 해외미진출기업 266개)을 대상으로 조사한 결과에 따르면, 청년들이 선호하는 해외진출지역은 북미(36%), 유럽(29%), 아시아(27%), 오세아니아(6%) 순이었다. 그러나 우리 기업이 진출해 있거나 진출 예정인 지역은 '아시아'가 압도적으로 많았다.

해외진출예정기업(22개)은 아시아(64%), 유럽(18%), 아프리카(9%) 순으로 인력 수요가 있었으며, 해외진출기업(61개)의 소재지는 아시아(102%, 중복응답), 중동(15%), 북미(15%), 유럽(10%) 순으로 나타났다.

현지법인에서 근무한 경험이 있는 한 직장인은 "평균적으로 선진국보다는 개발도상국이나 인구가 많은 국가들 위주로 해외법인을 설립한다"며 "보통 대기업 주재원에 비해 처우가 박하고 오래 해외에서 버티지 못하는 경우가 많아 평균 근속연수가 2~3년에 불과하다"고 말했다. 한 대기업 인사담당자는 "해외 현지채용이라도 독일 같은 선진국의 경우 현지급여 수준으로 채용하기 때문에 주재원보다 현지채용 대우가 더 나은 경우도 있다"라며 "그러나 인도, 베트남 등 개발도상국에선 아무래도 국내보다 처우가 박하다고 할 수 있다"고 설명했다.

자료원: 머니투데이, 2015년 2월 5일

3.3.2 현지 자회사 관점에서의 배치인력의 국적

아래에서는 현지 자회사 관점에서의 배치인력의 국적을 본국 파견인력, 현지국 채용인력 및 제3국 채용인력 등으로 구분하여 그 의의를 살펴보고, 주요 장점 및 단점에 대하여 간략히 설명하기로 한다.[17] 〈표 3-7〉은 기업 전체 관점에서의 배치인력 국적의 장점 및 단점을 보여준다.

본국 파견인력(parent country nationals, PCN)

현지 자회사 관점에서의 본국 파견인력은 현지 자회사의 요청 또는 요구에 따라 본국 또는 본사로부터 공급받아 활용하는 인력을 의미한다. 일반적으로 글로벌화의 초기단계에 글로벌 운영경험이 전무하거나 부족한 현지 자회사는 본국 파견인력들에게 주요 직위를 배치하여 그들의 경험과 노하우를 활용할 수 있다. 또한 현지 자회사의 설립 초기단계에 현지 자회사가 본국 파견인력을 활용할 경우, 현지 자회사는 이들을 통하여 본사에서 축적한 경영적 및 기술적 노하우를 원활하게 이전받을 수 있다.

현지 자회사 관점에서의 본국 파견인력의 주요 장점을 살펴보면 다음과 같다.

- 본국 파견인력의 전문성이 높은 경우 현지국 채용인력에 대한 학습기회 증대: 본국 파견인력은 그들이 보유하고 있는 경영적 및 기술적 노하우를 현지국 채용인력에게 이전할 수 있다. 이러한 이전을 통하여 현지국 채용인력의 학습효과가 증대된다.
- 현지국 채용인력의 글로벌 기업으로의 원활한 적응: 본국 파견인력의 다양한 지식이전을 통하여 현지국 채용인력의 글로벌화 능력이 강화된다.
- 경험이 풍부한 기술적 전문인력에 의한 현지 자회사 운영의 문제점 해결: 본국 파견인력의 기술적 노하우는 현지 자회사의 효율적 생산 및 운영을 뒷받침하는 역할을 담당한다.

17 Collings, D. G./Scullion, H.(2006), p. 26.

현지 자회사 관점에서의 본국 파견인력의 주요 단점을 살펴보면 다음과 같다.

- 현지국 채용인력에 대한 커리어 개발기회 부족: 본사 파견인력에게 주요 직책이 배분되는 경우, 현지국 채용인력의 커리어 개발기회가 원천적으로 봉쇄될 가능성이 있다.
- 본국 파견인력과 현지국 채용인력의 보상수준이 다를 경우 분노유발 가능성: 현지국 채용인력보다 본사 파견인력의 보상수준(예를 들면, 현지 파견관련 추가적 수당 지급)이 높을 경우 현지국 채용인력의 불만이 고조될 수 있다. 이러한 불만은 현지국 채용인력의 사기저하 또는 동기부여의 악화를 초래한다.

현지국 채용인력(host country nationals, HCN)

현지 자회사 관점에서의 현지국 채용인력은 현지 자회사의 독자적인 의사결정에 따라 현지국에서 채용하여 배치하는 인력을 말한다. 일반적으로 현지 자회사의 글로벌화가 상당히 진전된 경우 또는 현지 자회사가 선진국에 입지해 있는 경우, 현지 자회사는 기업운영의 노하우를 충분히 축적할 수 있기 때문에 본국 또는 제3국에서 인력을 충원받지 않고 현지국에서 필요한 인력을 독자적으로 채용할 수 있다.

현지 자회사 관점에서의 현지국 채용인력의 주요 장점은 다음과 같이 요약될 수 있다.

- 우수한 성과를 거둔 현지국 채용인력에 대한 커리어 기회제공: 현지 자회사의 경영목표 달성에 이바지한 현지국 채용인력의 커리어 기회가 많아질 수 있다.
- 현지 자회사 운영에서의 자율성 증대: 현지국 채용인력에 의한 현지 자회사 운영은 현지 자치능력을 향상시킬 뿐만 아니라, 운영의 자율성을 높인다.

현지 자회사 관점에서의 현지국 채용인력의 주요 단점은 아래와 같다.

- 기술적 및 관리적 능력 부족으로 인한 성과 감소 및 현지 자회사 도산 가능성: 일반적으로 현지 자회사 설립 초기에 현지국 채용인력의 전문적 능력이 부족할 경우, 경영목표의 달성이 어려울 수 있을 뿐만 아니라, 이로 인하여 현지 자회사가 도산할 수도 있다.
- 핵심 직책에 대한 현지 자회사 내에서의 갈등 초래가능성: 현지 자회사의 자치권이 상대적으로 강할 경우 핵심 직책 또는 직위에 대하여 현지국 채용인력 간의 갈등이 유발될 수 있다.

제3국 채용인력(third country nationals, TCN)

현지 자회사 관점에서의 제3국 채용인력은 현지 자회사가 독자적으로 본국과 현지국 이외의 국가에서 채용하여 배치하는 인력을 말한다. 이러한 인력은 같은 지역에 있는 다른 국가들뿐만 아니라 전 세계적인 관점에서도 채용될 수 있다. 제3국 채용인력이 현지 자회사에서 높은 직위가 아닌 낮은 직위에 배치된다면, 장기적으로 현지국 채용인력에 대한 위협으로 작용하지 않을 가능성이 매우 높다. 반면에, 제3국 채용인력이 현지 자회사에서 높은 직위에 배치된다면, 단기적으로 현지국 채용인력에 대한 사기저하 또는 동기부여의 악화가 초래될 수 있다.

현지 자회사 관점에서의 제3국 채용인력의 주요 장점을 살펴보면 다음과 같다.

- 제3국 채용인력의 전문성이 높은 경우 현지국 채용인력에 대한 학습기회 증대: 일반적으로 제3국 채용인력이 선진국에서 채용된 경우, 그들의 전문성이 높기 때문에 현지국 채용인력에 대한 다양한 학습기회가 제공될 수 있다.
- 현지국의 법적 및 문화적 특수성에 대한 적응이 비교적 쉬움: 제3국 채용인력은 그들 나름대로의 국제성을 보유하고 있기 때문에 현지국의

법적 및 문화적 환경에 쉽게 적응할 수 있다. 또한 제3국 채용인력의 선발과 관련하여 이러한 법적 및 문화적 환경에 대한 적응능력은 중요한 기준으로 부각된다.

- 낮은 직위에 배치되는 제3국 채용인력은 단기적 과제 수행자로 적합하

표 3-7 현지 자회사 관점에서의 배치인력 국적의 장점 및 단점

구 분	장 점	단 점
본국 파견인력	• 본국 파견인력의 전문성이 높은 경우 현지국 채용인력에 대한 학습기회 증대 • 현지국 채용인력의 글로벌 기업으로의 원활한 적응 • 경험이 풍부한 기술적 전문인력에 의한 현지 자회사 운영의 문제점 해결 • 현지국 채용인력에게 요구되는 성과표준의 달성을 위한 소요시간의 단축 • 본사와의 직접적 및 즉각적 접촉가능	• 현지국 채용인력에 대한 커리어 개발기회 부족 • 본국 파견인력과 현지국 채용인력의 보상수준이 다를 경우 분노유발 가능성
현지국 채용인력	• 우수한 성과를 거둔 현지 채용인력에 대한 커리어 기회제공 • 현지 자회사 운영에서의 자율성 증대	• 기술적 및 관리적 능력 부족으로 인한 성과 감소 및 현지 자회사 도산 가능성 • 핵심 직책에 대한 현지 자회사 내에서의 갈등 초래가능성
제3국 채용인력	• 제3국 채용인력의 전문성이 높은 경우 현지국 채용인력에 대한 학습기회 증대 • 현지국의 법적 및 문화적 특수성에 대한 적응이 비교적 쉬움. • 낮은 직위에 배치되는 제3국 채용인력은 단기적 과제 수행자로 적합하기 때문에 현지국 채용인력의 커리어 개발에 위협이 되지 않음.	• 높은 직위에 배치되는 제3국 채용인력은 본국 파견인력으로 인식될 수 있으며, 현지국 채용인력의 커리어 개발을 저해할 수 있음. • 현지국 채용인력에 대한 커리어 기회 감소 • 제3국 채용인력이 역사적 갈등이 있는 국가 출신인 경우 문화적 편견이 나타날 수 있음.

자료원: Collings, D. G./Scullion, H.(2006), p. 26.

기 때문에 현지국 채용인력의 커리어 개발에 위협이 되지 않음: 제3국 채용인력이 현지 자회사의 주요 직위에 배치되지 않은 경우 이들은 주로 단기적 과제를 담당하며, 현지국 채용인력에 대한 인사상의 경쟁자가 될 가능성이 희박하다.

현지 자회사 관점에서의 제3국 채용인력의 주요 단점은 아래와 같이 요약될 수 있다.

- 높은 직위에 배치되는 제3국 채용인력은 본국 파견인력으로 인식될 수 있으며, 현지국 채용인력의 커리어 개발을 저해할 수 있음: 제3국 채용인력이 현지 자회사의 주요 직책을 담당할 경우 이들은 본국 파견인력으로 인식될 수 있을 뿐만 아니라, 현지국 채용인력에게는 인사상의 강력한 경쟁자가 될 수 있다.
- 현지국 채용인력에 대한 커리어 기회감소: 제3국 채용인력에게 주요 직책이 대부분 배치되는 경우 현지국 채용인력에 대한 커리어 기회가 감소될 수 있다.
- 제3국 채용인력이 역사적 갈등이 있는 국가 출신인 경우 문화적 편견이 나타날 수 있음: 현지 자회사에 역사적 갈등을 가진 서로 다른 국적의 제3국 채용인력이 배치될 경우(예를 들면, 인도와 파키스탄) 현지 자회사의 운영에 부정적인 영향을 미칠 수 있다.

제 4 장

글로벌 인적자원과 계획

4.1 글로벌 기업의 계획과 계획수립과정[1]

4.1.1 글로벌 기업의 계획의 의의

계획(plan)은 관리과정의 첫 번째 단계로서 업무의 실행을 위한 조직(organization)과 계획한 목표의 달성정도를 확인하고 수정하는 통제(control)의 선행조건에 속한다. 일반적으로 기업에 있어서 관리과정(management process)은 계획, 조직, 지휘, 통제 및 조정 등과 같은 5단계로 구성되지만, 본서에서는 이러한 관리과정을 계획, 조직 및 통제의 3단계로 단순화시켜 글로벌 인적자원의 관점에서 논의하기로 한다. 제4장에서는 글로벌 인적자원과 계획, 그리고 제5장에서는 글로벌 인적자원과 조직에 대하여 각각 살펴보기로 한다. 아울러, 관리과정의 마지막 단계인 통제에 대한 내용은 글로벌 기업의 통제와 성과관리의 관점에서 접근할 수 있으며, 이것은 제 12장에서 검토하기로 한다. 국내기업뿐만 아니라 글로벌 기업에도 같은 원리로 적용되는 관리과정은 〈그림 4–1〉

그림 4–1 관리과정

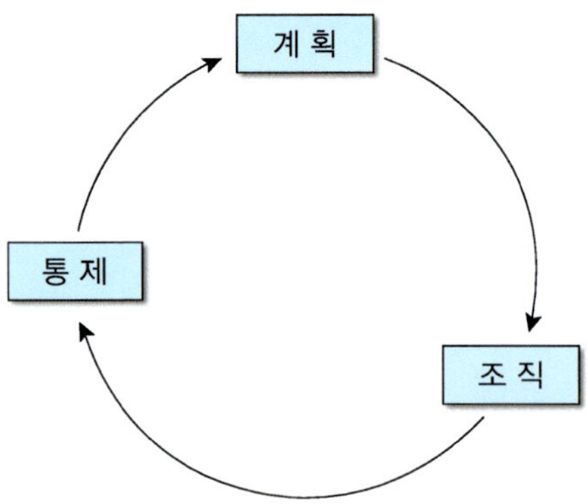

1 박주홍(2012b), p. 388 이하 수정 재인용.

에 제시되어 있는 것처럼 계획, 조직 및 통제 등으로 구성되어 있다.

글로벌 기업의 계획(plan)은 최소한 두 개 국가 이상에서 국경초월적인 경영활동을 하는 기업의 목표를 달성하기 위하여 수립하는 미래관련적인 업무처리의 대안들을 포괄한다. 글로벌 기업은 본사와 자회사 및 자회사와 자회사 등과 같은 글로벌 네트워크로 서로 연결되어 있기 때문에 계획을 수립할 때 고려하여야 할 요소들이 매우 다양하지만, 무엇보다도 그 기업이 활동하고 있는 국가 또는 지역에 대한 글로벌 경영환경의 분석이 중요하다. 아울러 본사와 여러 국가 또는 지역에서 활동하는 자회사의 인적 및 물적 자원, 그리고 강점 및 약점 등을 분석하여 계획을 수립하여야 한다. 글로벌 경영환경의 관점에서 볼 때, 글로벌 기업의 계획은 다음과 같은 특징들을 갖고 있다.[2]

- 현지국에서 활동하는 자회사는 현지국의 사회문화적 환경의 영향을 고려하여 계획을 수립하여야 한다.
- 글로벌 기업의 계획은 다양하게 세분화된 국가시장들을 관련시켜야 한다.
- 글로벌 기업의 계획을 수립하기 위하여 요구되는 정보수집은 비교적 많은 비용을 발생시킨다.
- 글로벌 기업의 계획수립에서는 현지국의 정치적 환경이 본사국의 정치적 환경보다 더 중요한 의미를 갖는다.
- 글로벌 기업의 계획수립에서 고려하여야 하는 자본조달은 현지국의 재무적 환경(예를 들면, 인플레이션 및 환율 등)에 의해 많은 영향을 받는다.
- 글로벌 기업의 계획수립을 위한 방법이 현지 경영자(예를 들면, 개발도상국의 현지 경영자)에게 널리 알려져 있지 않다.

4.1.2 글로벌 기업의 계획수립과정

글로벌 기업의 계획수립과정(planning process)은 계획팀의 구성, 정보수집, 계획의 수립, 계획의 실행 및 평가 등과 같은 과정을 거친다. 이러한 계획수립과

2 Kreikebaum, H.(1989), Sp. 1651.

그림 4-2 글로벌 기업의 계획수립과정

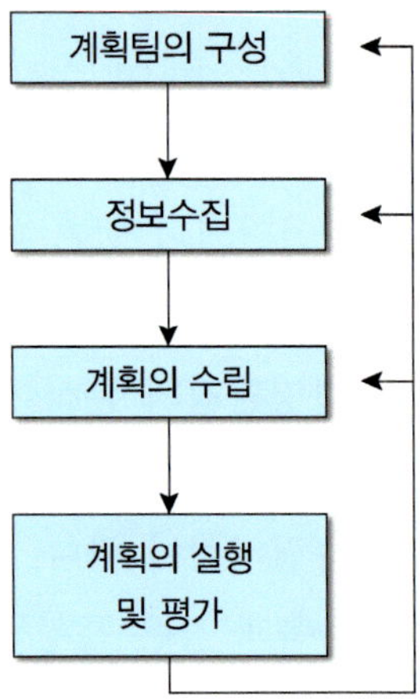

정은 국내 기업과 글로벌 기업, 그리고 본사와 현지 자회사에 대하여 동일하게 적용될 수 있다. 〈그림 4-2〉는 글로벌 기업의 계획수립과정을 보여준다.

현지 자회사의 관점에서의 계획수립과정을 구체적으로 살펴보면 다음과 같다.

계획팀의 구성

현지 자회사의 계획을 수립하기 위한 계획팀은 관련부서의 인력 및 부서장 등으로 구성된다. 또한 계획팀은 라인조직 및 스태프조직에 따라 다르게 구성될 수 있다. 라인조직에서는 라인관리자가 계획팀의 구성에 대한 권한과 책임을 가지고 있는 반면, 스태프조직에서는 스태프관리자가 계획팀의 구성에 대한 권한과 책임을 가지고 있다. 그러나 스태프관리자(예를 들면, 기획관련 부서의 관리자)는 계획을 주된 업무로 하고 있지만 라인조직의 계획에 대하여 자문 또는 조언하는 역할을 담당하기도 한다. 계획의 중요성에 따라 본사가 현지 자회사의 계획팀을 구성할 수 있으며, 이 경우에 있어서 본사는 현지 자회사로 스태프를 파견하기도 한다.

정보수집

정보수집의 단계에서는 계획의 수립과 관련된 다양한 정보가 수집되어야 한다. 이러한 정보는 계획팀에 의하여 직접적으로 수집될 수도 있고, 정보수집을 담당하는 시장조사부서 또는 마케팅부서를 통하여 간접적으로 수집될 수 있다. 또한 계획의 수립에 필요한 정보는 본사의 관련부서, 스태프조직, 시장조사부서 또는 마케팅부서에 의해 현지 자회사로 전달될 수 있다. 정보수집의 단계에서는 기업 외부적 정보(예를 들면, 환경요인에 의한 위협 및 기회에 대한 정보)뿐만 아니라, 아울러 기업 내부적 정보도 동시에 수집하여야 한다.

계획의 수립

계획의 수립단계에서는 국내·외 및 기업 내·외부적으로 수집된 다양한 정보를 바탕으로 구체적인 계획들이 현지 자회사의 계획팀들에 의해 제시된다. 계획은 계획주체에 따라 전략적 계획 및 운영적 계획 등으로 구분된다. 즉, 전략적 계획은 기업의 상위경영층에 의해 수립되는 장기적인 계획이며, 반면에 운영적 계획은 기업의 중하위경영층에 의해 수립되는 중·단기적인 계획이다. 일반적으로 전략적 계획이 수립된 이후에 운영적 계획이 수립된다. 그 이유는 전략적 계획이 기업의 비전 및 목표를 제시하며, 이러한 비전과 목표에 따라서 구체적인 운영적 계획이 수립되기 때문이다(전략적 계획과 운영적 계획에 대한 자세한 내용은 4.2 참고).

계획의 실행 및 평가

이 단계에서는 현지 자회사의 계획팀들에 의해 수립된 계획들이 실행되며, 아울러 실행의 결과는 구체적으로 평가되어야 한다. 계획의 실행과 평가는 단기적 또는 중·장기적으로 이루어질 수 있다. 예를 들면, 계획의 실행과 평가를 통하여 어떤 자회사에서 문제점이 발견되면 피드백과정을 거쳐 계획이 수정되어야 하며, 이러한 피드백과정에 본사가 개입하기도 한다. 이 단계에서 무엇보다도 중요한 것은 계획의 환경적응성과 일관성을 높이기 위하여 전략적 계획과 운영적 계획이 통합적으로 실행되고 평가되어야 한다.

4.2 글로벌 기업의 전략적 계획과 운영적 계획[3]

4.2.1 글로벌 기업의 전략적 계획

전략적 계획의 의의

전략적 계획(strategic plan)은 미션, 목표, 전략 및 인적·물적 자원의 배분에 대한 의사결정을 하는 과정이다. 글로벌 기업의 전략적 계획의 목적은 글로벌 기업이 활동하는 국가의 외부적 경영환경의 기회와 위협요소를 파악하고(전략적 환경분석), 글로벌 기업의 내부적 환경의 분석을 통하여 강점과 약점을 파악하여(전략적 사업분석) 글로벌 경쟁력을 강화시키기 위한 방안을 수립(전략적 계획수립)하는 것이다.

전략적 계획은 기업목표와 방법계획을 연결하는 역할을 한다(〈그림 4-3〉 참고). 왜냐하면 기업목표에 따라 전략적 계획이 수립되며, 전략적 계획이 수립되어야 구체적인 방법계획이 수립되기 때문이다. 그리고 계획수립은 '하향식 방법(top-down)' 또는 '상향식 방법(bottom-up)' 등과 같은 두 가지 방향으로 이루어질 수 있는데, 이러한 방향은 기업문화에 의해 결정되는 경향이 있다.

전략적 계획 및 계획과제는 상위경영층에 의해 수립되고 실행되며, 반면에 운영적 계획 및 계획과제는 중하위경영층에 의해 수립되고 실행된다. 계획범위의 측면에서 볼 때, 전략적 계획과제는 기업의 외부적 환경과 내부적 환경을 포괄적으로 고려하여야 하기 때문에 운영적 계획과제보다 계획범위가 더 넓다. 따라서 전략적 계획과제는 운영적 계획과제보다 기업 전체에 미치는

3 박주홍(2012b), p. 394 이하 수정 재인용.

파급효과가 더 크다. 〈그림 4-4〉는 계획단계, 계획범위 및 계획의 의미를 제시한다.

그림 4-3 계획의 단계

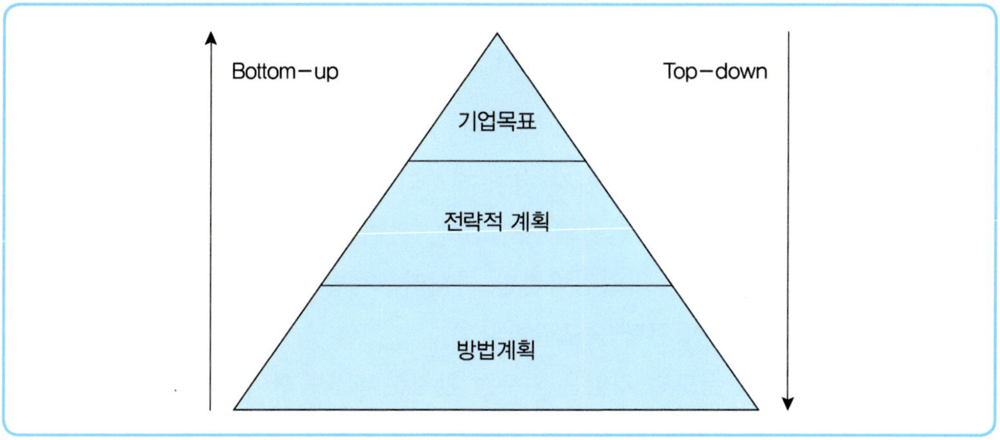

자료원: Perlitz, M.(2004), p. 30.

그림 4-4 계획단계, 계획범위 및 계획의 의미

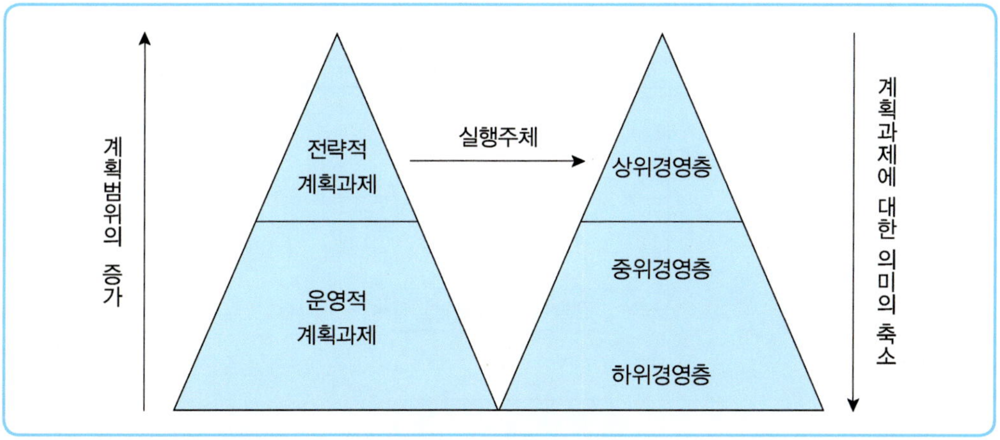

자료원: Perlitz, M.(2004), p. 32.

전략적 계획의 수립과정

기업에 따라 전략적 계획을 수립하는 과정이 다를지라도 대체로 다음과 같은 6단계의 과정을 거쳐서 상위경영층은 전략적 계획을 수립하고 실행한다. 그러나 이러한 과정은 반드시 순서적으로 이루어지는 것은 아니다. 아래에서는 전략적 계획의 수립과정에 대하여 살펴보기로 한다.[4]

- 기업목표: 글로벌 기업의 수익성, 시장점유율, 시장성장 및 장기적 발전 등과 같은 목표가 가장 먼저 제시되어야 한다.
- 기업전략: 이것은 단일의 사업전략, 관련사업 및 비관련사업의 다각화전략 등과 같은 기업전략뿐만 아니라, 차별화, 저비용 및 집중화전략 등과 같은 사업전략을 포괄한다.
- 환경분석: 글로벌 기업은 외부적 환경분석을 통하여 기회 및 위협요소를 파악하여 기업목표, 기업전략 및 전략적 계획의 수립을 위해 활용한다.
- 기업분석: 글로벌 기업은 내부적 환경분석을 통하여 강점 및 약점을 파

그림 4-5 전략적 계획의 수립과정

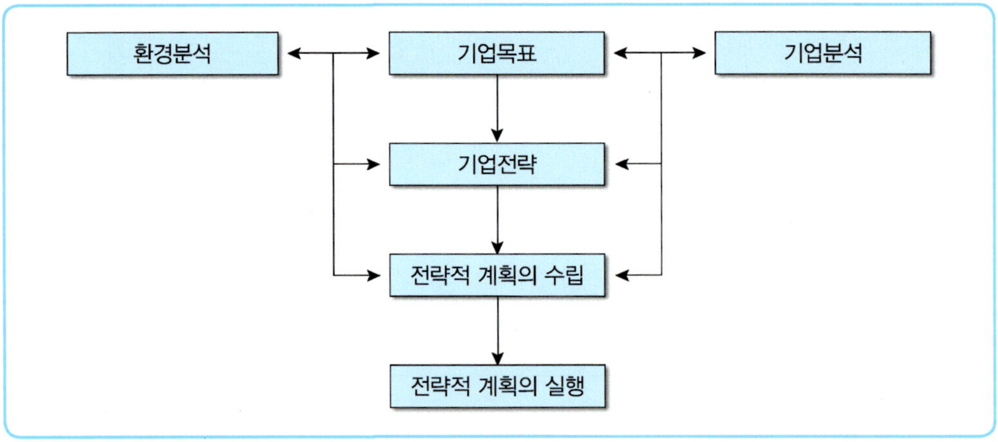

4 일반적인 계획수립의 관점에서 *베아*와 *하스*(*Bea* and *Haas*)는 계획의 수립과정을 기업목표, 환경분석, 기업분석, 계획의 수립 및 계획의 실행 등과 같은 5단계로 분류한다(Bea, F. X/Haas, J.(1995), p. 58).

악하여 기업목표, 기업전략 및 전략적 계획의 수립을 위해 적용한다.

- 전략적 계획의 수립: 위와 같은 과정을 거쳐서 다양한 형태의 전략적 계획이 수립된다. 또한 전략적 계획은 운영적 계획(자세한 내용은 4.2.2 참고)의 수립에 영향을 미친다.
- 전략적 계획의 실행: 이 단계에서는 기업목표를 달성하기 위하여 수립된 전략적 계획이 실행된다.

News Case 4-1

▶ CJ그룹의 글로벌 전략적 계획

CJ그룹이 식품회사에서 글로벌 '톱10' 문화 기업으로 도약에 나섰다. 1995년 당시 제일제당 L상무와 누나 M이사가 함께 로스앤젤레스(LA)행 비행기에 몸을 싣고 스티븐 스필버그를 만나러 간 지 20년 만이다. CJ그룹은 지난 2일 서울 중구 필동 CJ 인재원에서 문화 사업 진출 20주년 관련 '미디어 세미나'를 개최하고 지난해 기준 3조 6,000억 원 규모의 문화 사업을 2020년까지 15조 6,000억 원으로 확대하겠다고 밝혔다.

CJ가 지금의 문화 사업을 갖출 수 있었던 것은 CJ그룹 L회장과 M부회장 남매의 적극적인 의지 덕분이다. 1995년 3억 달러(3,500억 원)를 투자해 드림웍스 SKG의 대주주로 참여하며 문화 시장에 뛰어든 과감한 결단이 있었기에 지금의 CJ가 존재한다고 해도 과언이 아니다. 이 금액은 당시 제일제당 연 매출의 20%에 달했다. 당시 L회장과 M부회장은 "이제는 문화다. 그게 우리의 미래이며, 아시아의 할리우드가 되자"라는 꿈을 서로 나눈 것으로 알려졌다.

특히 '설탕'으로 대표됐던 CJ그룹의 이미지를 콘텐츠 기업으로 바꾼 것은 M부회장의 공이 컸다. M부회장은 CJ그룹의 문화 사업에 대한 전략을 제시하고 전폭적인 투자를 아끼지 않았다. CJ E&M을 맡아 한국의 대표 문화 기업으로 키워낸 것도 그다. 일각에서는 한국의 문화, 미디어 산업을 한 단계 발전하는 데 공을 세웠다는 평가도 나온다. 특히 M부회장은 영화와 방송, 공연 등 문화 전반적으로 전문가 못지않은 식견을 지닌 것으로도 유명하다.

CJ그룹이 누적적자가 계속됨에도 영화 제작과 케이블 방송 사업 등에 투자를 지속한 것도 L, M 남매가 문화 사업이 미래 먹거리라는 것에 확신을 가지고 있었기 때문이다. CJ그룹은 2020년 15조 원 매출규모의 문화 기업으로 성장하기 위해 앞으로도 대규모 투자를 진행할 계획이다. 목표 달성을 위해서는 10조 원의 투자가 필요할 것으로 보고 있다.

먼저 해외시장을 적극 공략할 계획이다. CJ CGV를 중심으로 2020년까지 전 세계 12개국에 1만여 스크린을 세우는 것이 목표다. 이대로라면 CJ CGV의 관람객은 세계 전체 영화 관람객의 8%로 글로벌 톱 수준이 된다.

CJ E&M은 외국인을 만족시킬 콘텐츠를 담당한다. 중국과 동남아 현지 영화사와 합작 영화를 만들고 배급하는 방식이 중심이다. 방송에서는 해외 미디어 파트너와 손을 잡고 글로벌 콘텐츠를 만들기로 했다. 이를 통해 CJ E&M은 현재 전체 매출의 8.5% 수준인 해외 매출을 2020년까지 43%로 키워낼 계획이다.

그러나 상황이 녹록지만은 않다. 컴캐스트, 월트디즈니 등 글로벌 문화 기업의 매출은 2013년 기준 50~70조 원 수준이다. 이들과 어깨를 나란히 하려면 빠른 투자가 필요한데, 그룹의 총수인 L회장의 부재로 과감한 투자를 진행하는 데 어려움이 있기 때문이다. CJ그룹의 문화 사업을 이끌어 온 M부회장도 건강상의 문제로 경영 일선에서 물러난 상황으로 문화 사업 전반을 지휘할 콘트롤 타워의 도입이 시급하다.

또한 국내에서 CJ그룹을 '문화 공룡'으로 보는 시선도 걸림돌이 되고 있다. 자칫 해외로 나가기 전에 국내 규제에 발이 묶일 수 있는 상황이다. CJ그룹 L대표는 "글로벌 기업들은 활발한 인수합병이나 제휴를 통해 몸집을 불리고 있다"며 "CJ가 그들과 어깨를 나란히 하려면 적극적인 투자가 우선인데, 최고경영진 부재로 과감한 투자에 대한 의사결정에 어려움을 겪고 있다"고 말했다.

자료원: 이데일리, 2015년 9월 3일

4.2.2 글로벌 기업의 운영적 계획

운영적 계획의 의의

운영적 계획(operational plan)은 전략적 계획에 기초하여 중하위경영층이 관련부서의 업무, 업무수행방법, 자원투입계획 및 계획완료기간 등을 구체적으로 제시한 대안을 말하며, 이것은 방법계획 또는 전술적 계획과 동의어로 사용되기도 한다. 글로벌 기업의 운영적 계획은 본사 및 현지 자회사의 중하위경영층에 의해 수립되며, 이것은 마케팅, 생산, 재무, 인적자원, 연구개발 및 자원조달 등과 같은 본사와 현지 자회사의 관련부서의 구체적인 업무계획을 포괄한다.

전략적 계획은 전사적·종합적·포괄적 성격을 지닌 장기적인 계획이며, 일반적으로 외부적 환경분석을 통하여 수집된 정보에 기초하여 비계량적·질적 판단을 하는 거시적 계획이다. 반면에, 운영적 계획은 부문 및 개별계획 등과 같은 단기적인 계획과 관련되어 있으며, 주로 내부적 환경분석에 의해 획득된 정보를 바탕으로 단순한 계량적 판단을 하는 미시적 계획이다.[5] 〈표 4-1〉은 전략적 계획과 운영적 계획의 차이점을 제시한다.

표 4-1 전략적 계획과 운영적 계획의 차이점

구분기준	전략적 계획	운영적 계획
기본방향	문제지향적	기간지향적
계획기능	혁신지향적(외부로의 전략적 적응: 효과의 확보, "올바른 것들을 실행함.")	통합지향적(내부로의 조정: 효율의 확보, "그것들을 올바르게 실행함.")
목표기준	시장성공의 잠재성 또는 능력 및 경영적 성과잠재성의 구축	예산설정, 기간적 성공의 실현
지 침	기업정책	기본전략 및 부분전략, 성과잠재성, 전략적 자원배분
문제형태	어려운 구조화, 질적 문제	비교적 쉬운 구조화, 양적 문제
계획범위	전략적 핵심문제에 집중하면서 전체적으로 포괄	영역별 실행에 집중하면서 체계적으로 분할
계획단위	전략적 사업단위	기능영역
계획사이클	대부분 불규칙적인 수년간의 사이클	연도별
계획조직	중앙집권적(최고경영층)	분권적(중앙집권적으로 조정)

자료원: Ulrich, P./Fluri, E.(1992), p. 133.

5 조동성(2006), p. 292 이하.

운영적 계획의 분류

글로벌 기업의 운영적 계획은 마케팅, 생산, 재무, 인적자원, 연구개발 및 자원조달 등과 같은 기능영역에 따라 분류할 수 있으며, 구체적인 계획의 내용을 간략히 살펴보면 다음과 같다.

- 마케팅계획: 제품, 가격, 유통 및 촉진 등과 같은 글로벌 마케팅믹스에 대한 계획
- 생산계획: 생산일정, 재고관리, 창고보관, 품질관리 및 납품 등과 관련된 글로벌 기업의 생산계획
- 재무계획: 투자, 외환관리 및 자금조달 등과 같은 글로벌 재무계획
- 인적자원계획: 인력채용, 인력파견, 동기부여 및 보상 등과 같은 글로벌 기업의 인적자원계획
- 연구개발계획: 연구개발의 글로벌화, 신제품 및 신공정개발 등과 관련된 글로벌 연구개발계획
- 자원조달계획: 원재료 및 부품 등에 대한 조달계획, 글로벌 소싱계획

4.3 글로벌 인적자원계획의 의의와 주요 의사결정

4.3.1 글로벌 인적자원계획의 의의

글로벌 기업의 전략적 계획이 수립되면 이를 달성하기 위하여 구체적인 운영적 계획이 수립되고 실행되어야 한다. 앞서 설명한 바와 같이 글로벌 기업의 운영적 계획은 기업의 기능영역에 따라 수립되고 실행되는 경향이 있다. 특히, 글로벌 기업의 인적자원과 관련된 기능영역은 본사 및 현지 자회사에서 과업을 수행하는 관리자(경영자) 및 작업을 담당하는 근로자(노동자)의 과업 및 작업수행과 관련되어 있다.

글로벌 인적자원계획(global human resource planning)은 글로벌 기업의 관점에서 볼 때 본사 및 현지 자회사에서 '어떤 종류의 과업 및 작업이 수행되어야 하는가', 그리고 '누가 작업을 수행하여야 하는가'에 대한 두 가지 의사결정을 하는 데 있어서 중요한 역할을 담당한다.[6] 여기에서 어떤 종류의 과업 및 작업이 수행되어야 하는가에 대한 문제는 작업수요(work demand)와 관련되어 있으며, 반면에 누가 작업을 수행하여야 하는가에 대한 문제는 노동공급(labor supply)과 관련되어 있다.

넓은 의미에서 볼 때, 글로벌 인적자원계획에서 확인되는 실제적인 작업수요는 글로벌 기업의 전략적 계획과 운영적 계획으로부터 도출된다. 그리고 노동공급은 즉시 확인가능한 단기적 작업수요와 장기적으로 예측가능한 작업수요를 통하여 결정된다. 효과적인 글로벌 인적자원계획에 있어서 글로벌 기업의 전략 또는 전략적 계획으로부터 작업수요, 그리고 노동공급에 이르기까지의 어떤 논리적 흐름이 중요한 의미를 갖는다.[7]

4.3.2 글로벌 인적자원계획의 주요 의사결정

아래에서는 글로벌 인적자원계획과 관련된 주요 의사결정에 대하여 검토하기로 한다. 먼저 환경 스캐닝을 살펴본 후, 작업수요와 노동공급에 대하여 설명하기로 한다.

환경 스캐닝(environmental scanning)

환경 스캐닝은 미래의 잠재적인 추세를 확인하기 위하여 기업 외부환경에 대한 정보를 획득하는 과정을 말한다. 즉, 글로벌 인적자원계획을 수립하기 위해서는 환경에 대한 정보를 파악하는 것이 중요하며, 이러한 환경 스캐닝을 통하여 계획에 영향을 미치는 기회 및 위협 요소의 파악이 가능해진다. 글로

6 Vance, C. M./Paik, Y.(2015), p. 145.
7 전게서.

벌 인적자원계획의 수립에 영향을 미칠 수 있는 환경의 변화를 예상하고 판단하기 위해서는 많은 양의 정보를 수집하여 검토하는 것이 중요하다. 환경 스캐닝과 관련하여 파악되어야 하는 주요 변수는 다음과 같이 요약될 수 있다.[8]

- 노동시장의 상태와 특징: 어떤 국가의 노동시장은 글로벌 기업이 필요로 하는 노동력을 공급하는 역할 또는 기능을 담당한다. 비용 또는 원가를 중요시하는 글로벌 기업의 이윤극대화의 관점에서 볼 때, 고임금 노동력(예를 들면, 선진국 노동시장)보다는 저임금 노동력(예를 들면, 후진국 및 개발도상국)이 비용 또는 원가우위를 확보하는 데 있어서 중요한 의미를 갖는다. 그러므로 어떤 국가의 노동시장의 상태와 특징, 그리고 노동력의 수급상황은 글로벌 인적자원계획을 수립하기 위한 중요한 고려사항이 될 수 있다. 또한 글로벌 노동시장의 스캐닝을 위해서는 어떤 국가의 성인 문맹률 및 숙련 기술자의 비율 등이 고려되어야 한다.
- 정부 및 기타 노동관련 단체: 어떤 국가의 노동시장은 정부에 의해 큰 영향을 받기 때문에 이에 대한 검토가 요구된다. 특히, 정부의 정책은 노동시장의 상태에 민감한 영향을 미칠 수 있다. 현지국에 진출한 외국기업이 현지인을 채용할 경우, 현지정부는 현지인 채용과 관련된 다양한 전제조건(예를 들면, 종신고용, 해고 및 급여조건 등)을 제시할 수도 있다. 아울러, 현지국의 노동관련 단체(예를 들면, 노동조합 및 노동관련 비정부기구 등) 및 UN 산하의 국제노동기구(International Labour Organization, ILO)는 글로벌 기업의 인적자원의 수급계획에 직접적 또는 간접적으로 영향을 미칠 수 있다.
- 글로벌 경쟁: 글로벌 기업은 본국뿐만 아니라, 현지국에서도 다른 기업과의 경쟁에 직면하게 된다. 경쟁에 참여하는 기업들은 경쟁력이 있는 제품 또는 서비스의 창출을 위해 인적자원을 투입하게 된다. 글로벌 기업은 경쟁기업의 글로벌 인적자원계획을 확인한 후 이에 대처하는 인적자원계획을 수립할 필요가 있다. 그러므로 글로벌 기업은 경쟁기업의 종

8 전게서, p. 146 이하.

업원 모집, 선발, 배치, 작업설계, 훈련과 개발, 보상, 변화 및 성과관리 등을 검토한 후 글로벌 인적자원계획을 수립하는 것이 바람직하다.

- 국가 간의 협력 및 갈등: 여러 국가 간에 체결된 지역 및 다국적 무역 협정(예를 들면, NAFTA, EU)은 협정체결 당사국과의 비즈니스 또는 당사국 내의 비즈니스와 관련하여 인적자원계획에 대한 중요한 시사점을 제공한다. 글로벌 인적자원계획의 관점에서 볼 때, 이러한 협정은 합작투자, 인적자원배치, 인적자원실무의 표준화, 지역본부의 설립 및 지역본부의 인적자원배치 등과 같은 다양한 인적자원의 관련영역에 영향을 미칠 수 있다. 아울러, 어떤 국가 내 또는 국가 간의 갈등(예를 들면, 두 국가 간의 전통적인 적대감, 배타적 민족주의, 종교전쟁 등)은 글로벌 인적자원계획의 성공적인 수행에 부정적인 영향을 미칠 수 있다.

작업수요(work demand)

앞서 설명한 바와 같이 작업수요는 본사 및 현지 자회사에서 '어떤 종류의 과업 및 작업이 수행되어야 하는가'에 대한 문제를 다룬다. 즉, 작업수요는 어떤 기업의 전략적 계획과 운영적 계획을 실행하기 위하여 작업설계(work design) 또는 직무설계(job design)를 하는 것과 직접적으로 관련되어 있다. 여기에서 작업 또는 직무설계는 기업에서 수행되는 과업 및 작업의 내용, 그리고 수행방법을 정하는 것을 의미한다. 작업 또는 직무설계가 어떻게 되느냐에 따라 인적자원의 다양한 영역이 영향을 받게 된다. 따라서 작업 또는 직무설계는 다음과 같은 여러 가지 인적자원의 과제 또는 영역에 영향을 미치게 된다.[9]

- 인력수요 및 공급예측: 개별 기업에서 필요로 하는 인력의 양과 질이 달라지기 때문임.
- 교육훈련의 필요성: 직무설계의 내용에 따라 교육훈련이 수행됨.
- 보상의 차별성: 직무의 난이도에 따라 보상(임금지급)의 차이가 발생함.

9 박경규(2010), p. 81.

- 인력유지: 직무설계에 따른 적정인력의 유지가 필요함.
- 작업자의 만족도: 직무설계에 따라 작업자의 만족도가 달라짐.
- 인력감축: 직무전문화의 방향으로 직무설계가 이루어질 경우, 인력감축 요인이 발생함.

아래에서는 글로벌 작업설계(global work design)에 영향을 미치는 두 가지 주요 요인에 대하여 간략히 살펴보기로 한다.[10]

(1) 글로벌 작업설계에 영향을 미치는 주요 요인

어떤 현지국에서 작업수요가 확인되었다면, 아래와 같은 글로벌 작업설계에 영향을 미치는 주요 요인이 고려되어야 한다.

- 문화적 차별성: 현지국의 문화적 특징이 효과적인 글로벌 작업설계를 위해 고려되어야 한다. 예를 들면, *호프슈테데*가 문화에 대한 연구(2.3.1 참고)에서 제시한 바와 같이, 권력간격(권력의 평등 대 불평등), 개인주의 대 집단주의, 남성성 대 여성성, 불확실성 회피 대 수용 및 시간지향성(장기지향성 대 단기지향성) 등과 다섯 가지의 문화의 차원에 따라 작업설계가 다르게 이루어질 수 있다.
- 규제적 영향: 현지국의 정치적 및 법적인 규제 여부(예를 들면, 근무시간의 국가별 차이, 작업안전규정 등)에 따라 글로벌 작업설계가 다르게 수행될 수 있다. 또한 종교적 영향(예를 들면, 이슬람의 기도시간, 종교적 축일 등)도 글로벌 작업설계에서 규제적 요인으로 고려될 수 있다.
- 노동력의 숙련도: 일반적으로 노동력의 숙련도는 본사 또는 현지 자회사에 근무하는 인력의 기술 및 지식 숙련도를 말하며, 이러한 숙련도에 따라 글로벌 작업설계가 국가에 따라 다르게 진행될 수 있다.
- 이용가능한 기술 및 기간구조: 본국 및 현지국에서 이용가능한 기술(예를 들면, 첨단기술, 고급기술)과 기간구조(예를 들면, 전력 이용가능성, 컴퓨터 지원 시스템, 커뮤니케이션, 수송 등)는 어떤 국가의 경제발전 및 기술발전

10 Vance, C. M./Paik, Y.(2015), p. 151 이하.

의 정도에 따라 서로 다른 경향이 있으며, 이들은 글로벌 작업설계에 큰 영향을 미칠 수 있다.

- 개인적 설비 요구: 이것은 개별 인력이 일하는 직장이나 장소에서 요구되는 다양한 설비(예를 들면, 전화, 인터넷 등)와 관련되어 있다. 즉, 본사 및 현지 자회사에서 근무하는 관리자 및 근로자의 개인적 설비 요구가 다를 수 있으며, 이러한 서로 다른 요구는 글로벌 작업설계에 직접적인 영향을 미친다.

(2) 글로벌 작업배정의 주요 형태

아래에서는 글로벌 작업설계에 영향을 미치는 글로벌 작업배정(global work arrangement)에 대하여 설명하기로 한다.

- 전통적 해외파견 임무(traditional expatriate assignments): 이것은 본사에서 현지 자회사로 인력을 파견하는 것을 말한다. 일반적으로 3~5년의 해외파견이 이루어지며, 글로벌 기업의 해외진출 초기단계에 이러한 형태의 해외파견이 나타난다. 전통적 해외파견에서 가장 중요한 것은 현지 자회사 설립 초기단계에 본사로부터 현지 자회사로 경영적 및 기술적 노하우를 이전하는 것이다.
- 해외 장기파견 임무(inpatriate assignments): 이것은 전통적 해외파견과 달리 장기간에 걸쳐 관리자 또는 전문인력을 지역본부 또는 현지 자회사에 파견하는 것을 의미한다. 경우에 따라서 해외에 이주하려는 이민자를 채용하여 영구적으로 지역본부 또는 현지 자회사에 파견하기도 한다.
- 단기 해외 임무(short-term foreign assignments): 이것은 단기간(예를 들면, 며칠, 몇 주, 몇 달부터 1년까지의 기간) 동안 본사에서 현지 자회사로 인력을 파견하는 것을 말한다. 일반적으로 전통적 해외파견은 많은 비용을 발생시키기 때문에 이러한 형태의 해외파견이 선호되기도 한다.
- 가상 해외파견 임무(virtual expatriate assignments): 이것은 본사의 인력이 전화 및 가상공간(예를 들면, 이메일, 화상회의, 인터넷 활용 등)을 통하여 현

지 자회사의 업무를 담당하도록 하는 것이다. 현지 자회사에서의 업무상 필요한 경우, 단기간의 출장이 허용될 수도 있다.

- 글로벌 가상팀(global virtual teams): 기업의 글로벌화의 진전에 따라 글로벌 기업의 조직이 슬림화되면서 글로벌 기업은 전 세계의 현지 자회사에 투입할 수 있는 풍부한 인력 풀을 확보할 수 있다. 글로벌 가상팀은 글로벌 네트워크의 관점에서 IT 기술을 활용하여 여러 현지 자회사의 업무를 가상공간에서 수행하게 된다. 이러한 글로벌 가상팀은 본사와 현지 자회사를 초월하여 구성될 수 있다.

노동공급(labor supply)

앞서 언급한 바와 같이 노동공급은 본사 및 현지 자회사에서 '누가 작업을 수행하여야 하는가'에 대한 문제를 다룬다. 노동공급은 작업수요에 기초하여 관련된 의사결정이 이루어져야 한다. 일반적으로 노동공급은 다음과 같은 두 가지 관점에서 설명될 수 있다. 첫째, 노동공급은 외부 노동시장의 상황에 대한 이해와 관련되어 있다. 둘째, 노동공급은 인력(관리자 및 근로자)의 글로벌 공급원에 대한 측면과 관련되어 있다.

첫째, 본사 및 현지 자회사 관점에서의 외부 노동시장의 상황과 관련된 요인들은 다음과 같이 제시될 수 있다.[11]

- 현지 요인(local factors): 이것은 현지국의 노동시장의 상황을 의미한다. 예를 들면, 현지국의 실업률, 채용기업 간의 경쟁정도, 교육수준 및 이용가능한 인력의 기본적 자질과 기술, 현지국의 교통상황 및 현지국의 주택상황 등이 현지 요인에 해당된다.
- 국가적 요인(national factors): 이것은 앞서 언급한 현지 요인 이외의 국가적 요인을 말한다. 예를 들면, 인구통계적 요인, 고용과 관련된 정부의 법적인 규제, 경제개발계획 및 정부의 교육훈련 제도 등이 여기에 해당

11 Eldridge, D./McCourt, W.(2003), p. 74 이하.

된다.

- 국제적 요인(international factors): 국제적 요인은 국제기구와 관련되어 있다. 예를 들면, 이것은 UN 산하의 국제노동기구(International Labour Organization, ILO)와 같은 국제기구와 관련되어 있으며, 이 기구는 노동 공급의 문제를 중요한 과제로 삼고 있다.
- 팽팽한 노동시장(tight labor market)과 이완된 노동시장(loose labor market): 어떤 국가의 노동시장의 구체적인 상황은 팽팽한 노동시장과 이완된 노동시장 등과 같은 두 가지 관점에서 고찰될 수 있다. 팽팽한 노동시장은 판매자 시장(seller's market)이라고 하며, 구직자(jobseeker)가 노동시장에서 우위를 갖는 시장을 말한다. 특히, 이들 구직자는 그들의 경쟁력을 돋보이게 하는 특별한 기술(예를 들면, IT 기술, 재무관련 기술 등)을 보유하고 있다. 반면에, 이완된 노동시장은 구매자 시장(buyer's market)이라고 하며, 인력을 채용하려는 기업이 노동시장에서 우위를 점하는 시장을 의미한다. 일반적으로 이러한 시장은 기업이 제공하는 일자리(예를 들면, 단순 노동직)보다 구직자가 더 많은 특징을 보여준다.

둘째, 인력(관리자 및 근로자)의 글로벌 공급원에 대한 내용은 다음과 같이 요약될 수 있다. 정규직의 관점에서 볼 때, 인력의 공급원은 다음과 같은 세 가지로 분류할 수 있다. 본국 파견인력, 현지국 채용인력 및 제3국 채용인력 등은 이미 설명하였기 때문에 여기에서는 그 의미만을 간략히 기술하기로 한다(3.3 참고).

- 본국 파견인력: 본사에서 현지 자회사에 인력을 파견함.
- 현지국 채용인력: 현지 자회사가 필요로 하는 인력을 현지국에서 채용하여 배치함.
- 제3국 채용인력: 글로벌 기업이 필요로 하는 인력을 본국 및 현지국 이외의 제3국에서 채용하여 배치함.

News Case 4-2

▶ 글로벌 기업의 최고다양성책임자

기술혁신의 상징인 실리콘밸리가 인재의 다양성을 혁신과제로 설정했다. 구글, 애플 등 정보기술(IT) 기업들의 사업영역이 세계로 확장함에 따라 다양한 인재가 기업 생존의 필수요소로 떠올랐기 때문이다. 최근 실리콘밸리에선 인재 다양성 보고서를 발표하고, 이를 통한 소수자의 고용 차별 해소가 큰 흐름으로 자리 잡았다. 애플은 지난해 사상 처음으로 '다양성 보고서'를 발간했다. 구글과 페이스북 역시 직장 내 고용 다양성 보고서를 발표하고 다양한 인재의 채용 및 관리에 힘을 쏟고 있다.

큰 성과를 보였다"며 "구매력이 커지고 있는 여성 소비자의 요구에 빠르게 대응할 수 있었던 것이 그 원인으로 보인다"고 분석했다.

다양한 인재확보를 위한 글로벌 기업의 노력은 여성인력 확충에만 그치지 않는다. 세계 180개국 이상에서 다양한 인종과 민족을 대상으로 사업을 수행하는 IBM은 자국 및 현지 인재들이 피부색, 국적, 나이, 성별, 성적 소수자, 장애 여부에 대한 차별 없이 업무에 몰입할 수 있는 환경을 조성하기 위한 제도를 시행하고 있다. IBM은 이를 위해 8개(아시아계, 아프리카

다양한 인재가 성공 경영의 지름길

다국적 기업이 다양한 인재확보에 적극적인 이유는 다양성이 회사의 이익 증가에 도움이 된다는 판단에서다. 여성 권익향상을 위한 비영리법인인 캐털리스트가 2004년부터 2008년까지 포천 500대 기업에 선정된 기업(524개)을 분석한 결과에 따르면, 이사회에 3명 이상의 여성 임원이 포진한 기업의 투하자본이익률(ROIC)은 10.4%로 여성 임원이 전혀 없는 기업(6.5%)보다 3.9%포인트 높았다. 캐털리스트는 "매출액이익률(ROS), 자기자본이익률(ROE)에서도 이사회에 여성 임원 비율이 높은 기업이 여성 임원이 없는 기업보다 더

뛰어난 재무 성과로 이어지는 인력 다양성
(단위: %)

	이사회 여성임원 수	
	없는 회사	3명 이상인 회사
매출액이익률(ROS)	7.6	14.0
투하자본이익률(ROIC)	6.5	10.4
자기자본이익률(ROE)	10.5	15.3

※ 2004-2008년 포천 500대 기업 기준 자료 : 캐털리스트

야후의 간부급 임직원 인종 구성
(단위: %)

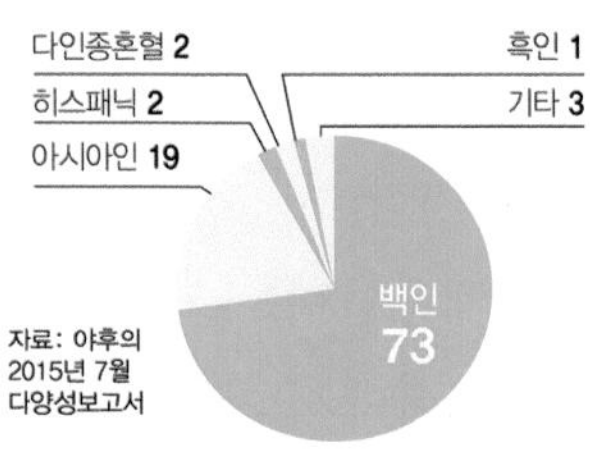

자료: 야후의 2015년 7월 다양성보고서

계, 히스패닉계, 아메리카원주민계, 성적 소수자, 장애인, 남성, 여성 등) 범주별로 임원급의 다양성위원회를 꾸려 소수자의 의견을 사업부문에 반영하고 있다. 그 결과 IBM이 세계 중소규모 기업(임직원 1,500명 이하)에서 벌어들이는 수익은 1998년 약 1,000만 달러에서 2003년 2~3억 달러로 20배 넘게 성장했다.

다양한 인재 수용한 제도 도입

다양성 관리는 기업들의 조직 운영방식에도 영향을 미치고 있다. 지멘스, 제너럴일렉트릭(GE), 프록터앤드갬블(P&G), 존슨앤드존슨, 씨티그룹, 나이키 등 글로벌 기업들은 조직구성의 다양성을 체계적으로 관리하기 위해 최고다양성책임자(Chief Diversity Officer, CDO)라는 직책을 운영하고 있다. CDO는 기업 내 인종, 성별, 종교, 세대, 문화적 다양성을 유지할 수 있도록 조직을 진단하고 관리하는 역할을 한다. 지멘스그룹 CDO K는 "특정그룹을 소수자로 분류하거나 차별하지 않고 세계의 다양한 인재 풀을 최대한 활용한 것이 지멘스의 성공 비결이었고 앞으로도 중요한 과제가 될 것"이라고 강조했다.

다양한 인재의 요구를 수용하기 위한 제도도 시행하고 있다. P&G는 사내 포털과 '커리어 맵스(career maps)' 등의 프로그램을 통해 주기적으로 임직원과 개별 맞춤형 직무상담을 하고, 다양성과 포용성에 초점을 맞춘 역량개발 방법을 제공하고 있다. 지멘스와 P&G는 높은 잠재력을 지닌 여성 지도자의 승진에 도움을 주는 특별 프로그램도 운영하고 있다. P&G에는 다양한 배경의 임직원이 세계 각지에서 일하고 있다. 전체 임원 가운데 여성이 차지하는 비율은 43%에 이른다.

LG경제연구원 S수석연구위원은 "차별금지 차원에서 수동적으로 인력 다양성을 늘리던 글로벌 기업이 최근엔 실적증대를 위한 다양성 관리에 적극 나서고 있다"며 "지난해 FTSE 100지수에 편입된 100개 기업 가운데 남자 임원으로만 이사회를 꾸린 기업은 두 개에 불과하다"고 말했다.

올해 인재포럼에는 캐털리스트 G회장, 인류학자, 엔지니어, 심리학자 등 다양성을 기반으로 세계 최고 디자인회사로 발돋움한 IDEO의 R부사장, 펩시그룹 AMENA 총괄 B수석부사장 등 여성경영인들이 연사로 나서 다양한 인재 육성을 위한 경영전략을 소개할 예정이다.

자료원: 한국경제, 2015년 9월 1일

제 5 장

글로벌 인적자원과 조직

5.1 글로벌 인적자원과 조직의 의의 및 조직관리의 목표

5.2 글로벌 기업의 조직구조

5.3 EPRG 모델 관점에서의 커뮤니케이션구조

5.4 국경초월적 팀의 구성과 운영

5.1 글로벌 인적자원과 조직의 의의 및 조직관리의 목표

5.1.1 글로벌 인적자원과 조직의 의의[1]

글로벌 기업의 조직(organization)은 글로벌 인적자원이 그들에게 부과된 업무를 효율적으로 수행할 수 있도록 하기 위하여 구성한 인적자원 풀(human resource pool)을 의미한다.[2] 특히, 글로벌 기업의 조직은 빠르게 변화하는 글로벌 기업환경에 신속하게 대처하기 위하여 다양한 형태로 구성될 수 있다.

글로벌 기업의 조직은 글로벌 경영활동을 수행하기 위한 기본적인 틀을 제시한다. 이러한 조직은 글로벌 기업의 목표, 내부적 환경과 외부적 환경, 전략 및 계획에 따라 다양하게 구성될 수 있다. 〈그림 5-1〉은 글로벌 기업의 목표, 전략, 계획 및 조직 간의 관계를 제시한다.

그림 5-1 글로벌 기업의 목표, 전략, 계획 및 조직 간의 관계

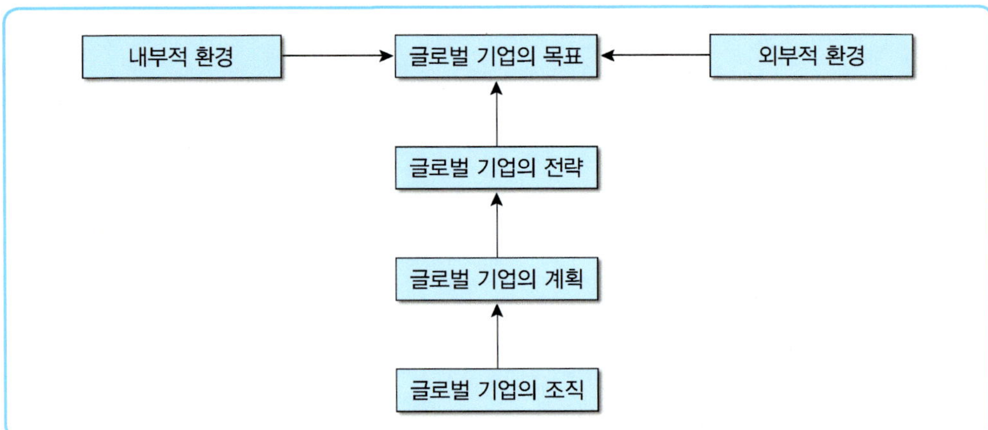

자료원: 박주홍(2012a), p. 268.

1 박주홍(2012a), p. 268 이하 수정 재인용.

2 Kieser, A./Kubicek, H.(1992), p. 1.

일반적으로 조직의 설계는 계획에 따라 이루어지는데, 그 이유는 조직이 전략적 계획과 운영적 계획을 수행해야만 하기 때문이다. 글로벌 기업에서 조직설계를 담당하는 경영자는 다음과 같은 두 가지 측면을 고려하여 조직구조(organizational structure)를 설계하여야 한다.[3]

- 노동의 전문화를 통하여 효율의 우위를 달성하기 위한 가장 효과적인 부문배치 방법의 발견
- 기업의 전체 목표를 달성할 수 있도록 하는 부문별 활동의 조정

글로벌 기업뿐만 아니라 국내 기업에도 동일하게 적용되는 조직설계의 원칙으로 분업과 전문화, 명령과 보고체계 및 업무분담과 부문 간 조정 등을 들 수 있다. 이러한 원칙을 구체적으로 살펴보면 다음과 같다.

- 글로벌 기업에서의 분업과 전문화: 이것은 본사와 현지 자회사의 전 세계적인 효과적인 배치(예를 들면, 국가별 생산시설의 배치)와 생산성 향상과 관련되어 있다.
- 글로벌 기업에서의 명령과 보고체계: 이것은 본사와 현지 자회사, 그리고 현지 자회사들 간의 커뮤니케이션을 원활하게 해 주는 역할을 할 뿐만 아니라, 아울러 조직의 효율을 증대시키는 역할도 담당한다.
- 글로벌 기업에서의 업무분담과 부문 간 조정: 이것은 글로벌 관점에서의 특정업무의 효율적인 배분과 체계적인 업무수행을 가능하게 한다.

5.1.2 글로벌 조직관리의 목표

글로벌 조직관리의 목표를 논의하기에 앞서 조직의 특성을 검토할 필요가 있다. 국내 기업뿐만 아니라, 글로벌 기업에도 보편적으로 적용될 수 있는 조직의 특성은 다음과 같이 요약될 수 있다.[4]

3 Ball, D. A. et al.(2004), p. 480.

4 Kieser, A./Kubicek, H.(1992), p. 4 이하.

- 목표추구: 조직은 구체적으로 설정된 목표를 추구한다. 즉, 조직은 전체 기업차원의 목표뿐만 아니라, 기능영역(예를 들면, 마케팅, 인사, 생산, 재무, 국제경영, 회계 및 연구개발 부서 등) 차원의 목표들을 달성하기 위하여 구성된다.
- 지속성: 조직은 지속성을 가지고 목표추구를 하여야 한다. 또한 환경의 변화에 따라 조직은 지속성을 유지하면서 변화되거나 진화될 수도 있다.
- 조직구성원: 조직은 구성원에 의해 유지된다. 조직 내에서 구성원들은 조직의 목표를 달성하기 위하여 그들에게 할당된 직무 또는 과제를 수행한다.
- 공식적 구조: 조직은 공식적인 구조에 기초하여 운영된다. 이러한 공식적 구조는 조직구성원들 간의 연결 및 커뮤니케이션을 가능하게 할 뿐만 아니라, 업무처리의 과정 또는 절차를 제시하기도 한다.
- 조직구성원의 활동: 조직은 구성원들의 활동을 통하여 유지된다. 이러한 활동은 전체 기업의 목표 및 기능영역별 하위 목표의 달성에 기여하여야 한다.

장기적인 관점에서 볼 때, 글로벌 조직관리의 목표는 기업의 글로벌 경쟁력의 확보 및 강화이다. 이러한 목표는 글로벌 기업의 상위 목표에 해당된다. 또한 기업의 글로벌 경쟁력과 관련된 상위 목표로부터 다음에 나열되어 있는 바와 같은 조직의 하위 목표들이 도출된다.[5]

- 상위 목표: 글로벌 경쟁력의 확보 및 강화
- 하위 목표:
  - 시장지향성
  - 유동성
  - 동기부여
  - 인센티브, 자원 및 정보 적합성
  - 조직학습 및 국경초월적 지식이전

5 Perlitz, M.(2004), p. 598.

- 핵심역량에 대한 집중
- 그룹 전체(본사 및 현지 자회사)에 대한 자기통제 능력

News Case 5-1

▶ 네이버의 조직혁신

사업 규모가 커지면서 창업 당시의 혁신성을 잃어버린 게 아니냐는 지적을 받아온 네이버가 최근 '셀경영', '아메바 경영'으로 돌파구를 찾고 있다. 아메바 경영은 조직을 잘게 쪼개 독립채산제로 운영하는 방식을 말한다. 크기가 0.2mm로 작지만 외부환경 변화에 신속 대응하는 단세포 동물 아메바의 생존 원리에서 착안한 것이다. 일본에서 '경영의 신'으로 불렸던 교세라 l명예회장이 조직의 혁신성을 유지하기 위해 창안한 방식이기도 하다.

네이버가 작년 5월 '셀' 조직 개편 이후 신규 출시한 서비스는 10개에 달한다. 평균 1.5개월당 하나씩 새로운 서비스를 낸 셈이다. 셀은 서비스 단위 조직으로 일종의 사내 벤처이다. 예를 들어, 지난 6월 출시한 간편결제 서비스인 '네이버페이'는 '네이버페이 셀'이 운영하는 식이다. 기획, 예산, 구매 등 주요 경영 사안을 '셀 리더'가 독자적으로 결정해 시행한다. 전에는 본부, 센터, 실, 팀 등으로 이어지는 수직적인 명령 체계를 갖고 있었다. 웬만한 사안은 단계별로 전결을 받아야 했다. 주요 서비스를 하나 출시하는 데만 반년 이상 걸렸다. 네이버 관계자는 "서비스 기획 부문이 셀 조직으로 바뀐 뒤 의사결정 속도가 크게 빨라졌다"고 말했다.

최근 글로벌 시장을 겨냥해 내놓은 인기 연예인의 실시간 모바일 방송 애플리케이션(앱)인 'V'는 출시 첫날 아시아, 유럽, 중동에 이르기까지 전 세계 170개국에서 다운로드 61만 건을 기록할 정도로 인기를 끌었다.

네이버의 셀 단위 조직 특징

의사결정 프로세스 단축
4단계(팀장→실장→센터장→본부장→CEO)에서 2단계(셀 리더→서비스총괄→CEO)로 단축

셀 리더 권한 강화
서비스 기획 · 운영에서 인사 · 예산 권한까지 부여

조직원 자율성 강화
휴가 등 본인 전결로 자율적 근무환경 조성

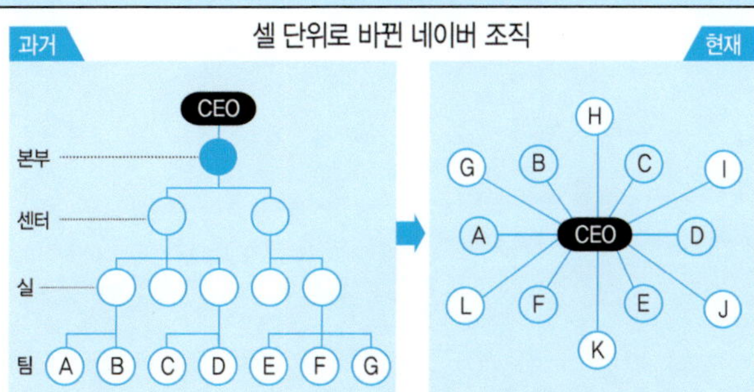

V앱을 준비하는 데 걸린 시간은 단 3개월이다. 글로벌 서비스 운영 노하우와 개발 경험을 갖춘 서비스 매니저, 콘텐츠 매니저, 디자이너, 개발자 등이 신속하게 태스크포스(TF)를 구성해 짧은 기간 내 완성도 높은 서비스를 선보였다는 것이 회사측 설명이다.

20여 개의 셀 가운데 성장성이 높은 곳은 분사 직전 단계인 '사내 독립기업(CIC)'으로 전환해 준다. 지난 2월 처음 도입한 CIC는 별도의 자본금을 두고 신규 채용 및 보상체계 등까지 따로 갖추고 있다. 현재 운영 중인 CIC는 '네이버 웹툰', '라인 웹툰' 등을 서비스하는 '웹툰 & 웹소설'의 하나이다. CIC의 수장은 '셀 리더'가 아닌 '대표'라고 불린다. 네이버 최초의 CIC가 된 웹툰 & 웹소설은 지난 6월 말 인도네시아 라마단 기간(7월 16~21일)에 맞춰 현지 TV 광고를 추진했다. 남은 기간은 단 3주였다. 통상 제작에 필요한 예산 편성, 영상 촬영 및 편집, 현지 방송사와 협상 등에 수개월이 걸린다. 그러나 CIC 운영 덕분에 신속하게 업무를 처리할 수 있었다는 게 회사측 설명이다. 웹툰 & 웹소설 K대표는 "혁신 기업의 경쟁력은 회사가 직원을 믿고 최대한의 권한과 책임을 부여할 때 나오는 것"이라고 말했다.

조직운영 전략이 바뀐 데는 "이대로 가면 위기를 맞는다"는 L이사회 의장의 위기의식이 반영되었다. 그동안 네이버에는 연매출 3조원에 달하는 대기업으로 성장했지만 추가 성장동력을 찾지 못하고 조직이 관료화되고 있다는 내부 반성도 잇따랐다. 전 직원에게 혁신 마인드를 주입하기 위해선 조직운영 방식을 바꿀 필요가 있었다. 회사 관계자는 "조직운영뿐 아니라 신사업 발굴 측면에서 네이버의 실험은 계속될 것"이라며 "외부환경 변화를 가장 빠르게 수용할 수 있는 조직운영을 통해 모바일 생태계를 주도한다는 전략"이라고 소개했다.

자료원: 한국경제, 2015년 9월 6일

5.2 글로벌 기업의 조직구조[6]

5.2.1 글로벌화 초기의 조직구조

수출부 조직

수출부 조직(export department structure)에서는 국내 기업이 수출을 통하여 해외시장에서 매출액 및 시장점유율을 증대시키기 위하여 기업 내에 별도의 수출관련 부서를 설치한다. 기업에 따라 수출부는 해외영업부 또는 국제영업부 등으로 불리워지기도 한다. 일반적으로 수출부를 설치하는 국내 기업의 일차적 목표는 국내시장이며, 해외시장은 단지 이차적인 목표에 불과하다.

수출부 조직은 기업의 글로벌화 초기단계에 주로 구성된다. 국내 기업이 수출을 통하여 어느 정도 성장하게 되면 수출부 조직을 확대(예를 들면, 수출부 내에 마케팅, 유통 및 해외지점 등과 관련된 별도의 조직을 구성할 수 있음)할 수 있다. 〈그림 5-2〉는 수출부 조직을 보여준다.

그림 5-2 수출부 조직

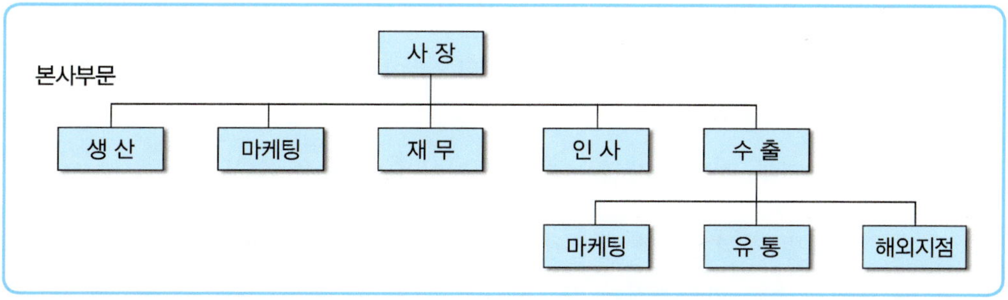

자료원: 박주홍(2009), p. 346.

6 박주홍(2012a), p. 270 이하 재인용; 박주홍(2012b), p. 407 이하 재인용.

수출부 조직의 장점은 다음과 같다.

- 글로벌화 초기에 비교적 적은 인적 및 물적 자원의 투입으로 조직을 구성할 수 있다.
- 수출업무에 집중할 수 있기 때문에 해외시장에서의 매출액 증가에 긍정적인 영향을 미친다.
- 글로벌 기업으로 성장하는 데 필요한 해외경험을 쌓게 해 준다.

수출부 조직의 단점을 살펴보면 다음과 같다.

- 글로벌화 초기의 경험부족으로 조직운영이 어려울 수 있다.
- 영세한 중소기업의 경우, 수출부 조직의 운영비용은 경제적인 부담으로 작용할 수 있다.

국제사업부 조직

국제사업부 조직(international division structure)에서는 국제적인 운영과 관련된 모든 활동들이 국제사업부 한 곳으로 집중되어 처리된다. 수출부 조직을 보유한 기업이 성장·발전함에 따라 점차 증가하는 국제적인 업무를 감당하기 어려운 경우, 이러한 기업은 국제사업부를 구성하게 된다. 〈그림 5-3〉은 국제사업부 조직을 제시한다. 이 그림의 사례에 제시된 바와 같이, 이 기업은 3개의 국내사업부를 두고 있으며, 1개의 국제사업부를 두고 있다. 또한 이 그림에 제시된 국제사업부는 아시아, 유럽, 북미 및 남미 등을 담당하는 별도의 조직을 운영하고 있다.

국제사업부 조직의 장점은 다음과 같이 요약될 수 있다.

- 글로벌 경영활동과 관련된 모든 업무들이 국제사업부에 집중되기 때문에 신속한 의사결정이 가능하다.
- 글로벌 경영활동에 대한 책임과 권한이 분명해진다. 즉, 국내사업은 국내사업부가 책임을 지며, 해외사업은 국제사업부가 책임을 진다.

그림 5-3 국제사업부 조직

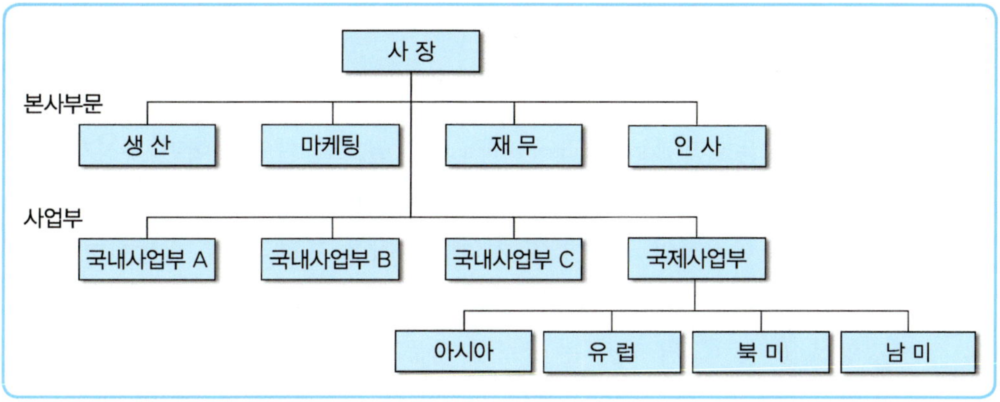

자료원: 박주홍(2009), p. 347.

- 국제사업부 내에 있는 지역별 조직을 통하여 해당 국가 또는 지역의 시장정보를 효과적으로 습득할 수 있다.

국제사업부 조직의 단점으로 다음과 같은 것들이 지적될 수 있다.

- 국내사업부와 국제사업부 간에 갈등이 나타날 수 있다(예를 들면, 상충적인 목표의 설정과 경쟁의식).
- 국제사업부는 대체로 독자적인 연구개발부서를 갖고 있지 않기 때문에 신제품개발을 국내사업부의 연구개발부서로 의뢰하는데, 이 과정에서 해외고객의 요구사항이 무시될 수 있다.
- 기업의 해외사업 비중이 증가함에 따라 국제사업부의 효율성이 떨어질 수 있다. 즉, 증가된 국제업무를 한 부서에서 감당하기 어려운 한계상황이 나타날 수 있다.[7]

7 김주헌(2004), p. 451 이하.

5.2.2 글로벌 조직구조

글로벌 제품조직

글로벌 제품조직(global product structure)은 글로벌 기업이 어떤 특정제품 또는 제품집단에 따라 조직을 구성하는 것을 말한다. 이 조직에서 어떤 하나의 국제제품부는 이질적인 국가별 및 지역별 시장을 포괄적으로 담당한다. 일반적으로 이 조직은 다양한 제품과 제품집단을 보유하고 있는 대기업이 선호하는 경향이 있다. 〈그림 5-4〉는 글로벌 제품조직을 보여준다. 이 그림에 제시되어 있는 것처럼, 각 국제제품부는 관련된 각 지역시장들을 책임진다.

글로벌 제품조직의 장점을 살펴보면 다음과 같다.

- 다양한 국가 및 지역시장의 요구사항을 더욱 잘 고려할 수 있다(높은 유연성과 적응력).
- 각 제품집단은 각 마케팅영역에서 보다 나은 의사소통을 할 수 있다.
- 서로 다른 제품집단에 대하여 보다 많은 자율권과 개발가능성이 주어진다.

글로벌 제품조직의 단점은 다음과 같이 제시될 수 있다.

그림 5-4 글로벌 제품조직

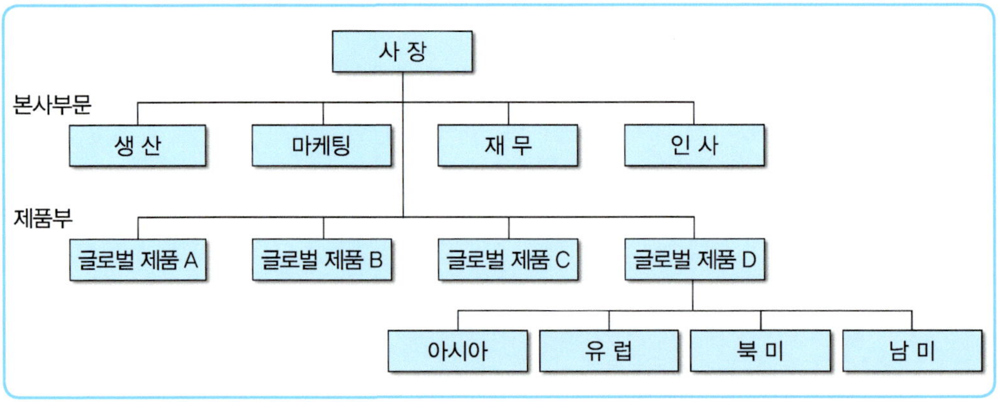

자료원: 박주홍(2009), p. 349.

- 제품 또는 제품집단에만 초점을 맞추는 경우, 다른 분야 또는 기능영역이 소홀히 될 수 있다.
- 특정국가 또는 지역 내에 다수의 판매지점 또는 유통망이 운영될 수 있기 때문에 자원이 낭비될 수 있다.
- 과도한 제품지향성으로 인해 현지국의 시장요구가 무시될 수 있다.[8]

글로벌 지역조직

글로벌 지역조직(global regional structure)에서는 어떤 특정의 지리적 영역에 대하여 책임이 있는 관리자에게 글로벌 경영활동을 전적으로 맡기는 형태로 조직이 구성된다. 이 조직에서는 지역 중심적 관리개념에 기초하여 조직이 구성되고 운영된다. 〈그림 5-5〉는 글로벌 지역조직을 보여준다. 이 그림에 나타나 있는 바와 같이, 각 지역별 조직은 지역본부의 형태로 운영되며, 지역본부 내에는 다수의 국가별 조직이 있다.

그림 5-5 글로벌 지역조직

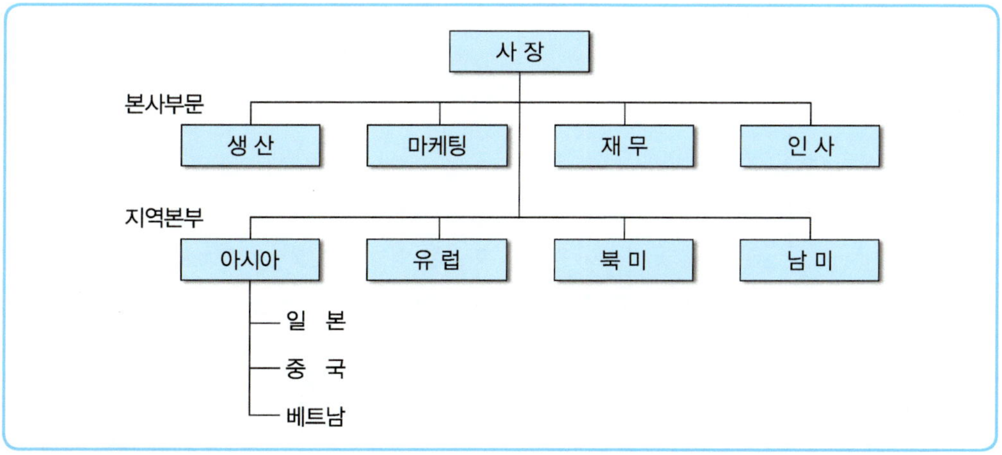

자료원: 박주홍(2009), p. 350.

8 한선민(2005), p. 404.

글로벌 지역조직의 장점을 살펴보면 다음과 같다.

- 글로벌 경영활동이 지역별로 통합되기 때문에 지역적인 규모의 경제가 달성될 수 있다.
- 문화적 배경이 유사한 지역에서는 표준화된 마케팅전략을 수행할 수 있다(예를 들면, 유럽 지역 및 북미 지역 등).
- 지역별 조직에 속해 있는 국가별 조직의 통제가 용이하다.

글로벌 지역조직의 단점은 다음과 같이 열거될 수 있다.

- 지역별 조직은 이익센터(profit center)의 관점에서 운영되기 때문에 글로벌 관점에서의 글로벌 기업통합이 실현되기 어렵다.
- 특정지역 내에 문화적 이질성이 존재하는 경우(예를 들면, 아시아 지역의 다양한 문화적 배경)에는 국가별 조직 간에 갈등이 야기될 수 있다.
- 각 지역조직은 제품 또는 기능과 관련된 중복적 조직을 필요로 하기 때문에 추가적인 비용이 발생할 수 있다.[9]

News Case 5-2

▶ 아모레퍼시픽의 글로벌화와 지역조직의 필요성

"창립 70주년을 맞은 아모레퍼시픽은 아시아의 가치로 아름답게 만드는 '아시안 뷰티 크리에이터(asian beauty creator)'로서 원대한 기업으로 확고히 도약하고자 한다." 창립 70주년을 맞은 아모레퍼시픽그룹의 S회장은 9일 해외 사업 및 기술력을 바탕으로 글로벌 화장품 시장을 선도하는 기업이 되겠다는 비전을 내놓고 이같이 말했다. 이날 S회장은 경기도 오산시 가장동에 위치한 '아모레퍼시픽 뷰티사업장' 창립 70주년을 기념하는 기자간담회를 열고 "2020년 매출 12조 원과 이익률 15%, 글로벌 사업 비중 50% 이상을 달성하겠다"고 밝혔다.

아모레퍼시픽은 1945년 창립 당시부터 지켜온 품질과 기술력, 그리고 이를 통해 쌓아온 독창성을 바탕으로 현재 'K뷰티'를 대표하

9 Gillespie, K. et al.(2004), p. 452.

는 기업으로 성장하면서 올해 사상 첫 매출 5조 원 돌파를 눈앞에 두고 있다. 올해는 70주년을 맞아 창업주인 S선대회장의 '품질제일주의' 신조를 강조하며 글로벌 기업으로의 도약을 준비하고 있다. 높은 품질과 독창성을 바탕으로 폭발적으로 성장하는 중국 시장 외에도 중동, 중남미, 나아가 선진 시장인 미국과 유럽까지 공략한다는 목표이다.

아모레퍼시픽은 원대한 기업으로의 도약을 위한 전략으로 더 매력적이고 차별화된 브랜드 육성, 새로운 채널을 통한 고객접점 확대 및 해외시장 진출 등 세 가지를 꼽았다. 우선 아모레퍼시픽은 70년의 역사 동안 국내 화장품 시장에서 '최초'의 제품을 내놓으며 시장을 선도해 온 만큼 앞으로도 R&D 역량을 집중해 차별화된 브랜드와 새로운 제품을 내놓는다는 계획이다.

아모레퍼시픽은 앞서 세계 최초의 한방화장품 'ABC인삼크림(1966년)', 첫 부스터 제품인 설화수 '윤조에센스(1997년)', 또 최근의 '쿠션' 제품까지 혁신 제품을 거듭 선보여 왔다. 올해는 아시안 뷰티(asian beauty)의 연구개발을 강화하기 위해 기술연구원 내에 '아시안 뷰티 연구소(asian beauty laboratory)'를 신설했다. 이 조직은 현재 아시아 주요 15개 도시를 연교차와 연강수량 등을 바탕으로 기후환경 연구에 따라 4개의 그룹으로 카테고리를 나누고, 그룹별 맞춤 제품개발과 함께 지역 맞춤형 인체적용시험 및 미용법을 연구하고 있다.

예를 들어 아모레퍼시픽의 가장 혁신적인 제품으로 꼽히는 '쿠션'의 경우 중국, 싱가포르, 인도네시아, 베트남, 인도 등의 여성들의 피부색을 연구해 국가별 특징을 제품에 반영하고 있다. 아모레퍼시픽 H기술연구원장은 "아모레퍼시픽 R&D 매출대비 비중은 글로벌 경쟁사에 비해 적은 편은 아니다"라며 "하지만 최근 매출이 급격하게 늘어나고 있어 대응할 부분이 많아지고 있는 만큼 R&D 비용을 더 증액할 것"이라고 전했다.

브랜드 역량도 강화한다. 현재 아모레퍼시픽은 5대 글로벌 챔피언 브랜드인 설화수, 라네즈, 마몽드, 이니스프리, 에뛰드를 바탕으로 해외사업을 전개하고 있다. 향후에는 넥스트 글로벌 챔피언 브랜드인 아이오페, 헤라, 프리메라, 려의 브랜드력을 제고할 계획이다. 이와 함께 디지털 채널과 면세시장 역량을 강화해 더 많은 고객과 만날 준비를 하고 있다. 아모레퍼시픽은 지난해와 올해 국내 면세채널을 통해 폭발적인 성장을 거듭해 왔는데, 향후에는 글로벌 면세채널을 또 하나의 성장 동력으로 삼는다는 방침이다. 또한 모바일을 중심으로 해 고객 구매경험을 온-오프라인을 아우르는 수준으로 혁신시킨다는 계획이다. 오프라인의 경우 다른 글로벌 기업보다 진입이 늦었지만 디지털 채널에서만큼은 가장 앞서가고자 한다는 것이다.

가장 중요한 해외 진출의 경우 인구 1,000만

명 이상의 글로벌 메가 시티(mega city)에 대한 본격적인 진출을 통해 글로벌 시장도약에 매진한다는 계획을 내놨다. 중국 시장에 이은 다음 해외 진출 시장으로는 2016년 중동과 2017년 중남미로 정했으며 내년의 첫 공략 지역은 두바이로 낙점했다. S회장은 "중동은 두바이 및 사우디아라비아, 터키 시장, 새로이 열리는 이란 시장 등 세 개의 시장을 나눌 수 있다"며 "이 시장은 최근 중산층이 늘어나고 화장에 대한 생각들도 변하고 있기 때문에 새로이 화장품의 수요도 늘어나고 있는 만큼 도전을 해 보고 싶다"고 말했다.

그는 이어 "중남미 역시 브라질, 미국과 연결된 멕시코, 태평양 연안의 칠레와 페루 등 각각의 특성을 가진 시장이 있다"며, "이곳 역시 높은 미의식을 갖고 있어 화장품 기업에게 좋은 기회가 많은 시장"이라고 설명했다.

아모레퍼시픽은 우선 아시아 시장을 제패한 후 세계 시장으로 나아간다는 전략이다. S회장은 "아직 아모레퍼시픽의 해외 매출이 20% 수준이기 때문에 선택과 집중, 우선순위 차원에서 선택한 전략"이라며 "생활문화, 소비재 기업들은 인접시장부터 확장하는 것이 답이라고 생각하기 때문에 우선 공략하고 궁극적으로는 글로벌화로 나아갈 생각이다"라고 설명했다.

한편 아모레퍼시픽그룹은 S선대회장이 해방 직후인 1945년 9월 설립한 '태평양화학공업사'로 시작한 기업이다. 그동안 국내 최초의 브랜드 화장품 '메로디 크림(1948년)', 세계 최초의 한방화장품 'ABC인삼크림(1966년)'에 이어 세계 최초 부스팅 에센스인 '윤조에센스(1997년)', 자면서 바를 수 있는 팩인 '워터슬리핑팩(2002년)', '쿠션(2008년)' 등 숱한 혁신 상품을 내놓은 바 있다. 지난 8월 미국의 유력 경제 전문지 포브스(Forbes)는 아모레퍼시픽을 전 세계 100대 혁신기업 중 28위로 선정하기도 했다.

현재 설화수, 헤라, VB, 롤리타 렘피카, 프리메라, 아모레퍼시픽, 아닉구딸, 라네즈, 아이오페, 마몽드, 한율, 아리따움 등 다수의 뷰티 브랜드를 갖고 있다. 지난해 매출 4조 7,119억 원, 영업이익 6,591억 원을 올렸으며 올해 매출 5조 원 돌파가 유력하다.

자료원: 뉴스웨이, 2015년 9월 10일

글로벌 기능조직

글로벌 기능조직(global functional structure)은 기업의 각 기능영역에 따라 조직을 구성하는 것을 말한다. 이 조직에서는 라인관리자가 국내 및 해외에서의 특정 기능영역 활동에 대하여 책임을 지며, 각 기능영역은 국내와 해외로 나

그림 5-6 글로벌 기능조직

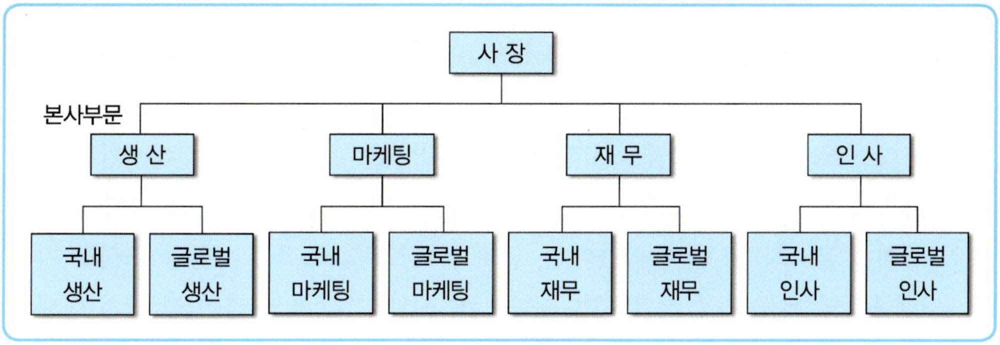

자료원: 박주홍(2009), p. 351.

누어진다(예를 들면, 생산부서는 국내 생산과 글로벌 생산, 마케팅은 국내 마케팅과 글로벌 마케팅). 〈그림 5-6〉은 글로벌 기능조직을 제시한다. 이 그림에서는 생산, 마케팅, 재무 및 인사 등과 같은 기능영역이 국내와 해외로 구분되어 조직도에 표시되어 있다.

글로벌 기능조직의 장점을 요약하면 다음과 같다.

- 각 기능영역의 강점이 국내와 해외에서 골고루 활용될 수 있다.
- 책임영역이 분명하기 때문에 기능영역별 특화 또는 전문화가 추구될 수 있다.
- 기능영역별로 할당된 국내 및 글로벌 업무가 일관되게 처리될 수 있다.

글로벌 기능조직의 단점은 아래와 같다.

- 전 세계의 고객에게 판매되는 최종 제품 또는 서비스에 대한 책임소재가 분명하지 않을 수 있다.
- 기능영역 간의 커뮤니케이션이 원활하지 못하다.

글로벌 매트릭스조직

글로벌 매트릭스조직(global matrix structure)에서는 둘 또는 그 이상의 조직화 기준이 하나의 매트릭스에서 동시에 동일한 순위로 고려된다.[10] 글로벌 매트릭스조직의 목표는 글로벌 관점에서 조직구조의 유연성을 증대시키는 것이다.[11] 〈그림 5-7〉은 글로벌 매트릭스조직을 제시하는데, 이것은 다만 하나의 사례에 불과하다. 실제에 있어서, 글로벌 매트릭스조직은 다양한 조직화 기준(예를 들면, 제품×기능, 지역×기능 또는 제품×지역×기능)에 따라 여러 가지 형태로 구성될 수 있다.[12]

그림 5-7 글로벌 매트릭스조직

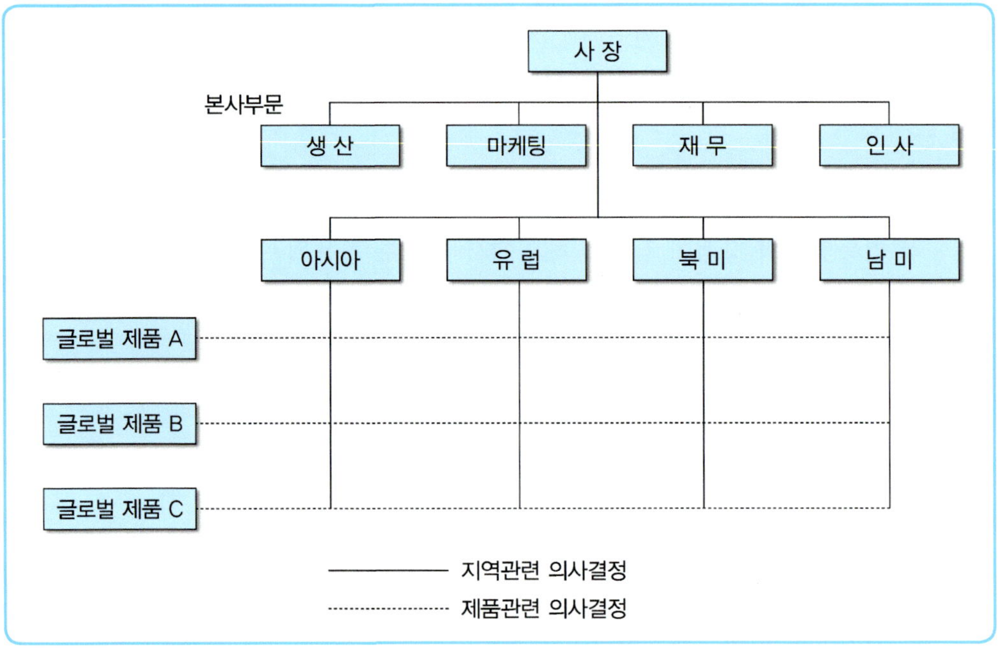

자료원: 박주홍(2009), p. 352.

10 Schertler, W.(1993), p. 42; Bühner, R.(1992), p. 147.
11 Schertler, W.(1993), p. 42.
12 김주헌(2004), p. 458.

글로벌 매트릭스조직의 장점을 열거하면 다음과 같다.

- 제품별 및 지역별 등과 같은 조직화 기준과 관련된 기능영역 간의 직접적인 의사소통경로가 확보된다.
- 관련된 기능영역의 관리자들을 통하여 문제해결의 잠재성이 증대된다.
- 횡단면적인 연결을 통하여 환경변화에 대한 유연성과 적응력이 향상된다.
- 각 기능영역의 협력이 순조로울 경우, 조직관리자의 부담이 완화된다.

글로벌 매트릭스조직의 단점은 다음과 같다.

- 관련된 기능영역의 관리자들 사이에 갈등이 나타날 가능성이 잠재되어 있다.
- 관련된 기능영역 간의 만족스럽지 못한 의견조정은 조직에 대한 위험성을 증대시킬 수 있다.

5.3 EPRG 모델 관점에서의 커뮤니케이션구조[13]

글로벌 기업의 커뮤니케이션구조는 국내에서만 운영되는 기업과는 전혀 다른 방식으로 이루어진다. 즉, 본사와 전 세계에서 운영되는 현지 자회사 간의 관계는 조직을 전 세계적 관점에서 파악하는 데 있어서 중요한 변수가 된다. 아래에서는 *펄뮤터(Perlmutter)*의 EPRG 모델에 기초하여 커뮤니케이션구조를 논의하기로 한다(3.2 참고).

13 박주홍(2012b), p. 419 이하 수정 재인용.

5.3.1 본사 중심적 커뮤니케이션구조

본사 중심적 커뮤니케이션구조(ethnocentric communication structure)에 있어서 기업의 글로벌화와 관련된 주요 의사결정은 본사 중심적으로 이루어진다. 이 커뮤니케이션구조에서는 본사가 전략목표의 설정, 전략적 계획의 수립과 실행, 인적 및 물적 자원의 국제적 배분 및 통제 등에 있어서 본사가 주도적 역할을 하며, 현지 자회사는 종속적인 역할을 한다. 그리고 이 커뮤니케이션구조에서는 본사가 현지 자회사보다 관리능력이 우수하다는 가정을 한다.

〈그림 5-8〉은 본사 중심적 커뮤니케이션구조를 보여준다. 이 그림에서 본사가 색으로 표시되어 있는데, 이것은 본사가 커뮤니케이션에 있어서 주도적 역할을 한다는 것을 뜻한다.

본사 중심적 커뮤니케이션구조의 장점을 살펴보면 다음과 같다.

그림 5-8 본사 중심적 커뮤니케이션구조

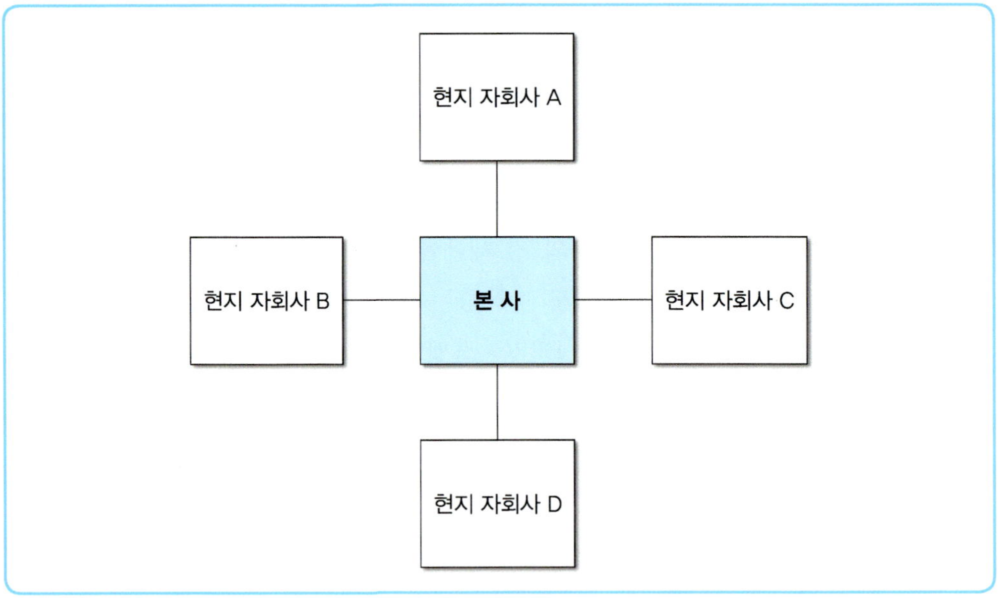

자료원: 박주홍(2009), p. 357.

- 본사가 전체 기업의 자원을 효율적으로 배분하기 때문에 경영성과가 극대화될 수 있다.
- 본사의 우수한 경영 및 기술 노하우가 현지 자회사로 신속하게 확산될 수 있다.
- 전체 기업의 관점에서 볼 때, 본사와 현지 자회사에서의 자원투입의 중복을 방지할 수 있다.

본사 중심적 커뮤니케이션구조의 단점은 다음과 같이 요약될 수 있다.

- 현지 자회사의 좋은 의견이 무시될 수 있다.
- 현지 자회사가 본사에 대하여 배타적인 성향을 보일 수 있다.
- 전체 기업의 커뮤니케이션구조가 경직될 수 있다.
- 현지 경영자의 동기부여가 악화될 수 있다.

5.3.2 현지 중심적 커뮤니케이션구조

현지 중심적 커뮤니케이션구조(polycentric communication structure)에서는 글로벌 기업활동과 관련된 주요 의사결정권이 현지 자회사의 경영자에게 대폭적으로 위임된다. 즉, 이 커뮤니케이션구조에서는 본사의 의사결정권은 약화되고, 현지 자회사의 의사결정권이 강화된다. 또한 본사와 현지 자회사의 사업부 간의 경쟁이 이루어질 가능성이 매우 높다. 일반적으로 본사가 현지 자회사의 경영능력을 높게 평가하는 경우에, 현지 중심적 커뮤니케이션구조가 채택된다.

〈그림 5-9〉는 현지 중심적 커뮤니케이션구조를 나타낸다. 이 커뮤니케이션구조에서는 현지 자회사들이 색으로 표시되어 있는데, 이것은 현지 자회사가 커뮤니케이션에 대한 주도권을 갖고 있다는 것을 의미한다.

현지 중심적 커뮤니케이션구조는 다음과 같은 장점을 갖고 있다.

그림 5-9 현지 중심적 커뮤니케이션구조

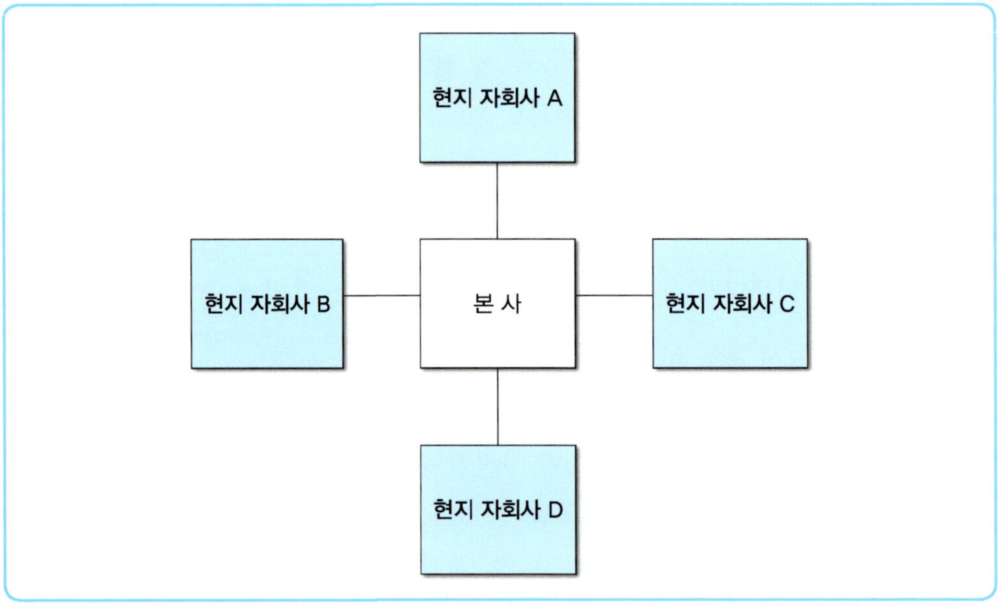

자료원: 박주홍(2009), p. 359.

- 현지 자회사의 자원을 효과적이고 효율적으로 활용할 수 있다.
- 현지 자회사의 경영자의 동기부여가 증대될 수 있다.
- 현지 자회사의 우수한 경영성과가 본사 및 다른 현지 자회사로 확산될 수 있기 때문에 글로벌 범위의 경제효과가 나타날 수 있다.

현지 중심적 커뮤니케이션구조는 다음과 같은 단점을 내포하고 있다.

- 전체 기업의 관점에서 볼 때, 본사와 현지 자회사에서의 자원투입에 있어서 중복이 나타날 수 있다.
- 현지 자회사가 독립하려는 경향이 있기 때문에 본사에 의한 통제가 어려워질 수 있다.

5.3.3 지역 중심적 커뮤니케이션구조

지역 중심적 커뮤니케이션구조(regiocentric communication structure)에 있어서 글로벌 경영활동과 관련된 주요 의사결정은 지역본부(headquarters)에 의하여 이루어진다. 또한 어떤 특정 지역본부에 소속된 현지 자회사들은 그 지역본부에 종속되어 있다. 따라서 본사는 지역본부들을 통제함으로써 모든 현지 자회사들을 간접적으로 장악할 수 있다.

〈그림 5-10〉에서는 지역 중심적 커뮤니케이션구조를 제시하고 있다. 이 그림에 나타나 있는 바와 같이, 이 커뮤니케이션구조에서는 지역본부와 본사

그림 5-10 지역 중심적 커뮤니케이션구조

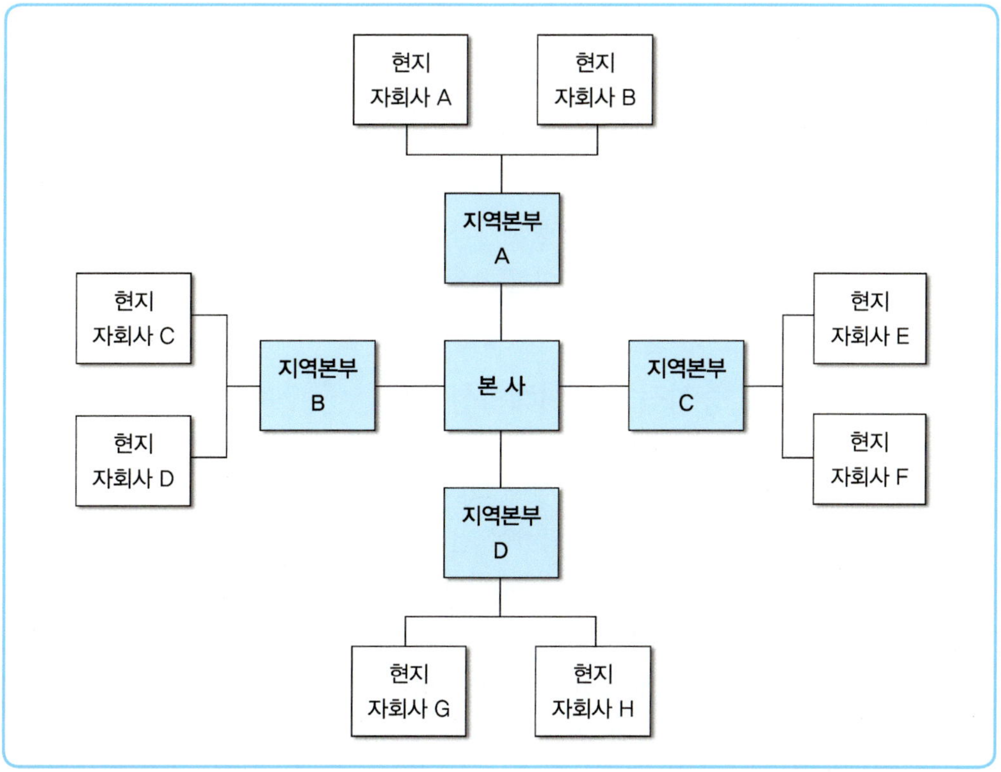

자료원: 박주홍(2009), p. 361.

가 색으로 표시되어 있는데, 이것은 본사와 지역본부가 커뮤니케이션에 있어서 주도적 역할을 한다는 것을 의미한다.

지역 중심적 커뮤니케이션구조의 장점을 살펴보면 다음과 같다.

- 문화적 배경이 유사한 특정지역의 고객요구를 신속히 충족시킬 수 있다.
- 지역본부가 그들에게 연결되어 있는 현지 자회사들을 통합적으로 관리하기 때문에 본사의 현지 자회사에 대한 통제의 부담이 줄어든다.
- 특정지역의 사정에 정통한 유능한 인력을 채용할 수 있기 때문에 지역본부의 경영성과가 증대될 수 있다.
- 본사가 지역본부의 글로벌 경영활동에 어느 정도 개입하기 때문에 현지 자회사들에 의한 자원의 중복적 투입을 방지할 수 있다.

지역 중심적 커뮤니케이션구조의 단점은 다음과 같다.

- 특정지역에서의 문화적 이질성이 높은 경우에는 원활한 커뮤니케이션이 어렵고, 지역본부에 종속된 현지 자회사들 간에 갈등이 나타날 수 있다.
- 본사의 지역본부에 대한 통제가 느슨한 경우에, 서로 다른 지역본부에 연결된 현지 자회사들에 의한 자원의 중복적 투입이 나타날 수 있다.

5.3.4 글로벌 중심적 커뮤니케이션구조

글로벌 중심적 커뮤니케이션구조(geocentric communication structure)에서는 본사와 현지 자회사가 상호 협력하여 전 세계적인 관점에서 글로벌 경영활동을 수행한다. 이 커뮤니케이션구조에서는 본사와 현지 자회사의 이분법적인 개념구분이 더 이상 의미가 없으며, 오로지 전 세계적 관점에서의 본사와 현지 자회사 간의 통합적 협력이 보다 큰 의미를 갖는다.

〈그림 5-11〉은 글로벌 중심적 커뮤니케이션구조를 보여준다. 이 그림에 제시되어 있는 바와 같이, 본사와 현지 자회사, 그리고 현지 자회사들 간의 전

그림 5-11 글로벌 중심적 커뮤니케이션구조

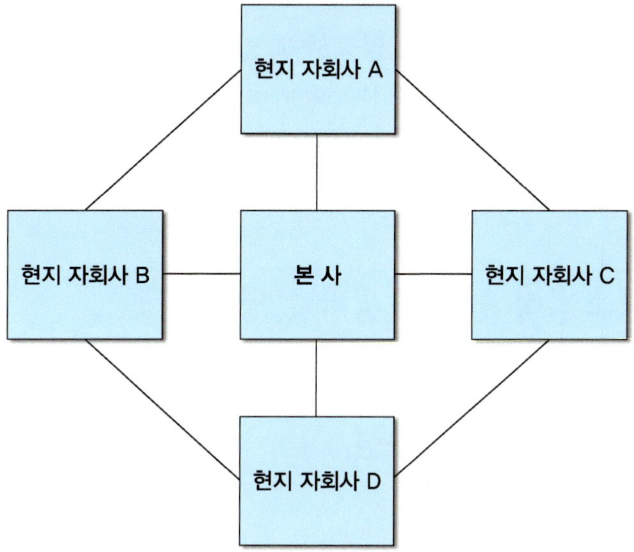

자료원: 박주홍(2009), p. 359.

세계적인 네트워크가 형성된다. 이러한 네트워크의 구축을 통하여 전 세계적인 관점에서 글로벌 경영활동의 시너지가 추구된다. 본사와 현지 자회사가 모두 중요하기 때문에 이 그림에서는 이들 모든 부분이 색으로 표시되어 있고, 선으로 연결되어 있다.

글로벌 중심적 커뮤니케이션구조의 장점은 다음과 같이 요약할 수 있다.

- 글로벌 경영활동에 있어서의 전 세계적인 시너지의 창출, 글로벌 효율의 극대화, 다양한 입지별 조직적 학습효과의 증대, 현지국의 강점개발 및 정교화 등과 같은 목표들이 달성될 수 있다.
- 인적 및 물적 자원의 전 세계적 선택과 배분을 통한 글로벌 경영활동이 이루어지기 때문에 전 세계의 고객욕구를 보다 잘 충족시킬 수 있다.

글로벌 중심적 커뮤니케이션구조의 단점을 살펴보면 다음과 같다.

- 본사와 현지 자회사, 그리고 현지 자회사들 간의 커뮤니케이션이 매우 복잡하기 때문에 커뮤니케이션비용이 많이 들 수 있으며, 신속한 커뮤니케이션이 이루어지지 않을 수도 있다.
- 전 세계적인 커뮤니케이션을 통하여 나타나는 문제를 해결하는 데 있어서 높은 조정비용이 발생할 수 있다.

5.4 국경초월적 팀의 구성과 운영

5.4.1 국경초월적 팀의 구성

국경초월적 팀(cross-border team)은 본사와 현지 자회사에서 선발된 인력으로 구성된 글로벌 과업담당 조직을 말하며, 글로벌 기업의 조정 메커니즘을 담당한다. 글로벌 기업 내의 다른 팀들과 마찬가지로 국경초월적 팀은 공동의 목표를 달성하려는 상호보완적인 기술 또는 지식을 보유한 소수의 인원으로 구성된다. 국경초월적 팀은 그들이 활동하는 입지(location)의 수와 공유하는 맥락(context)의 정도에 따라 다음과 같은 네 가지 형태로 분류할 수 있다.[14] 〈그림 5-12〉는 국경초월적 팀의 종류를 제시하고 있다.

- 고전적 팀(classic team): 이 팀은 비교적 비슷한 배경을 가진 인력이 동일 입지(예를 들면, 지역본부)에 배치되는 것을 의미한다.
- 디아스포라 팀(diaspora team): 이 팀은 본사의 고도로 동질적인 인력이 다수의 현지 자회사로 파견되는 것을 말한다. 여기에서 디아스포라(diaspora)는 '흩뿌리거나 퍼트리는 것'을 뜻하는 그리스어에서 유래한 말이다. 이것은 특정 인종집단(예를 들면, 유대인)이 자의적이든지 타의적이든지 기존에 살던 땅을 떠나 다른 지역으로 이동하는 현상을 일컫는다.

14 Evans, P./Pucik, V./Björkman, I.(2011), p. 198 이하.

- 바벨 팀(babel team): 이 팀은 서로 다른 문화적 배경을 가진 인력이 동일 입지(예를 들면, 지역본부 및 본사)에 파견되는 것을 뜻한다. 여기에서 바벨(babel)은 성경의 창세기에 등장하는 바벨탑을 말한다. 성경에 의하면, 최초의 사람들은 자신의 힘을 너무 믿어 하나님을 경멸하고 자신이 하나님보다 위대하다고 생각하며 바빌론에 높은 탑을 쌓았으나, 이 탑이 하늘에 닿으려 할 때 하나님은 이 탑을 무너뜨렸다. 이 사건이 일어난 이후 같은 언어를 사용했던 사람들은 서로 다른 언어로 말을 하게 되었다고 한다.
- 가상 팀(virtual team): 이 팀은 맥락과 입지를 전혀 공유하지 않은 인력들로 구성되는 것을 말한다. 이 팀의 구성원들은 ICT 기술(information and communication technology)을 활용하여 가상공간에서 만나 함께 과업을 담당한다. 그러나 과업과 관련하여 필요한 경우에는 대면회의(face-to-face meetings)가 개최될 수도 있다.

그림 5-12 국경초월적 팀의 종류

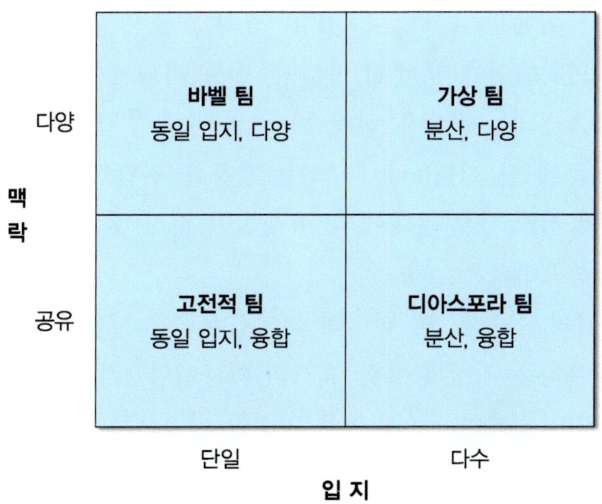

자료원: Evans, P./Pucik, V./Björkman, I.(2011), p. 198.

5.4.2 국경초월적 팀의 운영

국경초월적 팀은 글로벌 기업이 구성원 또는 팀원들에게 부여한 과제를 원활히 수행하기 위하여 팀을 효율적으로 운영해야 하는 책임을 진다. 앞서 논의한 바와 같이, 글로벌 기업의 상황에 따라 네 가지 서로 다른 형태의 국경초월적 팀이 구성될 수 있기 때문에 기업은 다음과 같은 사항들을 고려하여 팀을 운영하여야 한다.[15]

- 커뮤니케이션: 국경초월적 팀을 운영하기 위하여 무엇보다도 구성원들 간의 커뮤니케이션(communication)이 중요하다. 이러한 커뮤니케이션은 ICT 기술을 통하여 수행될 수도 있으며, 경우에 따라서 대면회의를 통하여 이루어질 수도 있다. 일반적으로 커뮤니케이션의 문제는 서로 다른 문화적 배경을 가진 구성원들 사이에서 발생할 수 있다. 이러한 문제를 해결하기 위해서는 서로 다른 문화에 대한 상호 이해와 배려가 필요하다.
- 갈등 관리: 국경초월적 팀의 업무 수행과 관련된 갈등(conflict)이 구성원들 사이에서 나타날 수 있다. 팀의 효율적 운영을 위하여 이러한 갈등은 회피되어야 할 뿐만 아니라, 잘 관리되어야 한다. 특히, 문화의 차이로 초래되는 갈등은 팀워크(teamwork)에 부정적인 영향을 미칠 수 있기 때문에 팀 리더(team leader)는 갈등을 원활히 관리하기 위하여 구성원들의 서로 다른 문화에 대한 사실적 지식 및 해석적 지식을 함양하는 것이 중요하다(2.1.2 참고).
- 리더십의 중요성: 팀 리더의 리더십(leadership)은 국경초월적 팀의 성패를 좌우하는 가장 중요한 요소의 하나이다. 리더십은 특정팀의 목표를 달성하기 위하여 구성원들을 일정한 방향으로 이끌어 성과를 창출하는 능력을 말한다(제13장 참고).
- 팀워크의 평가와 보상: 팀워크(teamwork)는 2명 이상의 구성원 또는 팀

15 전게서, p. 204 이하.

원이 국경초월적 팀의 목표를 공유해 서로 협력하여 활동하는 것을 말한다. 팀워크의 평가와 보상이 합리적으로 이루어져야만 구성원들의 사기가 저하되지 않고 팀의 목표가 원활히 달성될 수 있다.

- 피드백과 학습의 촉진: 피드백(feedbtack)은 어떤 활동의 결과가 최초의 목적 또는 계획에 부합되는 것인가를 확인한 후 적절한 상태가 되도록 통제하거나 수정하는 일을 의미한다. 국경초월적 팀의 목표를 달성하기 위해서 글로벌 인적자원 관리자는 피드백과 학습을 촉진하여 서로 다른 문화적 배경을 가진 구성원들을 독려할 필요가 있다.

제 3 부

글로벌 인적자원의 해외파견관리

제 3 부에서는 글로벌 인적자원의 해외파견관리에 대하여 살펴본다. 제 6 장에서는 글로벌 인적자원의 모집과 선발에 대하여 검토한다. 제 7 장에서는 글로벌 인적자원의 교육훈련에 대하여 설명한다. 제 8 장에서는 글로벌 인적자원의 동기부여와 보상관리에 대하여 논의한다. 아울러, 제 9 장에서는 글로벌 인적자원의 해외파견과 재통합관리에 대하여 구체적으로 다룬다.

제1부 글로벌 인적자원관리의 개념과 사회문화적 환경

제1장 글로벌화와 글로벌 인적자원관리의 개념
제2장 글로벌 인적자원관리와 사회문화적 환경

⇩

제2부 글로벌 인적자원과 배치전략, 계획 및 조직

제3장 글로벌 인적자원과 배치전략
제4장 글로벌 인적자원과 계획
제5장 글로벌 인적자원과 조직

⇩

제3부 글로벌 인적자원의 해외파견관리

제6장 글로벌 인적자원의 모집과 선발
제7장 글로벌 인적자원의 교육훈련
제8장 글로벌 인적자원의 동기부여와 보상관리
제9장 글로벌 인적자원의 해외파견과 재통합관리

⇩

제4부 글로벌 인적자원의 현지채용관리와 글로벌 기업의 노사관계

제10장 글로벌 인적자원의 현지채용관리
제11장 글로벌 기업의 노사관계

⇩

제5부 글로벌 기업의 통제와 성과관리 및 글로벌 리더십의 개발

제12장 글로벌 기업의 통제와 성과관리
제13장 글로벌 리더십의 개발

제 6 장

글로벌 인적자원의 모집과 선발

6.1 글로벌 인적자원의 모집과 선발의 의의

6.2 글로벌 인적자원의 모집기준과 모집방법

6.3 글로벌 인적자원의 선발관리

6.4 글로벌 인적자원과 여성인력의 특수성

6.1 글로벌 인적자원의 모집과 선발의 의의

6.1.1 글로벌 인적자원의 모집의 의의

글로벌 인적자원의 모집(recruitment)은 해외파견에 필요한 잠재적 인력을 확인하려는 목적으로 글로벌 기업에 의해 수행되는 실무 및 활동으로 정의될 수 있다.[1] 또한 글로벌 기업의 모집은 글로벌 인적자원의 선발을 전제로 하여 능력 있고 우수한 지원자를 확보하는 활동을 말한다. 이를 통하여 확보된 인력이 선발되면, 이들은 해외파견의 대상자가 될 수 있다. 좁은 의미에서 볼 때, 글로벌 인적자원의 모집은 기업 외부로부터 인력이 확보되는 것을 의미하지만, 여기에서는 모집을 글로벌 기업 내부(승진 또는 재배치) 및 외부(모집과 선발)로부터 해외파견인력을 확보하는 모든 활동을 포괄하는 것으로 정의하기로 한다.

모집활동과 관련하여 글로벌 인적자원 관리자는 다음과 같은 질문에 답해야만 한다.[2]

- 해외파견 지원자를 어디에서 찾을 수 있는가?
- 해외파견 지원자를 어떻게 획득할 수 있는가?
- 해외파견 지원자가 효과적인 모집활동을 통해 획득되었는가?

글로벌 인적자원의 모집의 목적을 요약하면 다음과 같다.

- 해외파견을 원하는 기업 외부 구직자 또는 기업 내부 대상자의 원활한 확보: 해외파견을 원하는 구직자 또는 대상자가 많을수록 해외파견인력 선발의 폭이 넓어진다. 그러므로 구직자 또는 대상자가 많으면 최적의 기술과 지식, 그리고 능력을 갖춘 해외파견 대상자를 찾는 데 있어

1 Evans, P./Pucik, V./Björkman, I.(2011), p. 269.
2 박경규(2010), p. 206.

서 유리한 기회가 제공될 수 있다.

- 글로벌 인적자원 모집비용의 최소화: 글로벌 기업은 수익성 논리에 입각하여 최소의 비용으로 해외파견인력을 모집할 수 있어야 한다. 모집비용이 많이 발생한다면, 글로벌 기업의 손익에 불리한 영향이 나타날 수 있다.

6.1.2 글로벌 인적자원의 선발의 의의

해외파견을 위한 글로벌 인적자원의 선발(selection)은 기업 외부 및 기업 내부의 선발 후보자 풀(candidate pool)에서 적임자를 선정하는 것을 말한다.[3] 아울러, 글로벌 기업의 선발은 모집단계에서 확보된 능력 있고 우수한 지원자들 중에서 해외파견 대상자를 실질적으로 발굴하는 활동을 의미한다. 이를 통하여 선발된 인력은 해외로 파견된다.

선발활동과 관련하여 글로벌 인적자원 관리자는 다음과 같은 질문에 답해야 할 필요가 있다.[4]

- 어떤 해외파견 지원자가 우리 기업에게 적합한가?
- 최적의 해외파견 지원자를 식별할 수 있는 방법은 없는가?
- 해외파견 지원자의 선발활동에 얼마나 많은 비용이 드는가?
- 어떤 방법을 사용해서 해외파견 지원자에 대한 정보를 수집하고 또한 현지 자회사에 대한 정보를 해외파견 지원자에게 전달할 것인가?

글로벌 인적자원의 선발의 목적은 다음과 같이 요약될 수 있다.

- 후보자 또는 지원자 풀에서 우수한 해외파견 적임자의 효과적 선발: 글로벌 인적자원의 모집단계에서 확보된 후보자 또는 지원자 풀에서 해외파견 적임자를 선발하는 것은 향후 현지 자회사의 경영성과 및 업무

3 Evans, P./Pucik, V./Björkman, I.(2011), p. 275.
4 박경규(2010), p. 206.

성과에 큰 영향을 미칠 수 있다. 즉, 어떤 후보자가 그에게 맡겨진 현지 자회사의 업무를 가장 성공적으로 또는 성실하게 수행할 수 있는가에 초점을 맞추어 선발활동이 이루어져야 한다.

- 해외파견 대상자의 동기부여의 증대: 글로벌 인적자원의 선발이 효과적으로 이루어진다면, 해외파견 대상자의 동기부여가 증대될 수 있다. 그러므로 모집단계에서 확보된 후보자 풀에서 해외파견업무를 잘 감당할 만한 인력을 선발해야만 동기부여에 긍정적인 영향을 미칠 수 있다.

6.2 글로벌 인적자원의 모집기준과 모집방법

6.2.1 글로벌 인적자원의 모집기준

글로벌 인적자원의 모집기준(recruitment criteria)은 기업의 역할, 배치의 본질, 개인에 대한 요구 및 법적인 이슈 등으로 구분하여 논의될 수 있다. 이러한 모집기준을 간략히 설명하면 다음과 같다.[5]

- 기업의 역할: 글로벌 기업은 인적자원의 관리와 관련하여 서로 다른 요구사항 및 전략을 갖고 있다. 예를 들어, 글로벌 기업이 글로벌 경영자를 모집할 경우에 있어서 지원자 또는 후보자를 글로벌 기업의 전략 수행을 위한 해외파견인력으로 적합한가를 고려하여야 한다. 그러므로 글로벌 인적자원 관리자는 모집된 인력이 향후에 해외파견인력으로서 역할을 할 수 있는지를 검토할 필요가 있다. 또한 현지 중심적이고 분권적인 관리를 지향하는 글로벌 기업은 현지 자회사에 대한 효율적인 관리를 위해 보다 유연성 있는 관리자를 모집하는 경향이 있다. 글로벌 기업이 보유하고 있는 자금도 모집에 있어서 중요한 역할을 한다. 글로

5 Edwards, T./Rees, C.(2011), p. 186 이하.

벌 기업이 모집하고 선발한 인력을 해외로 파견하기 위해서는 자금이 소요되는 훈련 및 개발이 필요하며, 이를 위하여 글로벌 기업이 보유한 자금이 중요한 의미를 갖는다.

- 배치의 본질: 글로벌 기업은 해외파견 대상자의 해외파견기간을 고려하여 모집활동을 하여야 한다. 예를 들면, 단기간 체류할 인력과 장기간 체류할 인력에 대한 모집활동은 서로 다를 수 있다. 해외파견 대상국가에 따라 해외파견과 관련된 훈련, 개발, 동기부여 및 보상관리의 내용이 달라질 수 있으므로 모집에 유의하여야 한다. 또한 해외파견인력이 배치되어야 하는 국가 또는 입지(location)도 모집에 영향을 미칠 수 있다.
- 개인에 대한 요구: 글로벌 기업은 국제적인 배치와 관련하여 요구되는 해외파견 대상자의 특성과 동기부여를 중요하게 고려하여야 한다. 특히, 글로벌 인적자원 관리자는 해외파견 대상자의 동기부여를 촉진하기 위하여 승진(career advancement), 재무적 인센티브(financial incentives), 특정지역에 대한 관심 및 여행의 흥미 등을 포함하는 다양한 동기부여 요인들을 결합하여 활용할 수 있다. 무엇보다도 해외파견 대상자에 대한 보상(compensation)이 중요한 역할을 할 수 있다. 일반적으로 해외파견 대상자는 더욱 많은 보상을 받고 싶어 하는 경향이 있기 때문에 이에 대한 철저한 준비와 분석이 요구된다. 아울러 해외파견 대상자의 자질을 고려하여 모집활동을 수행하는 것이 중요하다.
- 법적인 이슈: 글로벌 기업은 해외파견 대상자의 모집과 관련하여 본국 및 현지국의 법적인 규제를 확인할 필요가 있다. 특히, 현지 자회사에 인력을 파견할 경우 현지국에서의 체류기간, 취업비자의 발급가능성 등과 같은 법적인 이슈를 면밀히 검토하여야 한다. 그리고 제3국 채용인력은 본국 파견인력보다 더욱 복잡한 법률적 문제를 발생시킬 수 있다. 예를 들면, 현지국과 제3국 간에 종교, 인종 및 역사적 갈등이 존재하는 경우 제3국 채용인력의 현지국 파견에는 많은 어려움이 예상될 수 있다.

6.2.2 글로벌 인적자원의 모집방법

글로벌 인적자원의 모집방법(recruitment method)은 내부 모집방법과 외부 모집방법으로 구분하여 논의할 수 있다.[6] 이들을 구체적으로 살펴보면 다음과 같다.

내부 모집방법

내부 모집방법(internal recruitment method)은 글로벌 기업의 내부에서 해외파견 대상자를 모집하는 것을 말한다. 구체적인 모집방법은 다음과 같이 분류될 수 있다.

(1) 사내 공모제도

사내 공모제도(job posting)는 글로벌 기업의 내부에서 지원자를 모집하는 방식이다. 글로벌 기업은 뉴스레터, 게시판, 사내 인트라넷 등을 통하여 지원자를 공모한다는 모집광고를 낸다. 모집광고에는 해외파견과 관련된 직위, 자격 및 지원방법 등에 대한 내용이 게재된다. 〈표 6-1〉은 사내 공모제도의 장점 및 단점을 제시한다.

(2) 사내 직원의 추천

글로벌 기업이 어떤 현지 자회사에 인력을 파견한다는 소식이 사내에 알려진다면, 사내 직원이 적임자를 개별적으로 추천할 수 있다. 이러한 방식으로 모집된 해외파견 대상자는 어느 정도 그 능력이 검증되었다고 볼 수 있다. 일반적으로 상사 또는 동료직원의 오랜 관찰과 경험에 근거하여 추천이 이루어지기 때문에 이 방법은 대체로 효율성이 높은 편이다.

---

6 Vance, C. M./Paik, Y.(2015), p. 214 이하; Evans, P./Pucik, V./Björkman, I.(2011), p. 271 이하; 정수진/고종식(2011), p. 218 이하; 박경규(2010), p. 207 이하.

표 6-1 사내 공모제도의 장점 및 단점

장 점	• 상위 직급의 경우 종업원에게 승진기회 제공 및 사기진작 • 지원자에 대한 평가의 정확성 확보 • 저렴한 모집비용 • 낮은 이직률
단 점	• 외부 인력의 영입이 차단되어 조직의 정체가능성 • 성장기업의 경우 사내 공급의 불충분 • 특정부서의 선발시 연고주의를 고집할 경우 조직 내 파벌조성 가능성 • 지원자의 소속 부서 상사와의 인간관계의 훼손가능성 • 선발과정에서 여러 번 탈락되었을 때 지원자의 심리적 위축감 고조

자료원: 박경규(2010), p. 208.

(3) 기능목록 및 인력배치표

글로벌 인적자원 관리자는 글로벌 기업의 인사 부서에서 보관 및 관리하고 있는 기능목록 및 인력배치표에 기초하여 해외파견 대상자들을 일목요연하게 파악할 수 있다. 이 방법은 해외파견인력이 선발될 때까지 지원자들에게 모집 사실을 전혀 공개하지 않고 진행될 수도 있다. 이 방법을 효율적으로 활용하기 위해서는 평소에 모든 인력의 인사 사항, 특기, 장점 및 단점 등과 같은 정보를 잘 관리할 필요가 있다.

(4) 일시 해고자 이용

글로벌 기업환경의 급격한 악화는 경우에 따라서 근무인력의 일시 해고를 초래할 수도 있다. 만일 해외파견 대상자가 일시 해고자들 중에 있다면 글로벌 기업은 이들을 해외파견 대상자의 리스트에 올릴 수 있다. 일반적으로 이러한 내용은 노사 간의 단체협약에 그 기준이 명시되어 있다. 글로벌 인적자원 관리자는 해외파견인력의 모집시 일시 해고된 유능한 인력을 우선적으로 선발할 수 있다.

외부 모집방법

외부 모집방법(external recruitment method)은 글로벌 기업의 외부에서 해외파견 대상자를 모집하는 것을 의미한다. 구체적인 모집방법은 다음과 같이 구분될 수 있다.

(1) 광 고

글로벌 기업은 광고(advertising)를 통하여 해외파견에 필요한 인력을 모집할 수 있다. 일반적으로 이러한 광고는 신문 및 전문잡지 등과 인쇄매체(print media)와 인터넷(예를 들면, 홈페이지 게재, 배너광고)과 같은 전자매체(electronic media)를 통하여 이루어진다. 물론 TV, 라디오 등과 같은 전파매체(broadcast media)를 활용할 수 있지만, 많은 비용이 발생하는 단점이 있다. 특히, 광고를 통하여 해외파견 대상자를 모집할 경우 회사, 직업 및 직무명세에 대한 광범위한 정보가 지원자들에게 제공될 수 있다.

(2) 교육기관의 추천

글로벌 인적자원 관리자는 교육기관을 통하여 해외파견 대상자를 모집할 수 있다. 예를 들면, 대학(university), 기술대학(technical school) 및 경영대학(business school) 등과 같은 교육기관은 신뢰할 만한 해외파견 대상자의 모집원천이 된다. 왜냐하면 지원자를 직접 교육시킨 기관은 지원자의 기본능력, 잠재능력 및 적성 등에 대한 많은 정보를 보유하고 있기 때문에 매우 신뢰할 수 있다. 또한 글로벌 기업은 본국, 현지국 및 제3국의 교육기관을 통하여 필요한 인력을 추천받을 수 있다.

(3) 인턴십

글로벌 기업은 재학 중인 학생에게 단기간에 걸쳐 인턴십(internship)을 제공하여 일시 고용한 뒤 졸업 후 적임자로 채용할 수 있다. 서구의 기업이 이러한 모집방식을 널리 사용하고 있다. 특히, 글로벌 기업은 우수한 인력을 모집하기 위하여 경영전문대학원 학생(MBA student)을 대상으로 하는 국경초월적인 인턴십을 제공하기도 한다. 글로벌 기업에서 인턴십을 수행한 경험이 있는 지원자는 채용 후 그 기업의 해외파견 업무에 신속하게 적응할 수 있게 된다.

(4) 기존 직원의 추천

직원들의 사기가 높고 기업에 대한 공헌의욕이 강한 글로벌 기업일수록 기존 직원의 추천(employee referral)으로 유능한 외부 인력이 모집될 수 있다. 이것은 기존 직원의 사회적 네트워크(social network)를 활용하는 모집방식이다. 이 방식을 활용하게 되면 유능한 인력을 채용할 수 있는 장점이 있지만, 반면에 채용 후 글로벌 기업 내에 기존 직원의 인맥별로 파벌이 형성될 수 있는 단점이 있다.

(5) 자발적 지원

글로벌 기업이 모집활동을 하지 않았음에도 불구하고 그 기업의 보수가 높고 이미지 또는 평판이 좋다면, 지원자가 전화, 편지, 이메일 또는 방문 등을 통해 스스로 지원할 수 있다. 자발적 지원을 통해 적은 모집비용으로 해외파견 업무에 적합한 인력이 채용될 수 있는 장점이 있지만, 필요로 하는 지원자를 적시에 획득하는 데에는 위험부담이 있을 수 있다. 그러므로 이 방법은 다른 모집방법과 병행하여 활용할 필요가 있다.

(6) 전문 모집회사 및 대행업체

글로벌 기업은 헤드헌터 기업(head-hunting company)과 같은 외부의 전문 모집회사(professional recruiting firm) 및 대행업체(agency)를 통하여 해외파견에 필요한 인력을 모집할 수 있다. 이 경우에 있어서 글로벌 기업은 이들 전문 모집회사 및 대행업체에 인력 중개수수료를 지불하여야 하기 때문에 모집비용이 증대된다.

(7) 경연대회, 공모전 및 시상금

글로벌 기업은 자사의 각종 경연대회(contest)와 공모전(competition)에서 입상하였거나 시상금(fellowship)을 받은 경력이 있는 지원자를 해외파견 대상자로 선택할 수 있다. 이들 해외파견 대상자는 특정주제로 개최한 각종 대회에서 그들의 자질을 어느 정도 인정받았기 때문에 글로벌 기업은 이들을 채용하게 된다.

(8) 인터넷

인터넷(internet)을 통한 모집은 전 세계적으로 널리 사용되고 있다. 글로벌 기업의 홈페이지를 통한 광고, 배너광고(banner advertising), 이메일 발송 등과 같은 전자매체는 시간과 공간의 제약을 초월하여 광범위하게 활용되고 있다. 이 방법은 모집시간을 획기적으로 단축시키는 장점을 갖고 있다.

6.3 글로벌 인적자원의 선발관리

6.3.1 글로벌 인적자원의 선발과정

글로벌 인적자원의 선발과정은 기업에 따라 다를 수 있으나 일반적으로 〈그림 6-1〉과 같이 구성되어 있다. 이 그림에 제시된 바와 같이, 글로벌 인적자원의 선발과정은 직무기술서 작성, 직무명세서 작성, 광고, 서류 전형, 선발후보자 명단작성, 최종 선발, 경력 조회 및 최종 결정 등과 같은 8단계로 구분될 수 있다. 이러한 선발과정을 구체적으로 살펴보면 다음과 같다.[7]

- 직무기술서 작성: 글로벌 기업의 직무기술서(job description)는 해외파견 인력이 현지 자회사에서 수행해야 하는 직무의 내용, 직무수행에 필요

7 박경규(2010), p. 139, p. 217 이하; McCourt, W.(2003), p. 171 이하.

한 원재료, 설비, 작업도구, 직무수행방법과 절차 및 작업조건 등을 의미한다.

- 직무명세서 작성: 글로벌 기업의 직무명세서(job specification)는 해당 직무를 수행하는 해외파견인력이 갖추어야 하는 자격요건(인적 특성)을 말한다. 예를 들면, 직무명세서에는 직무명칭, 직무의 소속직군, 직종, 요구되는 교육수준, 기능과 기술수준, 지식, 정신적 특성, 육체적 능력, 근무경험 및 책임의 정도 등과 같은 개별 인력의 특성이 기록된다.
- 광고: 글로벌 기업은 필요로 하는 해외파견인력을 광고(advertising)를 통하여 모집한 후 선발하게 된다. 이러한 광고는 기업 내부(예를 들면, 뉴스레터, 게시판, 사내 인트라넷 등)뿐만 아니라, 기업 외부(예를 들면, 인쇄매체, 전자매체, 전파매체 등)에도 시행될 수 있다(6.2.2 참고).
- 서류 전형: 서류 전형은 해외파견 지원자가 제출한 서류를 평가하는 과정이다. 이 단계에서는 해외파견과 관련된 직무기술서와 직무명세서에 부합하는 지원자를 서류를 통하여 찾아내는 것이 중요하다.
- 선발후보자 명단작성: 이 단계에서는 서류 전형을 통과한 선발후보자의 명단을 작성한다. 선발후보자의 명단에 포함된 해외파견 지원자는 최종 선발과정에서 선발시험(selection test) 및 선발면접(selection interview) 등에 참가할 수 있는 자격을 얻게 된다.
- 최종 선발: 이 단계에서는 해외파견인력을 최종적으로 선발하기 위한 선발시험 및 선발면접이 이루어진다. 선발시험에서는 심리검사, 필기시험 및 실기시험 등을 통하여 해외파견 지원자의 개인적 능력이 측정된다. 선발면접에서는 해외파견 지원자의 능력 및 개인적 특성이 심층적으로 파악된다.
- 경력 조회: 해외파견인력이 최종 결정되기 전에 최종 선발된 해외파견 대상자에 대한 경력 조회(reference)가 이루어진다. 이 단계에서는 지원서 또는 이력서에 기록된 학력, 직무경험, 자격증, 어학 능력 등이 최종적으로 검증된다.

- 최종 결정: 이 단계에서는 해외파견인력이 최종적으로 선발된다. 글로벌 기업은 최종 결정단계에서 선발된 해외파견 대상자와 해외파견계약을 체결하여야 한다. 일반적으로 해외파견계약은 본사와 해외파견 대상자 사이에 성립된다.

그림 6-1 글로벌 인적자원의 선발과정

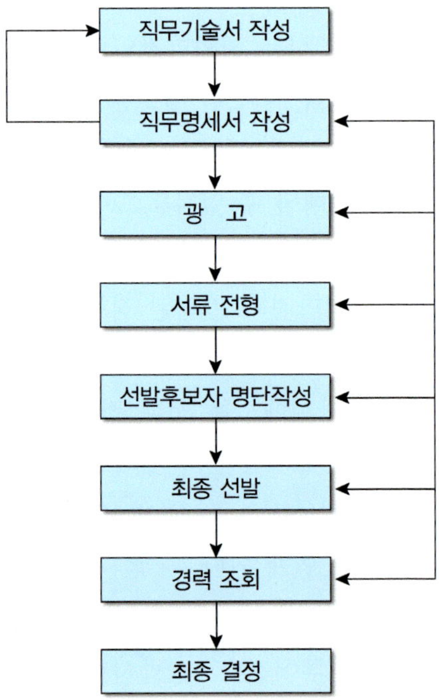

자료원: McCourt, W.(2003), p. 174.

6.3.2 글로벌 인적자원의 선발기준

글로벌 기업은 훌륭한 자질을 갖춘 해외파견인력을 선발하여 현지 자회사에 파견하여야 한다. 이를 통하여 현지국에서의 경영이 원활하게 수행될 뿐만 아니라, 기업의 목표가 효율적으로 달성될 수 있다. 유능한 해외파견인력을 선발하기 위해서는 다음과 같은 선발기준(selection criteria)을 고려하여야 한다.[8]

- 경영적 및 기술적 능력: 현지국에서 기업의 목표를 달성하기 위하여 해외파견인력은 충분한 경영적 및 기술적 능력을 보유하여야 한다.
- 제품 및 정책에 대한 지식보유: 기업이 생산하고 있는 제품, 그리고 기업의 정책에 정통한 인력을 해외에 파견하는 경우, 본사의 강점이 현지 자회사에 신속하게 이전될 수 있다.
- 현지국 환경적응력: 현지국의 다양한 환경에 효과적이고 효율적으로 대응하는 능력은 현지국에서의 업무수행에 긍정적인 영향을 미칠 수 있다. 또한 이러한 환경적응력은 해외파견인력이 현지국에서 직면하게 되는 문화충격을 최소화시키는 역할을 한다.
- 커뮤니케이션 능력: 해외파견인력의 현지어 또는 영어구사 능력, 현지 문화에 대한 이해 능력 등은 현지국에서의 원만한 업무추진을 위해 필수적으로 요구된다.
- 육체적 및 정신적 건강: 현지국의 이질적인 기후조건, 문화적인 차이 등은 육체적 및 정신적인 피로감을 유발할 수 있다. 따라서 해외파견인력의 육체적 및 정신적 건강은 현지국에서의 안정적이고 원활한 업무수행에 큰 도움이 될 수 있다.
- 가족관계: 현지국의 업무상황에 따라 기혼자가 유리할 수도 있고, 미혼자가 유리할 수도 있다. 그러므로 현지국의 상황에 따라 이러한 가족관계를 고려한 파견이 이루어질 필요가 있다.

8 박주홍(2012a), p. 255 이하 수정 재인용; Cavusgil, S. T. et al.(2008), p. 522 이하; Perlitz, M.(2004), p. 411 이하.

News Case 6-1

▶ 해외파견인력의 소득세 납세의무

국내 기업들의 글로벌 시장 진출이 활발하게 이루어지면서 해외파견근무는 해마다 증가하고 있으며, 이에 따라 해외파견인력들의 소득세 신고의무와 기업들의 근로소득 원천징수의무가 수반되기도 한다. 근로소득이라는 종속적 인적용역의 특성상, 근로소득이 지급되는 원인인 근로활동이 물리적으로 제공되는 파견근무지 국가는 해당 소득의 원천국으로서 과세권을 행사하게 된다. 그럼에도 불구하고 근로소득과 관련하여 한국에서도 납세의무가 여전히 발생할 수 있는 이유는 해외파견인력들이 여전히 세무상 거주자로서 국내·외 원천소득에 대한 납세의무를 지기 때문이다.

종합소득세 법정신고기한인 5월경이 되면 과거 해외파견근무 과세기간에 대해 세무상 거주자로서의 납세의무 이행을 주장하고 가산세를 부과하려는 과세관청과 이 기간 동안 세무상 비거주자로서 국외 원천소득인 근로소득에 대한 납세의무가 없음을 주장하는 해외파견인력 간의 갑론을박을 심심치 않게 접하게 된다. 과세관청이 해외파견인력에 대해 파견기간 동안에도 한국의 세무상 거주자로 판단하는 것은 소득세법상 해외파견인력이 생계를 같이 하는 가족이나 자산 상태로 보아 파견이 끝난 후 재입국할 것으로 판단될 때에는 거주자로 보기 때문이다.

2015년 귀속연도부터 적용되는 개정 소득세법에서도 해외파견인력의 세무상 거주자 판정 규정은 더욱 강화되었다. 비거주자가 거주자로 전환되는 근거가 되는 국내 주소와 거소의 판단에 있어 1년을 기준으로 하던 것이 183일로 축소된 반면, 동시에 동전의 양면이라고 할 수 있는 1년 이상 국외에 거주할 것을 통상 필요로 하는 직업을 가진 때에는 국내에 주소가 없는 것으로 보아 거주자가 비거주자로 전환될 수 있는 근거를 제시하던 기존 규정은 183일로 축소된 것이 아니라 아예 삭제되었다.

또한, 내국법인의 국외 사업장 및 해외 현지법인 등의 임직원 등에 대한 거주자 판정 시(구거주자 판정의 특례 규정), 내국법인의 100분의 100을 출자한 해외 현지법인 등으로 규정되어 있던 출자의 정의에 간접 출자도 포함함을 명확히 한 바 있다. 세법 개정을 통한 지속적인 노력에도 불구하고, 과세관청과 납세자인 해외파견인력 간에 세무상 거주자 해석에 있어 좁혀질 수 없는 간극이 발생하는 것은 국내 소득세법상 현행 거주자 판정 규정이 갖고 있는 다음과 같은 한계에서 비롯된다.

1) 거주자 판정의 주요 기준인 국내 주소가 충분히 정의되어 있지 않다. 현행 소득세법상 주소는 국내에서 생계를 같이

하는 가족 및 국내에 소재하는 자산의 유무 등 생활관계의 객관적 사실에 따라 판정한다고 되어 있을 뿐, 보다 명확하게 정의되어 있지 않아 민법상 주소의 개념을 준용하고 있는 실정이다.

2) 납세자가 구체적으로 어떠한 생활관계의 객관적 사실에 따라 주소나 거소의 존재 여부를 판정할 수 있는지 계측과 입증이 가능한 객관적인 판단기준이 상세하게 제시되어 있지 않다.

3) 가족과 자산과 직업, 그리고 체류일까지 납세자의 사실관계에 따라 종합 판단하게 되어 있고, 제반 사실관계가 서로 충돌되는 상황에서 우선적으로 적용될 수 있는 판단기준의 순위가 정해진 바가 없다.

미국, 캐나다, 영국 등의 소득세법과 조세조약 OECD 모델 등의 그 규정과 대비한다면, 도식화할 수 있을 만큼의 구체적이고 계측과 입증이 가능하며 순차적으로 적용될 수 있는 판정 기준이 결여되어 있는 셈이다. 구체성과 객관성, 우선순위가 결여되어 있는 현행 소득세법하에서는 산업구조와 비즈니스 형태, 생활패턴이 나날이 국제화·복잡화되고 있는 해외파견인력들의 다양한 사실관계를 담아내기에 어려움이 많다. 해외근무의 대표적인 유형만 보더라도, 직·간접 100% 출자 현지법인뿐만 아니라, 외국 파트너사와의 합작사, 관계회사, 장기 반복 출장, 병행 근무, 현지채용에 이르기까지 다양한데, 실무상 거주자 판정은 국외 사업장과 직·간접 100% 출자 현지법인만을 열거하고 있는 거주자 판정의 특례 규정을 준용하고 있는 실정이다.

6개월 이하의 단기 파견이 아닌 이상 대부분의 파견근무지 국가에서도 현지의 소득세법에 의거하여 세무상 거주자로 판정될 가능성이 높은 해외파견인력들의 이중거주자 문제는 조세조약을 통해서만 궁극적인 해결이 가능하다. 조세조약상 순차적으로 적용되는 다섯 가지 거주자 판정 기준에 대한 국가 간 상이한 해석과 실무 적용상 한계 등은 논외로 하더라도, 해외의 소득세법 및 판례를 정밀 분석하여 한국형 거주자 판정의 기준을 보다 명확히 수립하고자 하는 움직임이 최근 지속되고 있다.

개정의 방향이 결과적으로 거주자 판정의 강화 혹은 완화이든지 간에 적어도 소득세법에 대한 이해 부족과 해석의 차이로 인한 납세의무 불이행이 양산되는 것을 방지하고 납세자인 해외파견인력이나 원천징수의무자로서 납세협력의무자인 회사의 의무 이행을 위한 노력과 비용이 불필요하게 증가하는 것을 최소화할 수 있다는 측면에서 그 자체만으로도 큰 의미가 있다.

과거 개인의 책임으로만 국한되던 해외파견인력의 소득세에 대해 해외진출의 오랜 역사와 경험을 보유한 유수의 국가와 다국적기업들의 선례가 시사하듯이, 당사자인 해외파견인력뿐만 아니라, 기업과 정부가 관심을 가지고 각자의 노력을 기울여야 하는 이유는 자명하다. 기업의 모든 활동이 온라인상에서 완벽하게 수행되거나 인공지능을 갖춘 로봇이 사람을 대신하는 그 날이 올 때까지 우리 기업들의 글로벌 시장에서의 성공은 결국 해외파견인력을 통해 이루어질 것이다.

자료원: 조세일보, 2015년 9월 2일

6.3.3 글로벌 인적자원의 선발방법

글로벌 인적자원의 선발방법(selection method)은 다음과 같이 분류하여 설명할 수 있다.[9] 이들을 구체적으로 논의하면 아래와 같다.

(1) 잠재성 평가

잠재성 평가(potential assessment)는 글로벌 기업이 선발기준을 확정한 후 이에 근거하여 해외파견 후보자의 잠재적 능력을 평가하는 방법을 말한다. 이 방법에서는 글로벌 기업이 설정하는 본사관점에서의 선발기준이 중요한 역할을 한다. 아울러, 해외파견 후보자가 파견되는 현지 자회사의 관점에서도 선발기준이 설정되면 보다 효율적인 평가가 이루어질 수 있다.

글로벌 기업은 그리드(grid)와 매트릭스(matrix)를 활용하여 각 선발기준에 대한 평가를 진행할 수 있다.[10] 그리드는 격자를 말하며, 이것은 바둑판 모양과 같은 가로와 세로의 선들이 만나 나타내는 모양을 뜻한다. 즉, 글로벌 인적자원 관리자는 그리드로 표를 만들어 선발기준에 대한 가중치 및 점수를 부여하여 해외파견 후보자의 잠재적 능력을 파악할 수 있다. 매트릭스는 수학에 있어서 행렬을 의미하며, 경영학에서는 이러한 매트릭스를 의사결정을 위해 활용하고 있다. 글로벌 인적자원 관리자는 가로로 배열된 행(row)과 세로로 배열된 열(column)을 활용하여 해외파견 후보자의 잠재성을 확인할 수 있다.

---

9 박주홍(2012a), p. 256 이하; Evans, P./Pucik, V./Björkman, I.(2011), p. 285 이하; 박경규(2010), p. 229 이하.

10 박주홍(2012b), p. 203 이하; Daniels, J. D. et al.(2004), p. 396 이하.

(2) 자발적 지원

앞서 논의한 바와 같이 이 방법은 글로벌 기업이 모집활동을 하지 않았음에도 불구하고 기업 내부 또는 기업 외부에서 자발적으로 지원한 해외파견 후보자들 중에서 해외파견 적임자를 선발하는 것이다. 즉, 글로벌 인적자원 관리자는 자발적으로 지원한 해외파견 후보자들 중에서 현지 자회사가 필요로 하는 인력을 선발한다(6.2.2 참고). 이렇게 선발된 해외파견 대상자는 현지 자회사 근무에 대한 동기부여의 정도가 매우 높을 수 있다.

(3) 사내 직원의 추천

글로벌 인적자원 관리자는 사내 직원의 추천으로 모집된 해외파견 후보자들 중에서 해외파견 적임자를 선발할 수 있다. 앞서 논의한 바와 같이, 이 방법을 통하여 선발된 해외파견 적임자는 어느 정도 그 능력이 검증되었다고 볼 수 있다. 일반적으로 상사 또는 동료직원의 오랜 관찰과 경험에 기초하여 추천과 선발이 이루어지기 때문에 이 방법은 매우 유용하다고 할 수 있다(6.2.2 참고).

(4) 테스트

글로벌 인적자원 관리자는 테스트(test)를 통하여 해외파견 대상자를 선발할 수 있다. 즉, 모집된 해외파견 후보자들 중에서 그들의 자질을 시험을 통해 확인한 후 해외파견 대상자를 선발한다. 테스트는 여러 가지 형태의 검사를 말하며, 여기에는 심리검사(예를 들면, 성격검사, 지능검사, 적성검사, 직업흥미검사 등), 전기자료(지원서, 신상명세서, 신원조회 및 추천서, 이력서와 자기소개서 등), 필기시험 및 면접 등이 있다.

(5) 인터뷰

인터뷰(interview)는 테스트의 한 방법이며 면접이라고 한다. 이 방법에서는 인터뷰를 통해 해외파견인력이 선발되며, 해외파견 후보자의 심리 및 태도 등에 대한 다양한 형태의 심층 인터뷰가 수행된다. 해외파견 대상자를 선발하기 위해 개별 인터뷰, 집단 인터뷰 및 위원회 인터뷰 등과 같은 다양한 형태의 인터뷰가 진행될 수 있다.

(6) 평가센터

글로벌 인적자원 관리자는 기업 내부 또는 외부의 평가센터(assessment center)에 의뢰하여 적합한 자질을 갖춘 해외파견인력을 선발할 수 있다. 이 방법은 주로 관리직 해외파견인력을 선발할 때 많이 쓰이며, 해외파견 지원자를 특정장소에 합숙시키면서 여러 종류의 선발방법을 동원하여 지원자를 평가한다. 이 방법은 지원자의 능력 및 개인적 특성을 잘 파악할 수 있는 장점을 가진 반면, 선발비용이 많이 소요되는 단점을 갖고 있다.

6.4 글로벌 인적자원과 여성인력의 특수성

글로벌 인적자원과 여성인력의 특수성은 여성인력의 해외직무와 가사라는 이중역할에 의해 발생되는 경향이 있으며, 본인뿐만 아니라 글로벌 기업 차원에서도 스트레스의 원인으로 작용할 수 있다. 일반적으로 여성인력의 이중역할의 부담은 다음과 같은 문제를 야기시킨다.[11]

- 직무와 가사로 인한 부담가중: 일반적으로 결혼한 여성인력의 경우 직무와 가사로 인한 스트레스가 증가한다. 미혼인 경우에 이러한 부담은 거의 없는 것으로 보인다.
- 직무와 가사로 인한 시간부족: 직무와 가사의 병행으로 인한 시간부족으로 직무몰입이 어려울 수 있으며, 이로 인하여 심리적 부담감이 증대될 수 있다.
- 주요 직무 배제 및 승진가능성 제한: 여성인력은 주요 직무에서 배제되

11 정수진/고종식(2011), p. 322 이하.

기 쉬우며, 이른바 유리천장(glass ceiling) 때문에 높은 직위로의 승진가능성에 제약을 받을 수 있다. 여기에서 유리천장은 회사 내에서 여성의 승진을 막는 보이지 않는 장벽을 의미한다.

- 직장 생활의 변화초래: 배우자의 전근으로 인한 주거이전, 자녀교육 및 가족부양 등으로 인한 직장 생활에서의 변화가 초래되며, 이로 인하여 직무의 계속적 유지와 관련된 불안감이 증대될 수 있다.

글로벌 인적자원 관리자는 다음과 같은 내용을 고려하여 여성인력을 현지 자회사로 파견할 수 있다.[12]

- 미혼 여성의 해외파견: 미혼 여성의 해외파견은 기혼 여성보다 더 자유로울 수 있다. 즉, 글로벌 인적자원 관리자는 미혼 남성과 차별 없이 미혼 여성을 해외파견 대상자로 선발해도 무방하다.
- 기혼 여성의 해외파견: 기혼 여성의 해외파견은 많은 어려움을 야기시킬 수 있다. 특히, 배우자의 직장 및 육아 문제가 유능한 기혼 여성인력의 해외파견을 주저하게 만들 수 있다.
- 여성 차별(gender discrimination)의 가능성: 글로벌 인적자원 관리자가 해외파견과 관련하여 여성 차별적인 의사결정을 내린다면, 사회적 및 법적으로 문제가 될 수 있다. 그러므로 여성인력의 특수성을 잘 고려하여 해외파견 대상자를 선발하는 것이 바람직하다.

News Case 6-2

▶ 한국 기업의 유리천장

LG는 올 초 단행됐던 정기인사에서 처음으로 그룹 공채 출신 여성인력을 전무이사로 승진 발탁했다. 화제의 주인공은 LG생활건강 생활용품상업부장 L전무이다. L전무는 지난 1986년 럭키에 입사해 LG생활건강 퍼스널케어 마케팅부문장 상무, 용품사업부장 상무를 거쳐

12 Linehan, M.(2006), p. 185 이하; McCourt, W.(2003), p. 191 이하.

입사 27년 만에 전무로 승진했다. 특히 지원 분야가 아닌 하나의 사업장을 책임지는 요직에 선임되면서 세간의 이목이 집중되었다.

비슷한 시기인 올 1월 삼성전자에서도 눈길을 끄는 인사가 있었다. 삼성전자 Y부장이 뉴질랜드지점장으로 선임돼 회사 역사상 최초의 여성 해외지점장이 탄생한 것이다. 1994년 입사한 Y부장은 2004년에는 동남아 싱가포르로 발령받으며 여성 1호 주재원으로 근무했다. Y부장은 이번 발령으로 한 지역의 매출을 책임지는 막중한 역할을 맡게 되었다.

국내 대기업이 그동안 제대로 활용하지 못했던 여성인력을 적극 육성하고 있다. 기업의 성장 잠재력을 높이는 동시에 21세기에 맞는 선진 시스템을 정비하기 위한 필연적인 선택이다. 그러나 대기업에서 여성 최고경영자(CEO)들이 쏟아져 나와야 진정한 양성평등 인사 시스템의 길이 열릴 것이라는 게 여성계의 시각이다. 여성계의 한 관계자는 "지난 십 수년간 여성인력 확대에 맞춰졌던 대기업들의 인사정책 초점이 여성 CEO 탄생이라는 한 단계 진화된 과업으로 모아지고 있다"면서 "삼성과 LG, SK, 롯데 등 주요 대기업들은 그동안 여성 채용을 늘리고 복지제도를 정비했던 만큼 이제는 여성 CEO를 다수 배출해야 한다"고 말했다.

산업계에서도 여성 CEO 탄생이 기업의 발전에 유익하다는 관점을 갖고 있다. 여성 CEO 배출은 곧 '여성 임직원 롤모델 증가→여성인력 동기부여→기업 내 친여성정책 효과 제고→여성 CEO 후보 인재 증가'라는 선순환구조를 정착시키는 지름길이기 때문이다.

전문가들은 여성 리더 탄생을 위한 방안으로 여성 CEO 후보 인재 풀(pool) 형성, 보이지 않는 승진의 벽, 즉 유리천장(glass ceiling) 극복, 성별에 따른 직무차별을 뜻하는 유리벽(glass wall) 극복 등을 꼽는다. LG생활건강의 L전무나 삼성전자의 Y부장 사례처럼 유리천장과 유리벽을 함께 깨야만 의미 있는 여성 CEO 후보군 확대가 가능하다는 얘기다.

다행히 국내 대기업은 우수한 여성인력들이 CEO 후보군으로 성장하는 초입 단계에 발을 들여놓은 것으로 보인다. 삼성경제연구소 K선임연구위원은 "국내 산업이 그동안 압축성장을 해 온 만큼 여성인력 육성 역사 또한 상대적으로 짧지만 과장급 이상의 관리자 여성인력들이 늘고 있는 현상은 고무적"이라

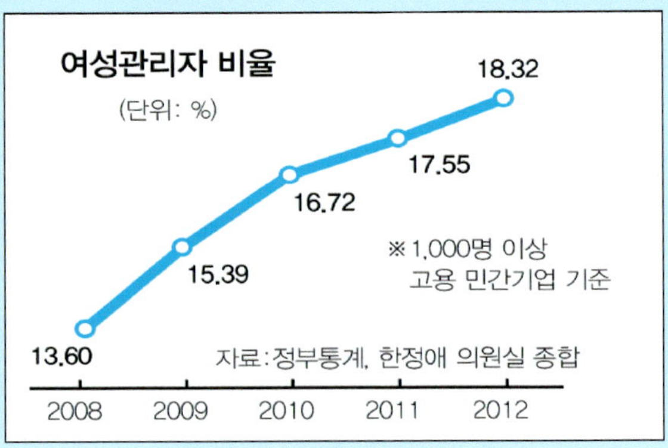

며 "더욱이 1990년 전후 공채를 통해 입사한 우수한 여성인력들이 CEO 후보 인재 풀을 형성하기 시작했다"고 진단했다.

민주당 H의원이 5월 발표한 자료에 따르면 지난해 기준 임직원 1,000명 이상 민간기업의 여성 고용률은 37.52%, 여성 관리자 비율은 18.32%, 임원 비율은 7.32%를 기록했다. 대기업 내 관리자 10명 중 8명은 여전히 남성인 셈이다. 포춘 500대 기업 분석에서도 여성 관리자 비율이 32.9%로 관리자 10명 중 7명이 여전히 남성으로 나타났다. 여성 관리자 육성이 비단 한국 대기업만의 문제는 아닌 셈이다. 국내 대기업은 오히려 2008년과 비교해 여성 관리자 비율이 4.72%포인트 늘어나는 등 빠른 속도로 개선이 이뤄지는 분위기다.

하지만 CEO급을 살펴보면 얘기가 달라진다. 미국의 경우 2012년 기준 포춘 500대 기업 가운데 펩시와 제록스, IBM을 비롯한 18개 기업이 여성 CEO다. 특히 이 중 14명이 내부승진을 통해 CEO로 성장했다. 반면, 한국은 상장기업 가운데 여성 CEO 비율이 1%에 불과하며 현재 10대 그룹 가운데 오너 일가를 제외한 여성 계열사 CEO는 없다. K선임연구원은 "다행인 점은 현재 각 기업들의 여성 관리자 비율이 빠른 속도로 늘어나고 있다는 것"이라며 "여성들의 인식 역시 과거엔 결혼 후 적정 시기가 되면 퇴사한다는 생각이 많았지만 최근 들어서는 일과 가정을 병행하는 여성인력이 늘어나면서 여성 CEO가 대거 배출될 날도 머지않았다"고 전망했다.

여성 관리자 및 CEO 인재 풀 형성과 별도로 대기업 여성 관리자들의 직무는 여전히 '보이지 않는 벽(glass wall, 유리벽)'을 넘지 못하고 있다. 유리벽이란 여성들의 보이지 않는 승진한계선을 일컫는 유리천장과 달리 여성들이 비핵심업무만 맡으며 직무상 받는 불이익을 일컫는 용어이다. 포춘의 분석에 따르면 미국 주요 기업들의 여성 임원은 사업부장이나 재무, 회계보다는 홍보나 비서 등 지원업무를 주로 담당하는 것으로 나타났다.

국내 대기업의 사정도 비슷하다. 서울경제신문이 확인한 바에 따르면 임원들의 직무를 공개한 주요 기업들 가운데 여성 재무책임자(CFO)를 둔 곳은 GM대우가 유일했다. 외국계열이 아닌 순수 국내 그룹사 가운데서는 핵심보직을 맡은 여성 임원을 찾아보기 힘들다. LG유플러스 Y상무가 회계담당으로 일하고 있는 정도다. LG는 전체 15명의 여성 임원 중 사업 분야를 책임지는 사업부장이 3명으로 직무를 공개한 기업 가운데 비율이 높은 편이었다. 이 밖에 공개된 여성 임원 보직의 경우 디자인, 온라인, 문화교육 등이 대부분을 차지했으며 마케팅과 마케팅전략 분야에서 여성 임원들이 활약하고 있는 정도였다.

K선임연구원은 "CEO가 되기 위해서는 사업부의 리더로서 손익 책임을 지는 다양한 업무 경험이 필요하다"며 "포춘 500대 기업

의 CEO는 대부분 사업부장이나 CFO, 최고 운영책임자(COO) 등을 경험했다"고 말했다.

삼성그룹의 사원 정기인사 역사에서 2011년은 이례적인 해로 꼽힌다. 당시 그룹 전체에서 80명에 이르는 여성 부장이 한꺼번에 탄생했기 때문이다. 이는 2010년보다 4배 많은 여성 부장 승진자다. 이 같은 부장급 여성 인력의 급증은 삼성이 1992년 처음 여성 공채를 실시해 약 20년이 흐른 2011년을 기점으로 이들의 승진이 본격화됐기 때문으로 풀이된다. 삼성전자의 경우 전체 인력 가운데 여성인력이 이미 37%에 달해 앞으로 여성 관리자 수는 더 늘어날 것으로 전망된다. 삼성전자 외에도 국내 5개 그룹 및 계열사의 여성 고용 및 채용률을 보면 LG는 그룹 전체 신입사원 가운데 여성 채용 비율이 37%에 이른다. 롯데 역시 여성 신입사원 채용 비율이 40%에 달했으며 SK 역시 매년 여성이 30% 이상을 차지한다. 코오롱은 이미 지난해 코오롱워터앤에너지 L부사장이 대표이사를 맡으며 그룹 내 첫 여성 CEO가 탄생했으며 대표적인 남초 업종기업인 포스코에도 공채 1기 여성 직원이 임원승진을 코앞에 두고 있다.

이에 따라 선두 대기업의 여성정책이 채용 확대, 모성보호 단계를 넘어 여성 리더십 육성으로 진화해야 한다는 목소리가 높아지고 있다. 일부 기업에서는 실제 여성 리더십 정책을 구체화하기 시작했다. 삼성은 2011년에 오는 2020년까지 여성 임원의 비율을 10%까지 끌어올린다는 내부목표를 세웠으며 SK는 여성 팀장 후보군 40명을 대상으로 현 임원들이 멘토링을 실시하고 있다. 과장 이상 관리자급 인력들도 별도의 교육을 받는다. 롯데도 지난해 처음으로 와우(Way Of Women, WOW) 포럼을 열고 여성 리더 육성에 나섰다.

물론 아직 여성 채용을 늘리는 것이 현안인 대기업도 여전히 존재한다. 기계, 조선, 철강, 자동차 등 중공업 계열의 경우 1,000명 이상 민간기업 가운데 여성 관리자 비율이 1.26%로 전체(18.75%)에 크게 못 미쳤다. 일부 기업은 여성 임원이 한 명도 없는 곳이 상당수 존재한다. 이는 업종별 특성에 따른 구조적 원인이 있다는 것이 업계의 설명이다. 한 중공업체 관계자는 "사업 성격상 엔지니어링 인력이 전체 인력의 상당수를 차지하는데, 공대 출신 여성의 비율 자체가 낮다"며 "최근 공대 내 여학생 비중도 늘어나는 만큼 여성인력 채용 비중도 점차 늘어날 수 있을 것"이라고 설명했다.

자료원: 서울경제, 2013년 9월 16일

제 7 장

글로벌 인적자원의 교육훈련

7.1 글로벌 인적자원의 교육훈련의 의의

글로벌 인적자원의 교육훈련(education and training)은 해외파견인력들을 대상으로 직무에 대한 지식이나 기술을 교육시켜, 그들로 하여금 현지 자회사에서 잘 근무할 수 있도록 지원하는 다양한 형태의 교육 프로그램을 포괄한다. 이러한 교육훈련의 개념 속에는 개별인력의 자기계발 및 글로벌 기업의 조직목표의 달성이라는 두 가지 목적이 포함되어 있다. 다음과 같은 경우에 글로벌 인적자원에 대한 교육훈련이 수행될 수 있다.

- 해외파견인력이 현지 자회사에 배치되기 전에 경영 및 기술능력이 부족한 경우
- 현지 자회사에서의 근무와 관련하여 새로운 지식의 습득(예를 들면, 현지 채용인력과의 커뮤니케이션과 관련된 지식)이 요구되는 경우
- 현지 자회사의 경영 및 운영과 관련하여 특수한 지식(예를 들면, 현지 자회사에서의 회계보고 시스템)의 습득이 요구되는 경우

해외파견인력의 선발이 완료된 후, 글로벌 기업의 본사는 현지국의 경제적, 사회문화적 및 정치적 환경 등에 대하여 파견 대상자들이 잘 적응할 수 있도록 지원하기 위하여, 그리고 현지국에서의 문화충격(culture shock)을 예방하기 위하여 적절한 교육훈련을 실시하여야 한다. 이러한 교육훈련을 통하여 해외파견인력은 현지 자회사의 경영전반에 대한 지식뿐만 아니라, 현지국에 대한 다양한 정보를 습득할 수 있다. 교육훈련의 목적은 해외파견인력의 현지 적응 또는 동화를 촉진하고, 현지 자회사를 효율적으로 운영하는 데 있다. 경우에 따라서 교육훈련은 해외파견직원의 가족을 대상으로 실시되기도 한다. 일반적으로 교육훈련은 다음과 같이 이루어진다.[1]

1 박주홍(2012a), p. 257 이하 재인용; 최순규/신형덕 역, Hill, C. W. L. 저(2009), p. 768 이하;

- 지역연구(area studies): 이것은 현지국의 역사적, 정치적 및 경제적 환경 등에 대한 사실적 지식을 파견 대상자들에게 교육하는 것을 말한다. 이러한 교육훈련은 현지국에 대한 이해의 폭을 넓힐 뿐만 아니라, 현지근무에 따른 이질감 또는 불안감을 해소시킬 수 있다.
- 문화훈련(cultural training): 이것은 현지국의 문화를 올바르게 인식시켜 주기 위한 목적으로 실시된다. 현지국의 문화, 역사, 정치, 경제, 종교와 사회, 그리고 경영실무에 대한 훈련을 받음으로써 해외파견인력은 현지국 인력을 효과적으로 다룰 수 있는 능력을 배양할 수 있다. 그리고 해외파견인력의 배우자 또는 가족들의 현지 적응을 돕기 위하여 문화훈련을 실시하는 것이 바람직하다.
- 언어훈련(language training): 영어는 글로벌 기업이 해외활동을 수행하는데 있어서 반드시 필요한 언어로 인식되고 있다. 하지만 현지국에서의 원활한 커뮤니케이션을 위하여 현지어를 교육할 필요성이 제기되고 있다. 특히, 현지어 교육을 통하여 해외파견인력은 현지인과 융합하고, 현지문화와 더욱 가까워질 수 있는 기회를 제공받게 된다.
- 실무훈련(practical training): 이것은 해외파견인력과 그 가족이 현지국에서의 일상적인 삶에 잘 적응할 수 있도록 도와준다. 실무훈련에서는 주택, 보건, 교육 및 일상생활과 관련된 정보가 제공되어야 한다. 또한 현지국에서의 근무를 마치고 귀국하였거나 현지국에서 근무하고 있는 직원과 그 가족과의 대화를 통하여 해외파견인력과 그 가족의 현지국 정착이 원활하게 이루어질 수 있다.

Cavusgil, S. T. et al.(2008), p. 524.

News Case 7-1

▶ 한국 기업의 글로벌 인재양성

글로벌헬프데스크, 외국어생활관, 근골격계 예방센터, 힐리언스명상센터, 경력컨설팅센터, 창의개발연구소…. 이런 희한한 조직과 연구소를 둔 기업은 어디일까? 국내 최대 기업인 삼성전자이다. 이 회사는 2000년대 중·후반부터 이런 연구소와 지원센터 등을 잇따라 개설했다. 외국어생활관은 임직원의 능력 계발을 위해, 근골격계예방센터는 육체적 건강을 위해, 힐리언스명상센터는 정신적 건강을 돕기 위해 건립했다. 또 퇴직자를 위한 경력컨설팅센터를 개설해 전직을 돕고 있다. 이 같이 건강, 복지, 퇴직 후 지원까지 회사가 챙기며 일에만 몰두할 수 있게 되자 우수한 인재들이 삼성전자로 몰리고 있다. 인재경영이 삼성전자의 성공을 이뤄낸 밑바탕으로 분석되는 이유이다.

인재경영은 기업활동의 정수로 꼽힌다. '인재경영의 창시자'로 불리는 미국 스탠퍼드대 경영대학원 P석좌교수는 최근 한국경제신문과의 인터뷰에서 "리더 한 사람이 위기상황에서 기업을 구할 수 있다고 생각하지 않는다"며 "좋은 인재를 끌어들여 이들이 조직을 떠나지 않도록 하는 것이 성공하는 기업의 비결"이라고 말했다. 그는 "직원들이 잠재력을 최대한 발휘할 수 있도록 도와주는 것이 이상적인 리더의 역할"이라고 강조했다.

최근 중국의 추격으로 위기에 처한 한국 기업들이 인재경영엔 아낌없이 투자하는 것도 인재를 통해 위기를 기회로 만들기 위해서이다. 현대·기아자동차는 글로벌 경영이 가속화하면서 글로벌 사업장이 있는 지역의 언어, 문화, 관습 등에 정통한 지역전문가 양성 및 현지채용인력에 대한 일체감을 높이는 교육 프로그램을 운영하고 있다.

1년 동안 세계 어디든 원하는 지역에 보내 견문을 쌓게 하는 지역전문가 과정은 삼성그룹 인재경영의 핵심이다. 매년 1,200억 원 가량을 임직원 교육에 투자하는 삼성전자는 지난해 국내 최대 규모의 자체 인재개발원을 경기 용인 서천지구에 개원하기도 했다.

LG전자는 전통적인 각종 교육과정 외에 임직원들 간의 지식과 경험을 공유하는 '이그나이트(Ignite) LG'라는 프로그램을 2011년부터 운영하고 있다. 지식강연인 '테드(TED)'와 비슷한 지식나눔의 장으로, LG전자판 테드라고 불린다. SK그룹은 신입사원이 입사하면 최고경영진과 대화할 수 있는 기회를 준다. 최고경영자(CEO)와 신입사원 간 소통을 통해 공감대를 넓히고 신입사원들에게 'CEO로 성장할 수 있다'는 자신감을 심어주기 위해서이다.

한화그룹은 자기계발 의지가 뛰어난 사원, 대리 초년차 직원을 대상으로 해외파견 근무 기회를 제공하는 '글로벌 탤런트 프로그램'

을 운영한다. 임원을 대상으로는 매월 경영이슈와 신사업 트렌드, 인문학 등 다양한 주제로 조찬특강을 하고 있다. 금호아시아나그룹의 아시아나항공은 우수 객실 승무원을 뽑아 선진국 전문 교육시설에 보내 와인전문가, 요리전문가, 서비스리더 등으로 양성하는 '서비스 MBA 과정' 등을 운영 중이다. 두산은 임직원 교육을 위한 그룹 연수원인 'DLI 춘천'을 건립하고 있다. 지난해 7월 기공식이 열렸고, 내년 말 준공 예정이다. GS칼텍스는 임직원에게 1인당 연간 85시간 교육기회를 제공한다. LS그룹은 차세대 경영자를 육성하겠다는 목표로 LS MBA, 석사학위 과정 등 다양한 교육 프로그램을 지원하고 있다.

자료원: 한국경제, 2015년 9월 17일

7.2 글로벌 인적자원의 교육훈련의 분류

7.2.1 해외파견 이전의 교육훈련

해외파견 이전의 교육훈련(pre-departure training)은 현지 자회사에 파견되기 이전의 시점에 본사에서 수행된다. 이러한 교육훈련은 본사에 의해 진행될 뿐만 아니라, 비교적 친숙하고 동질적인 본사국에서 수행되기 때문에 교육훈련 대상자들은 심리적인 안정감을 유지하며 교육훈련에 임할 수 있다.

앞서 논의한 바와 같이 해외파견 이전의 교육훈련은 지역연구, 문화훈련, 언어훈련 및 실무훈련 등과 같은 다양한 형태로 이루어지게 된다. 경우에 따라서 해외파견 대상자의 가족을 위한 교육훈련이 수행되기도 한다. 이러한 교육훈련은 다음과 같은 목표를 달성하여야 한다.

- 글로벌 기업의 전체의 통합: 해외파견인력의 교육훈련을 통하여 글로벌 기업 전체의 통합이 추구되어야 한다. 본사와 현지 자회사, 그리고 현지 자회사와 현지 자회사 간의 원활한 네트워크의 구축은 해외파견인력에 의해 이루어지는 것이 바람직하다.

- 문화충격의 최소화: 글로벌 경영의 관점에서의 문화충격(culture shock)은 직원들이 완전히 다른 현지국의 사회문화적 환경에 있을 때 느끼는 불안한 감정적 상태를 의미한다. 즉, 해외파견인력은 현지국의 새로운 사회문화를 소화하는 데 어려움을 겪을 수 있기 때문에 해외파견 이전에 이에 대응하고 문화충격을 최소화시킬 수 있는 교육훈련이 요구된다.
- 커뮤니케이션 능력의 극대화: 본사에서 현지 자회사로 파견되는 인력은 현지 자회사에서 근무하는 동안 현지채용인력뿐만 아니라, 현지국의 업무상 관련된 당사자들(예를 들면, 관청의 공무원, 현지국의 소비자, 공급자 등)과 원활한 언어적(음성언어, 외국어, 영어 등) 또는 비언어적(제스처, 손짓, 몸짓 등) 커뮤니케이션 능력을 발휘하여야 한다. 해외파견 이전의 교육훈련은 해외파견인력의 커뮤니케이션 능력이 극대화되도록 설계되고 수행되어야 한다.
- 경영 및 기술이전의 원활화: 본사로부터 현지 자회사로의 경영 및 기술이전은 해외파견인력이 담당해야 하는 가장 중요한 역할의 하나이다. 그러므로 체계적인 교육훈련은 해외파견인력에 의한 현지 자회사로의 경영 및 기술이전을 원활하게 하도록 지원한다.
- 현지 자회사로의 신속한 적응: 현지국과 현지 자회사의 이질적인 환경에 신속하게 적응하기 위한 교육훈련이 요구된다. 일반적으로 이러한 교육훈련은 문화훈련 및 실무훈련과 관련되어 있다.

7.2.2 해외파견 이후의 교육훈련

해외파견 이후의 교육훈련(post-arrive training)은 현지 자회사에 파견된 이후의 시점에 현지 자회사에서 실행된다. 이러한 교육훈련은 현지 자회사에 의해 수행될 뿐만 아니라, 비교적 생소하고 이질적인 현지국에서 수행되기 때문에 교육훈련 대상자들은 스트레스 상황에 노출될 가능성이 있다. 이러한 교육훈련을 통하여 다음과 같은 목표가 달성될 수 있다.

- 현지 자회사의 원활한 운영: 일반적으로 현지 자회사는 본사에서 파견된 인력과 현지 자회사에 채용한 인력의 상호 협력에 의해 운영된다. 그러므로 현지 자회사를 원활하게 운영하기 위해서는 해외파견인력을 대상으로 하는 현지 자회사에서의 체계적인 교육훈련이 필요하다. 일반적으로 해외파견인력에 대한 교육훈련은 직장 내 교육훈련(On-the-Job-Training, OJT)의 형태로 실행되는 경향이 있다.
- 이전된 경영 및 기술의 현지화: 현지 자회사로 파견된 인력은 현지 자회사에서의 교육훈련을 통하여 본사에서 현지 자회사로 이전되는 경영 및 기술과 관련된 노하우를 현지화시켜야 하는 책임을 지고 있다.
- 현지국 환경으로의 원활한 적응: 현지국에서 수행되는 다양한 형태의 교육훈련은 해외파견인력과 그들 가족이 현지국 환경에 원활하게 적응하도록 하는 데 도움을 주어야 한다.
- 본사와의 커뮤니케이션 능력의 향상: 해외파견인력은 현지 자회사에서 근무하는 동안 본사와의 커뮤니케이션을 원활하게 수행하기 위하여 관련된 교육훈련을 받아야 할 필요가 있다. 이러한 커뮤니케이션은 업무 및 보고관련 사항들을 포괄하고 있다. 즉, 해외파견인력은 현지 자회사에서 발생하는 모든 경영상의 문제에 대하여 본사에 보고할 책임을 지고 있으며, 이에 대한 교육훈련을 받아야 한다.
- 현지채용인력의 원활한 활용: 현지 자회사에 파견된 인력은 현지 자회사에서 제공되는 부가적인 교육훈련을 통하여 현지채용인력을 보다 원활하게 활용할 수 있는 능력을 함양할 수 있다. 해외파견 이전의 교육훈련도 중요하지만, 해외파견 이후의 교육훈련은 현지채용인력에 대한 보다 체계적인 이해를 하도록 하는 데 큰 도움이 될 수 있다.

〈표 7-1〉은 해외파견 이전과 해외파견 이후의 주요 차이점을 비교하고 있다.

표 7-1 해외파견 이전과 해외파견 이후의 차이점 비교

차 원	해외파견 이전	해외파견 이후
시 간	• 해외파견 개시 이전에 수행됨.	• 해외파견 개시 이후 또는 도착 후에 수행됨.
횟 수	• 비용 때문에 횟수가 많지 않음.	• 해외파견인력이 파견이 되었기 때문에 보다 효율적이며, 횟수가 비교적 많음.
장 점	• 해외파견인력이 현실적인 기대를 하며, 그들이 파견되는 국가에 대한 기본적 이해가 가능함.	• 해외파견인력이 현지에서 실시간으로 신속하게 교육을 받기 때문에 잠재적으로 보다 효과적임.
단 점	• 장기적 효과를 추구하기에는 교육기간이 너무 짧음. • 해외파견 이전의 스트레스 상황이 실제의 상황과 다를 수 있음.	• 실시간 교육 개입요소가 없는 한, 도착 후 교육훈련은 사후 반응적으로 수행될 수 있음.

자료원: Parkinson, E./Morley, M. J.(2006), p. 119.

7.3 글로벌 인적자원의 교육훈련의 방법

7.3.1 언어훈련

언어훈련(language training)은 어학능력의 향상을 위해 수행되는 언어적인 훈련을 말하며, 해외파견 이전에 이루어지는 것이 바람직하다. 일반적으로 해외파견인력이 습득해야 하는 언어로 영어와 현지국 언어(host-country language) 등을 들 수 있다. 효율적인 커뮤니케이션 측면에서 볼 때, 해외파견인력이 현지국에서 업무를 수행하기 위해서 통역 및 번역을 활용하는 것은 많은 제약이 따를 뿐만 아니라, 큰 비용이 유발될 수 있기 때문에 영어 및 현지국 언어를 자유자재로 구사하는 것이 매우 중요하다. 아래에서는 세계 비즈니스 언어로

서의 영어의 역할, 현지국 언어 구사능력 및 기업 공용언어 등에 대하여 간략히 살펴보기로 한다.[2]

- 세계 비즈니스 언어로서의 영어의 역할: 일반적으로 영어는 세계 비즈니스 언어(language of world business)로 받아들여지고 있다. 영어를 모국어로 사용하는 영어권에서 글로벌 기업이 활동하는 경우에는 영어의 사용이 당연시될 수 있다. 또한 영어가 공용어로 사용되고 있는 국가(예를 들면, 인도, 영어를 사용하는 아프리카 국가들)뿐만 아니라, 영어가 공용어로 사용되지 않는 국가에서 기업활동을 하는 경우에도 영어를 비즈니스 언어로 사용하는 것이 바람직하다. 글로벌 기업은 해외파견인력을 위한 별도의 영어교육을 실시할 수 있다. 그러나 영어 구사능력이 뛰어난 인력을 채용한 경우에는 별도의 영어교육이 필요치 않다.
- 현지국 언어 구사능력: 해외파견인력이 현지 자회사에서 현지인 또는 현지채용인력과 보다 원활한 커뮤니케이션을 하기 위해서는 현지국 언어를 구사하는 것이 중요하다. 현지국 언어는 세계 비즈니스 언어로 인식되고 있는 영어와는 달리 해외파견인력이 잘 구사할 수 없는 언어에 속할 수 있다. 그러므로 해외파견인력이 해외파견 이전에 일상생활에 필요한 기본적인 현지국 언어를 학습하게 된다면, 이들은 해외파견 이후 현지채용인력과의 유대감 또는 일체감을 형성할 수 있다. 모든 해외파견인력이 현지국 언어를 유창하게 구사한다는 것은 거의 불가능하기 때문에 현지 자회사에서의 원활한 커뮤니케이션을 위하여 해외파견인력 중에서 일부 인력을 현지국 언어를 능통하게 구사하는 인력으로 충원하는 것이 필요하다.
- 기업 공용언어: 글로벌 기업은 원활한 보고체계를 유지하고 적절한 통제 메커니즘을 운영하기 위하여 기업 공용언어(common company language)를 선택할 필요가 있다. 일반적으로 영어가 기업 공용언어로 널리 사용되고 있다. 그러나 남미에서 주로 활동하는 글로벌 기업은 스페인어를,

2 Dowling, P. J./Festing, M./Engle, Sr., A. D.(2008), p. 144 이하.

프랑스어권 아프리카를 주요 무대로 하는 글로벌 기업은 프랑스어를, 중화권에서 주로 운영되는 글로벌 기업은 중국어를 기업 공용언어로 각각 채택할 수 있다.

7.3.2 해외파견 대상자에 따른 교육훈련

해외파견 대상자에 따른 교육훈련은 신입사원, 근로자 및 관리자 등으로 구분하여 진행될 수 있다.[3]

신입사원 교육훈련

신입사원이 입사 후 바로 해외파견 대상자로 선발될 수 있다. 이와 관련된 신입사원 교육훈련은 직장 내 교육훈련 및 멘토 시스템을 통해 이루어질 수 있다.

- 직장 내 교육훈련(On-the-Job-Training, OJT): 이것은 해외파견 대상자로 선발된 신입사원이 현재 부여받은 직무를 그대로 수행하면서 직장의 상사로부터 해외파견과 관련된 교육훈련을 받는 것을 말한다. 이러한 방법을 통하여 교육훈련을 받은 해외파견 대상자는 현지 자회사의 업무에 보다 신속하게 적응할 수 있다.
- 멘토 시스템(mentor system): 멘토(mentor)는 멘티(mentee)들에게 역할모델을 제공할 뿐만 아니라, 도전적 직무부여, 상담 및 조직에 대한 지식제공 등을 통해 대인관계 개발 및 경력관리에 도움을 주는 자를 의미한다. 멘토는 해외파견 대상자를 멘티로 선정하여 현지 자회사에서의 업무에 필요한 지식을 전달할 뿐만 아니라, 개인적인 영역에 대한 자문을 하기도 한다. 일반적으로 멘토는 현지 자회사에서 근무한 경험이 있는 상사가 맡는 것이 바람직하다.

---

3 박경규(2010), p. 229 이하.

근로자 교육훈련

해외파견 대상자로 근로자가 선발되는 경우 이들은 현지 자회사에서 생산, 조립 및 기술적 지원 등과 관련된 업무를 담당하게 된다. 근로자 교육훈련은 실습장 훈련, 도제 훈련 및 직업학교 훈련 등을 통하여 이루어진다.

- 실습장 훈련(vestibule training): 이것은 해외파견 대상자로 선발된 근로자가 현지 자회사에서 담당할 작업과 동일한 실습환경에서 기술을 익히는 교육훈련이다. 일반적으로 실습장은 기업 내 별도의 공간에 설비를 갖추고 있다.
- 도제 훈련(apprenticeship training): 이것은 직장 내 훈련과 직장 외 훈련을 동시에 진행하는 교육훈련이다. 교육훈련 대상자는 직장 내에서는 상사 또는 선배로부터 배우고, 직장 외에서는 일정한 장소에서 제공되는 수업에 참가한다. 해외파견 대상자는 3~4년간 소요되는 이러한 교육훈련을 통하여 현지 자회사의 파견근무에 요구되는 기술을 연마할 수 있다.
- 직업학교 훈련: 이것은 해외파견 대상자로 선발된 근로자가 직업학교에서 교육훈련을 받는 것을 말한다. 즉, 해외파견 대상자는 현지 자회사로 파견되기 전에 요구되는 기술적 능력을 향상시키기 위해 관련된 기술을 직업학교에서 배울 수 있다.

관리자 교육훈련

해외파견 대상자로 관리자가 선발되는 경우 이들은 현지 자회사에서 관리활동과 관련된 업무를 수행하게 된다. 즉, 이들이 현지 자회사로 파견될 경우 계획, 조직화, 지휘, 조정 및 통제 등과 같은 관리활동을 담당하게 된다. 대표적인 관리자 교육훈련을 간략히 살펴보면 다음과 같다.

- 인 바스켓 훈련(in-basket training): 이것은 해외파견 대상자로 선발된 관리자의 의사결정능력을 향상시키기 위해 개발된 교육훈련이다. 교육훈련 실시자는 교육훈련 대상자에게 가상의 현지 자회사에 대한 정보(예를 들면, 생산제품, 조직구조, 종업원에 대한 정보 등)를 제공한 후, 이들에게

특정 경영상황에 대한 문제해결을 위한 의사결정을 하게 한다. 즉, 이 방법은 현지 자회사의 모의 경영상황을 '하나의 바구니'에 담아 해외파견 대상자로 하여금 이것을 처리하도록 하게 하는 것이다.

- 비즈니스 게임(business game): 이것은 기업의 경쟁상황에서 의사결정능력을 향상시키기 위해 고안된 교육훈련이다. 이 방법에서는 해외파견 대상자들이 3~5명의 팀에 소속되며, 이러한 팀은 기업의 상황에 따라 여러 개로 구성될 수 있다. 교육훈련 실시자는 이들 팀들에게 경쟁상황에 있는 서로 다른 모의기업(경쟁기업)을 이길 수 있는 의사결정을 하도록 한다. 이러한 의사결정을 통하여 해외파견 대상자는 현지국의 경쟁상황에서 의사결정의 질을 높일 수 있는 능력을 함양할 수 있다.
- 사례연구(case study): 이것은 해외파견 대상자로 선발된 관리자가 사례연구를 통하여 의사결정능력을 향상시키는 것을 의미한다. 즉, 사례연구에서는 기업에서 발생한 일련의 상황 및 기업의 현황이 해외파견 대상자들에게 제시되며, 이들로 하여금 문제점을 확인하고 문제해결을 위한 대안을 제시하도록 하게 한다.

News Case 7-2

▶ 대한항공의 글로벌 인재양성

대한항공이 갈수록 치열해지는 글로벌 경쟁시대에 직원 개개인이 세계 항공업계를 선도하는 글로벌 항공사 인재로 성장할 수 있도록 체계적인 인사, 교육 시스템을 운영하고 있다. '기업은 곧 인간'이라는 창업이념 아래 경력개발제도, 멘토링제도, 글로벌 역량 강화 프로그램 및 국내·외 유수대학 MBA 제도 등 다양한 제도 운영을 통해 회사성장의 근간인 직원들의 교육 및 양성에 총력을 기울이고 있다.

인재발굴 위한 끊임없는 노력 추구

24일 대한항공에 따르면, 대한항공은 올 상반기 중 객실승무직, 운항승무직 등 560여 명을 채용했으며, 하반기에도 신입사원 공채, 남녀 객실승무직 등을 포함해 540여 명을 추가로 채용하는 등 올해 총 1,100여 명을 신규 채용, 대기업 일자리 창출에 적극 동참하고 있다. 항공산업은 대표적인 종합서비스산업으로 다양하고 복잡한 직종 간 유기적 소통과 협력이 필수적이다. 이에 따라 대한항공은 항상 변화를 통해 새로운 가치를 창조해 내고자 하는 '진취적 성향의 소유자', 세계 다양한 문화를 이해할 수 있는 어학실력과 넓은 문화적 지식을 지닌 '국제적 감각의 소유자', 단정한 외모와 깔끔한 매너, 고객을 배려하는 '서비스 정신과 올바른 예절의 소유자', 작은 일이라도 책임감을 가지고 완수하는 '성실한 조직인', 동료의 의견을 경청하고 화합할 수 있는 '팀 플레이어(team player)' 요소 등을 갖춘 인재를 선발하기 위해 노력 중이다.

대한항공은 이러한 자질을 갖춘 인재를 발굴하기 위해 서류전형, 면접전형, 건강검진 등의 채용 절차를 거치고 있다. 특히 올해 일반직 신입사원 채용은 기존 직무능력검사(KALSAT) 필기 테스트 대신 집단토론과 PT 면접 등을 통해 의사표현능력과 창의력, 논리력을 발휘할 수 있는 개별 역량 면접을 강화했다.

글로벌 인재 키우는 체계적 교육 시스템

대한항공은 글로벌 항공사에 맞는 인재양성을 위해 각 직급별로 선진화된 인재육성 프로그램을 갖추고 있다. 먼저 대한항공에 입사하는 신입사원은 부서에 배치되기 전 6주간의 입사교육 과정을 통해 항공산업에 대한 전반적인 지식과 항공사 직원으로서 갖춰야 할 서비스 마인드를 배우게 된다. 또한, 부서 배치를 받은 후에도 6개월간 선배직원과의 '멘토링(mentoring) 제도'를 통해 업무나 회사 생활 전반에 걸쳐 적응할 수 있도록 도움을 받는다. 아울러, 입사 1년이 경과한 직원에 대해 경력개발 계획 등을 논의할 수 있는 리프레시(refresh) 제도를 도입해 직원들의 역량을 최대한으로 이끌 수 있도록 견인한다.

차장급 이하 전 직원에 대해서는 직급별 필수 이수과정을 마련해 온라인 강의를 실시하고 있으며, 각 직급별 '항공운송 기본과정', '항공사의 원가관리' 등 해당 직급에 따른 필수 과목을 반드시 이수해야 승진할 수 있는 자격이 주어진다. 부장 승격 대상자들이 이수하는 AMS(airline management school) 과정 또한 항공사에 특화된 전문지식과 경영 마인드, 역량을 겸비한 관리자 양성을 위해 진행하는 대한항공의 핵심 인재양성 정책의 일환이다.

뿐만 아니라 신규 임원들을 대상으로 서울대 경영대와 함께 개발한 맞춤형 MBA 프로그램 '임원 경영능력 향상과정(Korean air Executive Development Program, KEDP)'을 운영하고 있다. 핵심역량 중심의 사례연구(case study)와 현업 개선에 활용가능한 프로젝트를 통해 경영이론을 정립할 수 있도록 돕는다.

"해외 시장을 공략하라"…해외 주재근무 기회 제공

개인의 경력개발 단계를 설정하고 이에 맞춰 체계적 직무전환을 통해 개인의 성장과 회사 발전을 동시에 꾀하는 '경력개발 제도

(career development plan)'도 운영 중이다. 대한항공은 다양한 부서경험을 바탕으로 국제적 감각을 함양한 우수한 직원들에게 해외 주재근무 기회를 제공하고 있다. 현재 44개국 150개 지점에 약 300여 명의 해외 주재원들이 파견돼 있다.

또한 실무자 및 중간관리자를 대상으로 해외 취항지에서 1년간 업무수행, 현지문화 습득 및 어학연수 기회를 제공함으로써, 해외 신시장 개척에 필요한 지역 시장조사 전문인력 양성을 위한 '지역전문가 제도'도 운영 중이다.

평생교육, 우수인재 양성의 산실

대한항공은 이 밖에도 직원들의 평생학습과 지속적인 자기계발을 위해 적극 지원하고 있다. 그룹 내 사내대학인 '정석대학'을 통해 배움을 향한 열정을 가진 직원들이 항공물류 전문가로서 학사학위를 취득하고 성장할 수 있도록 전액 무료 학습기회를 제공하고 있다. 아울러 인하대, 항공대 대학원에 진학해 학업과 업무수행을 병행하는 직원들에게 장학금을 지원하는 혜택도 부여하고 있다.

또한 '사이버 캠퍼스'라는 사내 온라인 강좌를 통해 시간과 장소에 구애받지 않고 업무에 필요한 지식을 학습할 수 있는 온라인 교육 프로그램도 갖추고 있다. 이에 대해 대한항공 관계자는 "대한항공은 차세대 항공기 도입과 글로벌 신시장 개척 등 세계 항공업계를 선도하는 글로벌 항공사로 도약하기 위해 직원들에게 노력과 투자를 아끼지 않고 있다"며 "인재양성을 향한 끊임없는 지원과 개선노력은 대한항공 미래 전략의 핵심이자 주요한 원동력"이라고 말했다. 이어 "대한항공은 신입사원 채용에서부터 임원까지 지속되는 인재양성 프로그램을 통해 세계가 인정하는 글로벌 항공사로 도약할 것"이라고 덧붙였다.

자료원: 뉴데일리경제, 2015년 9월 24일

7.3.3 교차문화 교육훈련

교차문화 교육훈련(cross-cultural training)은 해외파견 대상자에게 현지국의 문화적 규범, 가치관, 행동 및 신념 등에 대한 훈련을 말한다.[4] 교차문화 교육훈련 프로그램의 내용은 다음과 같이 요약될 수 있으며, 이러한 프로그램을 통하여 해외파견 대상자의 현지국 문화에 대한 이해의 폭이 넓어질 수 있다.[5]

4 Caligiuri, P./Tarique, I.(2006), p. 311 이하; Punnett, B. J.(2004), p. 239.

5 Edwards, T./Rees, C.(2011), p. 176.

- 일반적 및 국가특수적 문화인식
- 지역연구, 역사, 지리, 정치, 경제
- 문화적 차이의 이해 및 가치부여
- 성공적 해외파견을 위한 계획
- 현지국 환경에서 효과적으로 일할 수 있는 문화 간 비즈니스 스킬
- 지역책임 영역에서의 문화적 변동성의 이해
- 현지국에서의 비즈니스 및 사회적 관습
- 국제적 업무이행과 스트레스 관리
- 문화충격 관리 및 라이프스타일 적응을 위한 실제적 접근
- 일상생활 이슈에 대한 정보
- 특별한 이슈: 해외에서의 파트너 및 가족
- 해외파견 전 이슈로서의 재통합(귀국)

아울러 교차문화 교육훈련 프로그램은 다음과 같이 수행되며, 이를 간략히 요약하면 다음과 같다.[6]

- 현지국 직원과 최근에 귀국한 글로벌 경영자를 포함하는 다문화적 교육팀에 의해 수행된다.
- 개인적 학습 스타일을 고려한 학습자(해외파견 대상자) 중심의 교육이 진행된다.
- 문화적 자기인식(예를 들면, 문화 동화훈련, 문화적 다양성)을 향상시키는 방법이 도입된다.
- 사례연구, 결정적 사건, 시뮬레이션, 비디오, 역할극 및 토의 등과 같은 상호작용적인 방법이 동원된다.
- 멘토(최근 귀국한 글로벌 경영자 및 현지국 직원)에 의해 수행된다.
- 현지국 도착 후 최고경영층의 지휘에 의해 수행된다.

6 전게서.

교차문화 교육훈련의 주요 방법을 살펴보면 다음과 같다.[7]

- 정보 또는 사실 중심적 훈련(information or fact-oriented training): 해외파견 대상자가 파견될 현지국에 대한 간략한 브리핑(강의)을 함으로써 교차문화 교육훈련이 이루어진다. 강의에 덧붙여서, 비디오테이프, 도서자료, 팸플릿, 귀국한 직원 및 현지국 직원 등을 통하여 현지국 문화와 관련된 정보가 제공된다.
- 귀인 훈련(attribution training): 이 방법은 현지국 직원이 현지 자회사에서 왜 그렇게 행동하는가에 초점을 맞춘다. 해외파견 대상자가 학습의 성공을 위하여 현지국 직원과 같은 행동을 할 때 그 노력을 격려하는 것이 귀인 훈련의 핵심이다.
- 문화인식 훈련(cultural awareness training): 이 방법에서는 해외파견 대상자들에게 본국의 문화가 현지국의 문화와 어떻게 다른가를 훈련시킨다. 여기에서는 가치관, 태도 및 행동에 대한 교육이 매우 중요하다. 이러한 교육을 통하여 해외파견 대상자는 본국 및 현지국 문화에 대한 지식을 함양할 수 있다.
- 인지적 행동수정 훈련(cognitive-behavior modification training): 이것은 역기능적 행동을 하게 만드는 사고를 수정할 수 있도록 하는 방법을 말한다. 즉, 이러한 형태의 교육훈련은 해외파견 대상자에게 현지 자회사에서 요구되는 바람직한 행동을 여러 단계로 나누어 강화시킴으로써, 점진적으로 바람직한 행동에 접근하도록 유도한다.
- 경험학습 훈련(experiential learning training): 이것은 실제 경험을 통하여 현지국의 문화에 대한 이해를 하도록 돕는 방법이다. 즉, 해외파견 대상자는 현지국 방문, 복잡한 역할극 및 교차문화 시뮬레이션 등을 통해 현지국의 문화를 실제적으로 경험할 수 있는 기회를 제공받게 된다.

---

7 Punnett, B. J.(2004), p. 240 이하 재인용.

7.3.4 글로벌 팀 교육훈련

글로벌 팀 교육훈련(global team training)은 해외파견 대상자들을 팀으로 구성하여 본사에서 훈련을 수행하는 것을 말한다. 경우에 따라서 해외파견 이후 현지 자회사에서 글로벌 팀 교육훈련이 이루어질 수 있다. 본사에서 수행되는 해외파견 이전의 글로벌 팀 교육훈련의 주요 목표는 해외파견 대상자들을 팀별로 구성하여 현지 자회사의 파견근무에서 요구되는 자질을 함양하는 것이다. 아울러, 현지 자회사에서 수행되는 해외파견 이후의 글로벌 팀 교육훈련의 주요 목표는 본국 파견인력, 현지국 채용인력 및 제3국 채용인력을 팀별로 구성하여 그들의 업무능력을 향상시키는 것이다. 글로벌 팀 교육훈련의 주요 목표를 살펴보면 다음과 같다.[8]

- 글로벌 팀의 단결력 증대: 글로벌 팀의 교육훈련을 통하여 단결력(예를 들면, 팀워크)이 증대되어야 한다. 해외파견인력이 현지 자회사에서 수행해야 하는 업무는 개별적으로 이루어질 수도 있지만, 대부분의 업무는 부서별 또는 팀별로 수행되기 때문에 원활한 업무수행을 위해 팀원 간의 단결력이 요구된다.
- 글로벌 팀의 업무능력 향상: 글로벌 팀의 업무능력은 팀 교육훈련을 통하여 향상될 수 있다. 즉, 이러한 팀별 업무능력은 공식적인 팀 교육훈련을 통하여 함양된다. 글로벌 팀 교육훈련에서는 무엇보다도 팀의 의사결정, 업무절차, 책임과 의무 등에 대한 문제가 구체적으로 다루어져야 한다.
- 글로벌 팀 리더의 개발: 글로벌 팀 교육훈련을 통하여 글로벌 기업은 팀 리더(team leader)를 발굴하고, 그의 능력을 개발할 필요가 있다. 능력 있는 팀 리더는 팀원의 의견을 존중하여야 할 뿐만 아니라, 자신의 개별적인 관점보다는 팀 전체의 관점에서 팀을 운영하여야 한다. 아울러 팀 리더에게 회의주재(managing meeting)에 대한 기술을 교육시킴으로써

8 Edwards, T./Rees, C.(2011), p. 177; 정재훈(2008), p. 393 이하.

해외파견 이후에 주재하게 될 현지 자회사에서 회의의 효율이 높아질 수 있다.

7.4 글로벌 인적자원의 교육훈련의 동향

글로벌 인적자원의 교육훈련의 미래는 글로벌 경쟁의 본질, 글로벌 인적자원 구축의 변화 및 기술의 발전 등에 의해 영향을 받는다. 다음과 같은 네 가지 동향이 미래의 글로벌 인적자원의 교육훈련과 관련하여 중요한 의미를 갖는다.[9]

- 국가 내 교육훈련(in-country training): 해외파견 대상자가 해외파견 이전에 개별적으로 단일 또는 한 가지 종류의 교차문화 교육훈련을 받는 것은 충분하지 않을 수 있다. 그러므로 해외파견 이전에 수행되는 단일의 교육훈련만 의지하는 것은 문제점을 야기할 수 있다. 다양한 국가 내 교육훈련(예를 들면, 본국에서의 교육훈련)은 해외파견 대상자를 위한 개별적 지도(individualized coaching) 또는 멘토링 프로그램(mentoring programs) 등을 포함하고 있다. 이러한 국가 내 교육훈련 프로그램은 순서적 또는 실시간 관점에서, 그리고 일관성을 유지하며 실행되어야 한다.
- 교차문화 및 다양성 교육훈련(cross-cultural and diversity training): 선진국에서는 출산율의 저하로 인하여 해외파견의 패턴이 과거에 비해 다양하게 나타나고 있다. 즉, 선진국의 기업에서는 해외파견 대상자의 수가 과거에 비해 많지 않기 때문에 다양한 형태의 교차문화 및 다양성 교육훈련이 수행되어야 할 필요가 있다. 교차문화 교육훈련과 다양성 교육훈련 프로그램들은 대체로 유사성이 높기 때문에 이러한 프로그램들은 병행하여 진행되기도 한다.

9 Thomas, D. C./Lazarova, M. B.(2014), p. 155 이하.

- 교차문화 팀 교육훈련(training in cross-cultural teams): 이것은 앞서 논의한 바와 같이 교차문화 교육훈련(7.3.3 참고)과 글로벌 팀 교육훈련(7.3.4 참고)이 결합된 형태로 볼 수 있다. 즉, 교차문화 팀 교육훈련에서는 다문화적 팀(multicultural teams)이 구성되어 해외파견과 관련된 교육훈련이 수행된다. 예를 들면, 현지 자회사로 파견할 팀을 본국 파견인력과 제3국 채용인력으로 구성할 경우 이러한 형태의 교육훈련이 이루어질 수 있다.
- 매체 및 웹 기반 교육훈련(media-based and web-based training): 최근 들어 정보통신기술의 급속한 발전에 힘입어 해외파견 대상자에 대한 교육훈련이 매체 및 웹 기반의 온라인으로 실시될 수 있다. 특히, 단기간 또는 비표준적인 해외파견과 관련하여 이러한 형태의 교육훈련은 매우 유용하게 활용되기도 한다. 또한 해외파견 대상자는 상업적 목적으로 개발된 온라인 교육훈련 프로그램과 해외파견 경험자들이 만든 웹사이트 또는 블로그 등을 통하여 해외파견과 관련된 현지국의 정보를 수집할 수 있다.

제 8 장

글로벌 인적자원의 동기부여와 보상관리

8.1 글로벌 인적자원의 동기부여와 보상관리의 의의

8.1.1 글로벌 인적자원의 동기부여의 의의

글로벌 인적자원의 동기부여(motivation)는 현지 자회사에 파견되는 인력들이 본사 및 현지 자회사의 목표를 내재적으로 수용하여, 이를 달성하기 위해 열심히 노력하도록 유도하는 것을 의미한다.[1] 이러한 동기부여의 논리는 본국 파견인력뿐만 아니라, 현지국 채용인력 및 제3국 채용인력에게도 그대로 적용될 수 있다. 글로벌 인적자원이 그들이 맡은 업무를 얼마나 잘 수행하느냐는 직무수행 능력과 직무를 수행하려는 자발적인 의욕에 달려 있다. 따라서 글로벌 인적자원의 성과는 다음과 같은 함수관계로 표현될 수 있다.[2]

글로벌 인적자원의 성과 $= f$(능력, 동기부여)

국내 기업뿐만 아니라 글로벌 기업에 근무하는 인적자원에 대한 대표적인 동기부여이론 두 가지를 살펴보면 다음과 같다. 먼저, *매슬로우(Maslow)*의 욕구단계설 이론에서는 다음과 같은 다섯 가지의 욕구단계(hierarchy of needs)를 제시한다.[3]

- 생리적 욕구(physiological needs): 이것은 개인 및 종족의 생존, 의식주, 수면 등과 같은 기초적인 인간의 욕구이다. 기업에서 생리적 욕구를 충족시키기 위한 수단은 급여 및 복지후생 등이다.
- 안전 및 보호의 욕구(safety and security needs): 이것은 신체적 및 경제적 위험, 손실 및 위협으로부터 벗어나고자 하는 욕구이다. 기업에서 안전 및 보호의 욕구를 충족시키기 위한 수단은 고용의 안정, 노조제도, 연

1 박주홍(2012a), p. 267 이하.
2 박경규(2010), p. 479.
3 전게서, p. 481; Punnett, B. J.(2004), p. 139 이하 재인용; Maslow, A. H.(1954).

금제도 및 퇴직금 등이다.

- 소속과 애정의 욕구(belongingingness and love needs): 이것은 다른 사람이나 집단과의 우정, 애정 및 소속감 등에 대한 욕구이며, 사회적 욕구라고도 한다. 이러한 욕구를 충족시키기 위하여 기업은 구성원들에게 동료와의 우의와 애정을 나눌 수 있는 기회를 마련해 주고 소속감을 고취시키는 것이 필요하다.
- 존경의 욕구(esteem needs): 이것은 타인으로부터 존경을 받고 싶어 하고, 확고한 신념을 가지고 자기에 대한 높은 평가를 받고 싶어 하는 욕구를 말한다. 이러한 욕구를 충족시키기 위하여 기업은 구성원을 위한 경력개발을 통해 지위에 맞는 직위를 제시할 필요가 있다.
- 자아실현의 욕구(self-actualization needs): 이것은 가장 높은 수준의 욕구이며, 개인의 잠재력을 최대한 실현하려는 욕구이다. 이러한 욕구를 충족시키기 위하여 기업에서는 구성원들이 자아를 실현할 수 있도록 직무를 설계하고 직무를 구성하는 노력이 필요하다.

*허츠버그(Herzberg)*는 동기부여와 관련하여 2요인 이론(two factor model of motive)을 주장하였다.[4] 그에 의하면 직무에 만족을 주는 요인은 동기유발요인(motivators)으로, 불만을 초래하는 요인은 위생요인(hygiene factors)으로 구분하였다. 이들을 살펴보면 다음과 같다.[5]

- 만족요인 또는 동기유발요인: 이것은 직무만족과 관련된 요인이다. 예를 들면, 업무의 도전, 업무의 성취, 자기발전, 책임, 승진 및 인정 등은 만족요인에 속한다. 이것은 *매슬로우*의 이론에서 제시한 존경의 욕구와 자아실현의 욕구 등과 같은 높은 단계의 욕구와 관련되어 있다.
- 불만족요인 또는 위생요인: 이것은 구성원에게 불만을 느끼게 하는 요인을 말하며, 일하는 환경과 관련되어 있다. 이러한 환경과 관련된 불만요인은 좋은 환경을 설정함으로써 예방할 수 있기 때문에 위생요인이라

4 Herzberg, F.(1959).
5 이건희(1997), p. 307 이하.

고도 한다. 예를 들면, 지위, 대인관계, 감독의 질, 경영방침, 작업환경, 직장의 안정 및 보수 등은 불만족 요인에 해당된다. 이것은 *매슬로우*의 이론에서 논의한 생리적 욕구, 안전 및 보호의 욕구, 그리고 소속과 애정의 욕구(사회적 욕구) 등과 같은 낮은 단계의 욕구와 관련되어 있다.

8.1.2 글로벌 인적자원의 보상관리의 의의

글로벌 인적자원의 보상관리(compensation management)는 글로벌 기업의 직무를 수행하는 본국 파견인력뿐만 아니라, 현지국 채용인력 및 제3국 채용인력의 직무수행 결과에 대한 대가를 지급하는 것과 관련되어 있다. 일반적으로 보상은 다음과 같은 의미를 갖고 있으며, 경우에 따라서 임금과 동의어로 사용되기도 한다.[6]

- 노동력의 대가: 노동력의 사용에 대한 대가로 보상이 이루어진다. 글로벌 기업에서 직무를 수행하는 모든 인력은 그들이 제공한 노동력의 대가를 받는다.
- 노동성과의 대가: 보상은 노동성과에 기초하여 지급될 수 있다. 그러므로 글로벌 인적자원의 노동성과에 따라 차별적인 보상이 이루어질 수 있다.
- 수요와 공급 및 노사의 세력관계: 노동력에 대한 수요와 공급의 법칙에 따라 보상체계 가 영향을 받을 수 있다. 글로벌 노동시장의 관점에서 볼 때, 글로벌 기업이 필요로 하는 인력이 풍부하면 보상수준이 낮아지고, 인력이 부족하면 보상수준이 높아질 가능성이 있다. 또한 글로벌 기업의 노사관계(예를 들면, 노조활동의 강도, 노조에 의한 임금협상 등)에 의해 보상수준이 달라질 수 있다.
- 동기부여의 수단: 동기부여의 수단으로 보상(예를 들면, 금전적 및 비금

6 정수진/고종식(2011), p. 350 이하.

전적 보상)이 활용된다. 글로벌 인적자원에 대한 동기부여는 어떠한 보상수단을 활용하느냐에 따라 달라질 수 있다.

- 인재평가의 지표: 보상은 인재평가의 지표로 활용될 수 있다. 그러므로 보상은 글로벌 인적자원의 가치를 측정하기 위한 수단으로 사용된다. 예를 들면, 본국 파견인력이 현지 자회사에서 수행하는 직무의 가치는 그들이 받는 보상의 수준에 따라 다르게 평가될 수 있다.

또한 현지 자회사에서 근무하는 본국 파견인력, 현지국 채용인력 및 제3국 채용인력에 대한 보상이 다르게 이루어질 가능성이 높기 때문에 글로벌 기업의 보상에 대한 의사결정은 매우 복잡하게 이루어질 수 있다. 아래에서는 이들에 대한 보상의 차이점을 간략히 살펴보기로 한다.[7]

- 본국 파견인력에 대한 보상: 본국 파견인력은 현지 자회사에서 최소한의 삶의 표준을 영위하기를 원할 뿐만 아니라, 본사에서보다 더 많은 보상을 받기를 원한다. 즉, 그들이 본사에서보다 현지 자회사의 파견근무에서 더 많은 보상을 받기를 원하는 것은 해외생활의 불편함과 고생에 대한 보상을 받고 싶어 하기 때문이다. 그러므로 글로벌 기업은 이들에게 기본급 이외에 부가급(현지 자회사 근무에 대한 보상으로 지불되는 기본급 이외의 급여), 보조금(예를 들면, 현지국 생활보조비) 및 수당(예를 들면, 주택 수당, 자녀교육 수당, 세금조정 수당, 귀국휴가 수당 등) 등을 지급하여야 한다.
- 현지국 채용인력에 대한 보상: 일반적으로 현지 자회사에서 근무하는 현지국 채용인력에 대한 보상은 현지국 기업 수준으로 지급된다. 그러나 경우에 따라서 현지국 기업의 보상에 비해 약간 높은 수준으로 지급되기도 한다. 본국 파견인력의 보상 수준보다 현지국 채용인력의 보상 수준이 낮을 경우, 이것은 현지국 채용인력의 동기부여의 악화를 초래할 수 있을 뿐만 아니라, 임금 분쟁 또는 갈등의 요인으로 작용할 수 있다.
- 제3국 채용인력에 대한 보상: 현지 자회사에서 근무하는 제3국 채용인

7 Punnett, B. J.(2004), p. 225 이하.

력에 대한 보상은 약간 복잡한 양상을 띨 수 있다. 글로벌 기업의 인적자원 관리자는 본사 파견인력의 수준으로 보상할 것인가 또는 현지국 채용인력 수준으로 보상할 것인가를 사이에 두고 고민하게 된다. 이러한 문제의 해결책으로 혼합방식의 보상이 선택될 수 있다. 예를 들면, 제3국 채용인력의 기본급은 현지채용인력의 보상 수준으로 설정하고, 부가급 및 수당은 본국 파견인력의 보상 수준으로 책정할 수 있다.

News Case 8-1

▶ 아시아태평양 지역 국가의 임금 수준

글로벌 컨설팅 기업 타워스 왓슨에 따르면 싱가포르의 경영진 및 임원이 아시아태평양 지역 내 국가 중 가장 높은 보수를 받고 있으며, 두 번째로 높은 홍콩보다 약 10% 더 높은 것으로 조사되었다. 타워스 왓슨 2014/2015 글로벌 50개국 임금 보고서의 아시아태평양 지역 결과는 각국의 기본급을 미국 달러화로 환산하여 국가별 보상 경쟁력과 환율이 미치는 영향을 함께 분석하고 있다. 또한, 일관된 직무-등급 프레임워크에서의 현재 급여 및 복리후생 정보를 제공하여 보상제도의 설계와 운영의 기초 자료로 제시하고 있다.

싱가포르와 홍콩의 기본급은 전체적으로 3%에서 4% 가량 상승했으나, 임원의 경우 약 6%에서 8%까지 상승한 것으로 나타났다. 싱가포르 고위임원의 기본급은 평균 586,000달러 수준이었으며, 홍콩의 경우는 445,000달러 정도로 조사되어, 작년보다 차이는 다소 줄어든 것으로 조사되었다. 타워스 왓슨 데이터 서비스 부문 리더인 R은 "기본급, 특히 임원의 기본급은 홍콩보다 싱가포르가 높지만, 각각 적용되는 세율이 다르기 때문에 실소득에 영향을 미칠 수밖에 없다"며, "이런 점을 고려할 때, 인건비를 줄이기 위해 싱가포르보다 비용이 적게 드는 말레이시아나 인도네시아 등지로 지역 본사를 옮기려는 움직임도 감지되고 있으며, 이를 위해서는 가용 인재의 유무가 중요할 것이다"고 말했다.

중화권에서는 홍콩의 기본급이 가장 높아 – 더 인상될 것으로 전망

홍콩은 적어도 미국 달러화 기준으로 살펴보았을 때 인건비가 낮아지지는 않는 것으로 보인다. 타워스 왓슨의 R은 "홍콩 환율이 싱가포르 달러 대비 우세함을 지속하게 된다면, 몇 년 후에는 임원급의 보수가 아시아태평양 지역에서 가장 높은 곳이 될 것이다"고 말하며 "미국 달러화가 강세를 보이고, 미국 연방

준비제도이사회가 올해 기준 금리를 인상할 것으로 예상됨에 따라, 달러 고정 환율제로 인해 홍콩 달러 가치가 함께 인상될 것으로 보인다"고 말했다.

홍콩의 기본급 또한 싱가포르보다는 낮지만, 중화권(중국, 홍콩, 대만) 다른 국가들 대비 여전히 높은 것으로 나타났다. 생산 및 단순노무직의 경우, 홍콩의 기본급이 중국 대비 약 3배 이상 높았는데, 이러한 임금 격차는 중간 관리자급과 대졸전문직에서는 그 차이가 약 2배 정도로 좁혀지는 것을 확인할 수 있었다. 결과적으로, 홍콩의 기본급이 중국 대비 약 20%에서 40% 정도 높은 것으로 조사되었다. 중국과 홍콩의 임금 차이는 줄어들었으며, 특히 생산 및 단순노무직은 중국의 기본급이 9%에서 15% 높아진 데 반해, 홍콩은 평균적으로 2%에서 3% 인상되어 급여차가 더 적어졌다.

이에 비해, 상하이의 임원급 급여는 홍콩 대비 약 10% 낮은 것으로 나타나 그 차이가 훨씬 적었는데, 이는 상하이의 근본적인 인재부족 현상으로 인한 인재확보 경쟁이 영향을 미친 것으로 보인다. 타워스 왓슨의 R은 "지원직에서는 인건비 부담으로 인해 저임금 근로자들을 생산직과 서비스직으로 전환하여 활용하려는 움직임이 커지고 있다"고 말했다.

또한, "홍콩의 소득세는 중국에 비해 급여소득자에게 유리하기 때문에 홍콩이 실소득 측면에서 더 매력적이다. 하지만 최근에는 이러한 어려움을 해소하고자 중국 기업들이 더 높은 수준의 변동급 및 인센티브를 적용하고 있어 중국에서 인재를 확보하고 유지하고자 하는 다국적 기업들이 어려움을 겪고 있다"고 덧붙였다.

반면, 대만의 기본급 상승은 계속해서 다른 중화권 국가에 비해 뒤처지고 있다. 대만의 사원급 기본급은 중국 대비 약 30% 높은 수준이지만, 중간 관리자와 대졸전문직에서는 중국의 기본급이 더 높은 것으로 조사되었다. 소득 상위 임원의 기본급은 중국이 대만에 비해 70% 가량 높은 수준이었다. 타워스 왓슨의 R은 "급여가 낮은 데 있어 가장 주요한 요인은 대만 기업들이 임금 인상에 대해 보수적 철학을 갖고 있기 때문이다"며, "대만 기업들이 점차 국내시장에서 해외시장으로 확장하고 있고, 기존 제조업에서 서비스기반 산업으로 진화하고 있지만, 아직까지 이러한 확장세나 성장세에 맞춰 보상 철학을 조정하진 않았다. 그로 인해 대만 기업들은 인재유치에 있어 심각한 이슈에 직면하고 있다"고 말했다.

낮은 물가상승률이 임금상승률에 영향 미쳐

전체적으로, 중화권을 비롯한 아시아태평양 지역의 대다수 국가의 임금인상률은 지난해 대비 크게 달라지지 않은 수준으로, 이는 아시아태평양 지역 내의 낮은 수준의 물가상승률이 반영된 것으로 보인다. 인건비를 미국 달러화로 환산하여 보고해야 하는 다국적 기업의 경우, 미국 달러화의 가치 상승, 특히 엔화, 호주 달러화, 싱가포르 달러화 및 위안화 대비 달러화의 강세는 매우 중요한 부분이다. 반대로, 위의 지역들 중 미국 달러화로 급여가 지급되는 주재원 패키지를 제공하는 직원들을 보유한 다국적 기업의 경우, 임금체계에 큰 불균형을 겪게 되기 때문에 주재원 보상 패키지를 현지에 맞게 조정할 필요성이 커질 것으로 보인다.

타워스 왓슨의 R은 "복리후생이나 현지 노동시장 상황 등 다른 요인들도 있겠지만, 미국 달러화로 보고하는 기업들의 경우 현지통화의 약세가 분명 도움이 될 것이다"며, "일부 국가에서는 연봉인상 예산이 수립된 후 환율의 변화가 커진 점도 눈여겨볼 만하다"고 말했다.

타워스 왓슨 2014/2015 글로벌 50개국 임금 보고서에 대하여

2014/2015 글로벌 50개국 임금 보고서는 세계 주요 58개국의 보상 및 복리후생 제도를 담고 있다. 이 리포트는 다양한 시장과 문화적·입법적 환경에서 비즈니스를 운영하고 있는 기업들이 글로벌 보상 및 복리후생 계획을 수립할 때 적용할 수 있는 종합적 툴로 활용되고 있다. 특정국가의 임금정보 또는 임금 및 복리후생 제도에 대해 더 자세한 정보가 필요한 경우 해당 국가의 2014 General Industry 보상 리포트를 활용할 수 있다.

자료원: 타워스 왓슨, 2015년 3월 24일

8.2 글로벌 인적자원의 동기부여 프로그램

8.2.1 금전적 보상

금전적 보상(financial compensation)은 임금(wages), 급여(salaries), 특별수당(bonuses) 및 커미션(commission) 등의 형태로 지급되는 급료(pay)로 구성되어 있다.[8] 특히, 금전적 보상은 글로벌 인적자원의 근로의욕을 높일 수 있는 강력한 도구로 사용될 수 있다. 이것은 글로벌 기업의 인적자원의 생계와 직접적으로 관련되어 있기 때문에 생리적 욕구가 강한 직원들에게는 그 효과가 클

8 정수진/고종식(2011), p. 358 이하; 박경규(2010), p. 483 이하.

수 있다. 이것을 통하여 글로벌 인적자원의 동기부여를 증대시키기 위해서는 보상의 공정성이 확보되어야 한다.

또한 금전적 보상은 임금(직접적 보상)과 복리후생(간접적 보상)으로 구성되어 있다. *먼디*와 *노(Mondy* and *Noe)*는 금전적 보상을 다음과 같은 직접적 및 간접적 보상으로 구분하였다(〈그림 8-1〉 참고).

- 직접적 보상: 이것은 임금, 급여, 커미션 및 특별수당 등과 같은 금전적인 형태로 지급된다.
- 간접적 보상: 이것은 보험계획, 사회적 지원의 부가급부 및 유급휴가 등과 관련된 복리후생을 포함하고 있다. 이들의 가치는 금전적으로 환산될 수 있기 때문에 간접적 보상이라고 한다.

8.2.2 비금전적 보상

비금전적 보상(non-financial compensation)은 금전적 보상 이외의 다양한 형태의 보상을 포괄한다.[9] 이것은 글로벌 기업의 구성원 또는 종업원이 직무 그 자체로부터 또는 직무환경(예를 들면, 심리적 및 물리적 환경)으로부터 받게 되는 만족(satisfaction)으로 구성되어 있다.

*먼디*와 *노(Mondy* and *Noe)*는 비금전적 보상을 다음과 같은 직무 및 직무환경과 관련된 보상으로 분류하였다(〈그림 8-1〉 참고).

- 직무와 관련된 보상: 이것은 흥미 있는 직무, 도전, 책임, 인지의 기회(예를 들면, 맡은 직무에 대한 정보제공의 기회를 말함), 달성감 및 승진기회 등과 같은 비금전적인 형태로 이루어져 있다.
- 직무환경과 관련된 보상: 이것은 경영정책, 정당한 관리 감독, 마음에 맞는 근로자, 쾌적한 노동환경, 플렉시블 타임(예를 들면, 유연적 근무) 및 압축된 주 노동시간 등을 포함하고 있다.

---

9 전게서.

그림 8-1 금전적 보상과 비금전적 보상의 비교

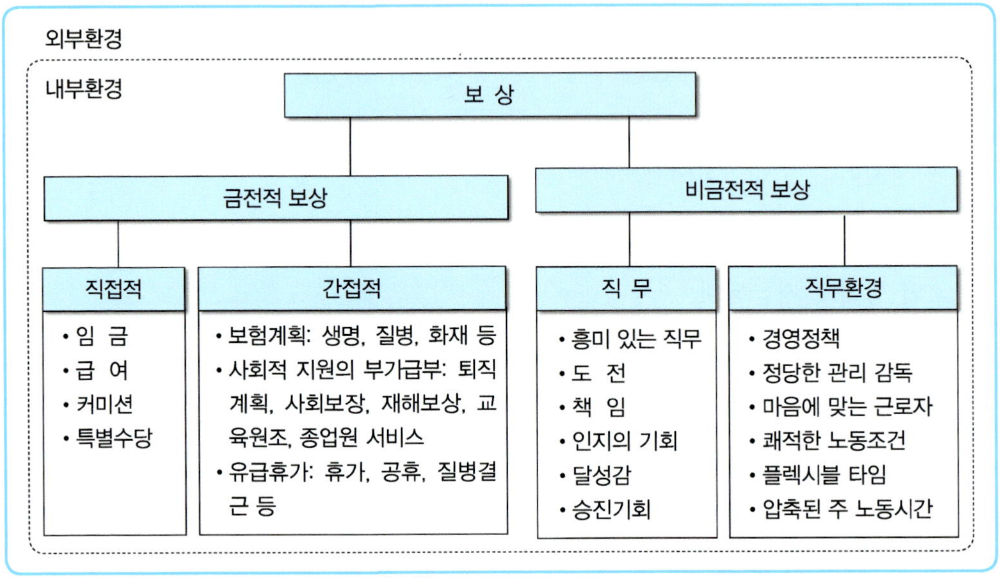

자료원: 정수진/고종식(2011), p. 359 수정 재인용; Mondy, R. W./Noe, R. M.(1996), p. 358.

〈그림 8-1〉은 금전적 보상과 비금전적 보상을 비교하고 있다. 이 그림에 제시되어 있는 바와 같이 기업의 구성원 또는 종업원은 다양한 형태의 보상을 통하여 동기가 부여될 수 있다.

8.3 글로벌 인적자원의 보상관리

8.3.1 글로벌 기업의 보상 시스템의 주요 영향요인

글로벌 기업의 보상 시스템은 본사 및 현지 자회사들이 입지한 국가에 따라 다르게 구축될 수 있다. 즉, 글로벌 기업의 보상 시스템은 다양한 요인에 의

해 영향을 받을 수 있지만, 몇 가지 주요 영향요인을 살펴보면 다음과 같다.[10]

- 문화(culture): 사회적 차원의 문화는 글로벌 인적자원관리와 관련된 정책 및 실무에 영향을 미친다(자세한 내용은 제2장 참고). 그러므로 글로벌 기업의 보상관련 정책 및 실무는 문화적 가치관과 일관성을 유지하여야 한다. 예를 들면, 수직적 보상 시스템은 권력간격이 큰 국가에서, 고정급 제도는 불확실성의 회피정도가 높은 국가에서, 또한 개인위주의 업적 성과제는 개인주의적 성향이 강한 국가에서 각각 사용될 수 있다.
- 사회계약(social contract): 글로벌 기업의 보상 시스템의 관점에서 볼 때, 사회계약(예를 들면, 법률의 형태로 나타남)은 보상과 관련된 모든 이해당사자(예를 들면, 정부, 노동조합, 종업원, 고용주 및 기업조직 등)의 기대와 의무를 반영한다. 국가에 따라 모든 이해당사자의 이러한 기대와 의무는 서로 다르게 나타날 가능성이 높기 때문에 글로벌 기업이 운영되는 국가에 따라 서로 다른 보상 시스템이 채택될 수 있다. 예를 들면, 미국, 캐나다 및 영국은 정부의 개입이 최소화된 매우 분권적인 보상 시스템을 도입하고 있는 반면, 스웨덴, 덴마크 및 벨기에는 매우 중앙집권적인 보상 시스템을 활용하고 있다.
- 노사관계(labor relations): 노사관계는 글로벌 기업의 임금협상에 중대한 영향을 미칠 수 있다(노사관계에 대한 자세한 내용은 제11장 참고). 즉, 노동조합의 개입으로 인하여 글로벌 기업의 보상 시스템은 직접적 또는 간접적으로 영향을 받는다. 특히, 국가별 노동조합의 집단적 임금교섭의 강도는 국가별 임금의 차이를 결정하는 주요 변수가 될 수 있다.
- 소유구조(ownership structure): 기업의 소유구조는 글로벌 기업의 보상 시스템에 큰 영향을 미칠 수 있다. 이러한 소유구조는 기업지배구조(corporate governance)를 의미한다. 즉, 이것은 기업의 지배와 관련된 이해관계자들의 상호관계를 규정하는 경영적 및 법률적 메커니즘을 말한다. 예를 들면, 영국과 미국의 기업지배구조는 소유와 경영의 분리를 중요시

10 Thomas, D. C./Lazarova, M. B.(2014), p. 170 이하.

하기 때문에 보상 시스템의 채택과 관련된 주요 의사결정은 전문경영인이 담당한다. 반면에, 한국의 기업지배구조(예를 들면, 대기업의 경우)는 소유와 경영의 분리가 제대로 이루어지지 않았기 때문에 보상 시스템의 채택과 관련된 주요 의사결정은 재벌 총수에게 집중되는 경향이 있다.

- 경영자율권(management autonomy): 글로벌 기업의 보상 시스템은 기업의 경영자가 보유하고 있는 경영자율권에 의해 영향을 받는다. 특히, 글로벌 인적자원 관리자에게 부여된 경영자율권의 정도에 따라 글로벌 인적자원의 보상에 대한 의사결정이 서로 다르게 이루어질 수 있다. 본사의 인적자원 관리자의 경영자율권이 현지 자회사의 인적자원 관리자의 경영자율권보다 더 크다면, 본사의 인적자원 관리자는 글로벌 기업의 보상 시스템의 운영과 관련하여 더 많은 영향력을 발휘할 수 있다.
- 관습(common practices): 글로벌 기업의 보상 시스템은 어떤 국가의 사회생활 속에서 관행적으로 행하여지는 관습에 따라 큰 영향을 받을 수 있다. 일반적으로 성문법 체계의 국가보다 불문법 체계의 국가에서 관습이 더 중요한 의미를 갖는다. 특히, 관습은 보이지 않는 규제로 작용할 가능성이 높기 때문에 어떤 국가의 일반적 관행은 글로벌 기업의 보상 시스템에 큰 영향을 미칠 수 있다.

8.3.2 글로벌 인적자원에 대한 성과급 체계

일반적으로 글로벌 인적자원에 대한 성과급 체계는 국내 기업뿐만 아니라, 글로벌 기업에도 보편적으로 적용될 수 있도록 설계된다. 여기에서는 글로벌 기업의 관점에서 성과급(pay for performance)을 살펴보기로 한다. 이것은 개인 또는 집단수준에 기초하여 어떤 행동 또는 결과에 대하여 보상을 하는 것을 말한다. 〈표 8-1〉은 성과급의 종류를 제시한다.[11]

---

11 전게서, p. 172 이하.

개인수준의 성과급

개인수준의 성과급은 고정급 및 변동급으로 분류될 수 있다. 이들을 간략히 요약하면 다음과 같다.

- 고정급(fixed pay)
  - 고과급(merit pay): 이것은 글로벌 인적자원의 인사고과에 근거하여 성과급을 지급하는 것을 의미한다.
  - 직능급(skill-or competency-based pay): 이것은 글로벌 인적자원의 다양한 기술 또는 직무수행능력에 근거하여 성과급을 지급하는 것을 말한다.
  - 승진(promotion): 업적이 뛰어난 성과를 거둔 글로벌 인적자원을 승진시킴으로써 고정급 인상의 효과가 나타난다. 즉, 승진이 될 경우 호봉 상승은 고정급 상승을 유발한다.
- 변동급(variable pay)
  - 개인성과급(payment by results): 이것은 개인의 성과 또는 결과물에 따라 성과급을 지급하는 것을 뜻한다.
  - 단순성과급(piece-rate pay): 이것은 개인이 생산한 물품 또는 제품의 수만큼 성과급을 지급하는 것을 말한다. 일반적으로 이러한 방식은 근로직 또는 생산직에 종사하는 글로벌 인적자원에게 적용된다.
  - 커미션(commissions): 이것은 성과기준 성과급의 한 유형으로 일반적으로 판매직에 종사하는 글로벌 인적자원에게 적용된다. 이 방식에 의하면 글로벌 판매원은 자신이 올린 매출액의 일정비율을 성과급으로 지급받게 된다.
  - 보너스(bonuses): 이것은 상여금이라고 하며, 실적에 근거하여 정기적 또는 비정기적으로 글로벌 인적자원에게 지급하는 성과급을 의미한다.
  - 개별 인센티브(individual incentives): 이것은 개별적 글로벌 인적자원이 어떤 행동을 하도록 동기부여하는 수단으로 지급된다.

집단수준의 성과급

집단수준의 성과급은 변동급으로 지급될 수 있다. 이를 간략히 살펴보면 다음과 같다.

- 변동급 (variable pay)
  - 집단성과급 (performance–related pay): 이것은 집단의 성과 또는 결과물에 따라 성과급을 지급하는 것을 말한다.
  - 재무적 참가 (financial participation): 이것은 재무적 성과에 기초하여 글로벌 인적자원의 집단에게 주식지분 및 수익배분에 참여할 수 있는 자격을 주는 것을 의미한다.
  - 개선성과, 목표성과 및 이윤성과 분배(gain sharing, goal sharing, and profit sharing): 이것은 글로벌 인적자원의 집단이 개선성과, 목표성과 및 이윤성과를 달성할 경우에 지급되는 성과급을 말한다.
  - 소유권(ownership): 이것은 실적이 우수한 글로벌 인적자원의 집단에게 주식을 분배해 주는 것을 말하며, 종업원 지주제도가 이에 해당된다.
  - 집단 인센티브 (group incentives): 이것은 글로벌 인적자원의 집단이 어떤 행동을 하도록 동기부여하는 수단으로 지급된다.

표 8-1 성과급의 종류

구 분	개인수준	집단수준
고정급	• 고과급 • 직능급 • 승 진	
변동급	• 성과급 • 단순성과급 • 커미션 • 보너스 • 개별 인센티브	• 성과급 • 재무적 참가 • 개선성과, 목표성과 및 이윤성과 분배 • 소유권 • 집단 인센티브

자료원: Thomas, D. C./Lazarova, M. B.(2014), p. 172 재인용; Gomez–Mejia, L. R./Werner, S.(2008, Ed.), p. 159.

8.3.3 글로벌 인적자원에 대한 보상의 접근방법과 구성

보상의 접근방법

글로벌 인적자원에 대한 보상의 접근방법은 크게 세 가지로 분류될 수 있다. 즉, 글로벌 기업은 현지국, 본국 및 글로벌 등과 같은 접근방법 중에서 하나를 선택하여 사용할 수 있다. 이들을 요약하면 다음과 같다.[12]

- 현지국 접근방법(host country approach): 이것은 현지 자회사의 보상구조에 맞추어 해외파견인력에 대한 보상을 실시하는 것을 말한다. 이 방법은 비용이 적게 들고, 해외파견인력과 현지국 채용인력과의 형평성을 충족시킬 수 있는 장점을 갖고 있다. 그러나 이 방법은 해외파견인력의 특수성이 존중되지 않아 그들의 동기부여가 악화될 수 있는 단점을 갖고 있다.
- 본국 접근방법(home country approach): 이것은 본사의 보상구조에 맞추어 해외파견인력에 대한 보상을 실시하는 것을 의미한다. 이 방법은 해외파견인력의 특수성을 고려하는 장점을 갖고 있다. 반면에, 이 방법은 추가적인 비용이 발생하고, 해외파견인력에게 유리한 보상을 실시하기 때문에 현지국 채용인력의 동기부여가 악화될 수 있는 단점을 갖고 있다.
- 글로벌 접근방법(global approach): 이것은 현지국과 본국에 관계없이 글로벌 관점에서 보상구조를 통일적으로 유지하는 것을 말한다. 즉, 해외파견인력에 대한 보상은 글로벌 기업의 통일적인 지침에 의해 결정된다. 이 방법은 글로벌 보상지침에 근거하여 보상이 이루어지기 때문에 해외파견인력의 동기부여가 증대될 수 있는 장점을 갖고 있다. 그러나 이 방법은 비용이 많이 들고, 해외파견인력이 본국으로 귀국할 경우 보상과 관련된 분쟁이 야기될 수 있는 문제점을 내포하고 있다.

〈표 8-2〉는 글로벌 보상 시스템의 목표에 대한 접근방법의 영향을 보여준다. 이 표에 제시되어 있는 바와 같이 여러 가지 글로벌 보상 시스템의 목표에 대

12 전게서, p. 174 이하.

표 8-2 글로벌 보상 시스템의 목표에 대한 접근방법의 영향

글로벌 보상 시스템의 목표	현지국 접근방법	본국 접근방법	글로벌 접근방법
글로벌 업무를 담당하는 인력에 대한 매력성	−	+	+
비용 효율성	+	−	−
공정성			
• 현지 종업원 관점	+	−	−
• 같은 입지에 근무하는 서로 다른 국적을 가진 해외파견인력 관점	+	−	+
• 다른 입지에 근무하는 해외파견인력 관점	−	+	+
재통합(귀환)의 용이성	−	+	−
기업의 글로벌 전략의 지원	0	0	0

※ 기호의 의미: + = 긍정적 영향, − = 부정적 영향, 0 = 상관없음.
자료원: Bonache, J.(2006), p. 161.

한 현지국, 본국 및 글로벌 등과 같은 접근방법의 영향은 서로 다르게 나타난다.

보상의 구성

글로벌 인적자원에 대한 보상의 구성은 다음과 같은 네 가지로 구분될 수 있다. 즉, 이들은 기본급, 부가급, 보조금 및 수당 등으로 구성되어 있으며, 다음과 같이 요약될 수 있다.[13]

- 기본급(base salary): 본사와 동일한 직급에 해당되는 해외파견인력의 기본급은 동일하게 책정하는 것이 바람직하다. 이러한 방식으로 기본급을 책정하게 되면 해외근무를 마치고 귀국할 경우, 기본급과 관련된 분쟁이 대폭 줄어들 수 있다. 아울러, 해외파견인력은 본사에 소속되어 있다는 심리적 안정감을 느낄 수 있다.

13 박주홍(2012a), p. 258 재인용.

- 부가급(fringe benefit): 이것은 해외생활의 불편함, 고생 등에 대한 보상의 성격을 지닌 대가로 지불되는 기본급 이외의 급여를 말한다. 부가급은 일시적으로 지급될 수도 있고, 정기적으로 지급될 수도 있다. 그러나 정기적으로 지급되는 경우에는 해외파견인력이 기본급으로 오해할 수 있기 때문에 부가급 지급에 대한 명확한 근거가 제시될 필요가 있다.
- 보조금(subsidy) 및 수당(allowances): 해외파견인력에게 생활보조금, 해외거주 수당, 주택 수당, 오지 수당, 위험지역근무 수당, 세금조정 수당, 자녀교육비 수당, 귀국휴가 수당, 의료보험, 생명보험, 연금 및 퇴직금 등과 같은 다양한 형태의 보조금 및 수당을 지급함으로써 현지국에서 삶의 질이 향상될 수 있을 뿐만 아니라, 현지근무에 대한 긍정적인 동기부여가 나타날 수 있다.

〈표 8-3〉은 유럽 다국적 기업의 보상 구성요소 사례를 제시한다. 이 표에 나타나 있는 바와 같이 보상의 구성요소는 매우 다양하다.

또한 해외파견인력이 받게 되는 보상이 어떤 통화로 지불되는가에 따라 통화위험(currency risk)이 나타날 수 있다. 지불되는 금액이 적은 경우에는 문제점이 거의 없지만, 금액이 큰 경우에는 환율변동 또는 인플레이션에 따른 손실이 발생할 수 있기 때문에 지불화폐의 선택이 중요한 계약사항이 될 수 있다. 다음과 같은 지불화폐를 사용하여 해외파견인력에 대한 보상이 이루어질 수 있다.[14]

- 본국의 통화
- 현지국의 통화
- 혼합방법(본국의 통화, 현지국의 통화 및 제3국의 통화 혼합)
- 제3국의 통화(일반적으로 미국의 달러화 및 유럽연합의 유로화 등과 같은 태환성이 높은 통화가 지불됨)

14 전게서, p. 259.

표 8-3 유럽 다국적 기업의 보상 구성요소 사례(2002년)

구성요소	하위 구성요소	유럽 다국적 기업의 수 (n = 187)
생활비 및 주택 수당	• 생활비 수당	86%
	• 주 택	
	– 무료 주택 제공	44%
	– 기타(예를 들면, 차별적 주택 제공)	48%
해외근무 프리미엄	• 이동 프리미엄	
	– 동일 대륙 내에서의 이동 수당	56%
	– 한 대륙에서 다른 대륙으로의 이동 수당	60%
	• 고생에 대한 수당	57%
소득세 지원	• 세금 정책	
	– 세금 균등화	65%
	– 세금 보호	8%
	– 면 세	4%
	– 기타(예를 들면, 자유방임적)	23%
지원 프로그램	• 교육 수당	
	– 항상 지원	44%
	– 적합한 무료 교육기관이 없을 경우 지원	47%
	• 선박운송 및 창고보관 비용(이삿짐 등)	
	– 선박운송 비용	96%
	– 창고보관 비용	75%
	• 1등석 및 비즈니스석 항공기 이용	
	– 최고경영층	49%
	– 기타 해외파견 직원	19%
	• 클럽 멤버십	
	– 최고경영층	59%
	– 기타 해외파견 직원	39%
	• 성과 인센티브	93%

자료원: Bonache, J.(2006), p. 164 재인용; Organization Resources Counselors(2002).

News Case 8-2

▶ 한국의 인건비 상승과 글로벌 기업

한국GM H사장은 최근 "한국의 노동조합은 회사를 싸워서 이길 대상으로만 여긴다"고 말했다. H사장만이 아니다. 강성 노조의 투쟁에 지쳐 한국을 떠났거나, 철수를 검토하는 외국기업 대부분은 비슷한 하소연을 한다. 강성 노조와 함께 너무 빠른 속도로 오르는 인건비도 외국 기업들을 한국에서 떠나게 한다. 최저임금은 2000년 이후 세 배 넘게 상승했다. 세계 각지에서 공장을 돌리는 글로벌 기업들은 더 이상 한국공장을 운영할 필요성을 느끼지 못한다. 한국 기업들마저 국내투자를 늘리지 않고 있다. 이대로 가다간 10년 후에는 국내·외 기업들의 '탈한국 러시'가 극에 달해 한국에 본사를 둔 기업이 사라질지 모른다는 위기감마저 감돌고 있다.

고비용·저생산성의 한국

한국GM은 연매출 12조 원이 넘는 국내 최대 외국 기업 중 하나다. 한국시장 연간 판매량은 15만 대 가량이다. 한국GM 모기업인 미국 제너럴모터스(GM)에도 중요한 시장이다. 하지만 한국GM의 '철수설'은 회사의 부인에도 불구하고 끊임없이 제기되고 있다. 생산량과 수출량이 계속 줄고 있어서다. 2011년 81만 대였던 연간 생산량은 지난해 62만 대로, 수출량은 65만 대에서 47만 대로 감소했다.

원인은 인건비이다. 한국GM의 최근 5년간 인건비는 50% 올랐다. GM 본사는 세계 30개국 150여 개 공장에서 차량을 생산한다. 생산비용은 150개 공장에 생산물량을 배정하는 핵심기준이다. 한국GM이 속한 GM 해외사업부는 소속 26개 공장을 대당 제조비를 기준으로 고비용 20%, 중비용 40%, 저비용 40% 등 3단계로 분류한다. 제조비는 부품 등 원재료를 제외한 생산비용으로 인건비가 가장 큰 몫을 차지한다. 한국GM 소속 4개 공장은 모두 고비용 공장에 속한다. 선진국 공장들보다 높다. 반면 생산성은 인도 등 경쟁국가들에 뒤처진다. 이 같은 추세가 계속되면 한국GM은 철수가 불가피한 상황에 봉착할 수밖에 없다는 게 업계의 관측이다.

기업들 잇따른 한국 철수

강성 노조도 한국을 등지게 하는 요인이다. 한국의 높은 기술력과 중국, 일본 시장 접근성을 보고 투자했다가 강성 노조와의 갈등 끝에 결국 철수한 사례가 적지 않다. 자동차 금속부품용 금형 제조업체 깁스코리아가 대표적이다. 깁스코리아는 미국 깁스가 1999년 당시 만도기계의 금형사업부를 인수해 출범했다. 2006년까지 흑자를 내다가 2007년부터 적자로 돌아섰다. 하지만 민주노총 소속 노조는 파업을 앞세워 임금 인상을 지속적으로 요구했다. 2011년 51억 원의 순손실이 났음에도 불구하고 2012년 임단협에서 노조는 기본급 15만 원(7.7%) 인상을 요구했다.

미국 깁스 본사는 회사 매각을 추진했다. 인수 의사를 밝힌 기업도 나왔다. 하지만 노조가 이전 모기업인 만도에 매각해야 한다고 주장하는 바람에 거래가 불발되었다. 회사는 결국 2012년 3월 노조 등에 폐업을 통보했다. 노조는 폐업 통보를 받고도 전면파업에 들어갔다. 주채권은행인 당시 외환은행이 4월 23일 깁스코리아를 최종 부도처리하면서 노조원 100여 명은 일자리를 잃었다.

인건비보다 무서운 노사 관행

불합리한 노사 관행은 기업들이 가장 두려워하는 요소이다. 당장 임단협 주기가 세계에서 가장 짧다. 노무관리 비용이 더 들 수밖에 없다. 한국GM H사장은 "GM이 공장을 둔 세계 30개국 가운데 매년 임금교섭을 하는 곳은 한국이 유일하다"며 "매년 2~3개월을 임단협에 매달리느라 치러야 하는 비용이 너무 크다"고 말했다. 주한미국상공회의소(AMCHAM) J대표도 "회사의 경영상황에 상관없이 매년 월급이 무조건 올라야 한다고 생각하면서 노사협상을 하는 나라는 한국뿐"이라고 지적했다. J대표는 "수십 년간 노사 합의로 정해 오던 통상임금이 한순간에 대법원 판결로 뒤집히고 최저임금도 물가상승률을 반영하지 않고 대폭 오르는 등 제도적인 불확실성이 크다"며 "이런 상황에서 장기적인 투자를 계획하기 힘들다"고 털어놨다. 이런 이유로 2010년부터 매년 평균 1,000억 원씩 한국에 투자하던 기업이 불확실성 때문에 최근 투자를 중단한 사례도 있다고 그는 소개했다.

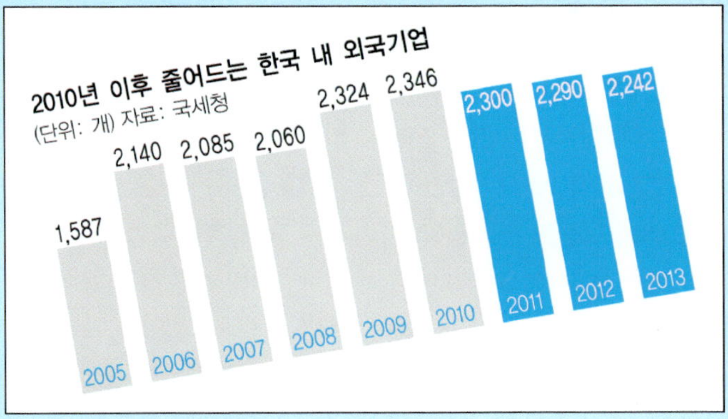

자료원: 한국경제, 2015년 10월 5일

제 9 장

글로벌 인적자원의 해외파견과 재통합관리

9.1 글로벌 인적자원의 해외파견과 재통합관리의 의의

글로벌 인적자원의 해외파견(expatriation)은 글로벌 기업이 모집하고 선발한 인력을 현지 자회사로 보내는 의사결정을 포괄한다(제6장 참고). 공식적이고 비공식적인 절차를 거쳐 선발된 인력은 다양한 교육훈련의 과정을 거쳐 현지 자회사로 파견된다(제7장 참고). 아울러, 글로벌 기업은 해외파견인력을 위한 동기부여와 보상관리에 관심을 가져야 한다(제8장 참고). 해외파견인력을 현지 자회사로 파견하기 이전에 글로벌 기업은 그들과 파견계약을 맺을 필요가 있다. 이러한 파견계약에는 보상 및 지불화폐의 선택 등에 대한 내용이 포함되는 것이 바람직하다(제8장 8.3.3 참고).

글로벌 인적자원의 재통합관리(reintegration management)는 현지 자회사에서 근무하는 해외파견인력의 본국 귀국과 관련된 다양한 관리적 의사결정을 말한다. 여기에서 재통합(reintegration)은 귀환(repatriation)이라는 용어와 동의어로 사용된다. 특히, 글로벌 인적자원의 재통합과 관련된 주요 이슈를 살펴보면 다음과 같다.[1] 〈표 9-1〉은 해외파견 전후의 시점과 관련된 다양한 이슈를 제시한다.

- 과업과 관련된 이슈
  - 고조된 긴장 및 갈등: 재통합과 관련하여 글로벌 기업과 해외파견인력 간의 긴장과 갈등이 해결되어야 한다.
  - 높은 재통합 이직률: 해외파견인력이 현지 자회사에서의 임무를 마치고 귀환하는 경우 본사가 제시하는 불만족스러운 재진입 직위(reentry position) 및 불충분한 보상수준이 이직률(또는 이탈)을 높일 수 있다(9.4.2 참고).
  - 귀환에 대한 지원형태: 재통합의 대상이 되는 해외파견인력에 대한

1 Harvey, M./Novicevic, M. M.(2006), p. 328.

다양한 지원책이 제공되어야 한다.

– 의사결정 자율권의 부족: 해외파견인력의 재통합에 대한 의사결정 자율권이 부족한 경우 그들에게 재통합과 관련된 자율권을 줄 필요가 있다.

- 개인 및 가족과 관련된 이슈
  – 삶의 표준의 잠재적 저하: 해외파견근무를 마치고 귀국하는 직원과 가족이 본국에 재적응하는 과정에서 삶의 표준이 잠재적으로 저하될 수 있다.
  – 역문화충격(contra culture shock): 이것은 오랜 기간 동안 현지국에서의 생활을 마치고 귀국하는 경우, 귀국하는 직원 또는 그 가족이 본국의 생활에서 느끼는 문화적 이질감과 심리적 불안감 등에 근거하여 발생하며, 이에 대한 대책이 필요하다(9.4.2 참고).
  – 증대된 부부 간의 불화: 귀국하는 직원과 그의 배우자 사이에 귀국 이후에 파생될 수 있는 여러 가지 어려움과 문제점(주택, 자녀 교육, 배우자의 직장 문제 등) 때문에 부부 간의 불화가 생길 가능성이 있다.
  – 파견 때문에 직장을 그만둔 배우자의 구직의 어려움: 직원의 해외파견 때문에 직장을 그만둔 배우자를 위해 본사는 그들의 구직활동을 적극적으로 지원할 필요가 있다.
- 사회적 및 문화적 이슈
  – 재통합의 어려움: 오랜 기간 해외근무를 마치고 귀국하는 직원의 본사 재통합이 어려울 수 있기 때문에 이들에 대한 다양한 지원책이 요구된다.
  – 본국에서의 수용의 부족: 해외근무를 마치고 귀국하는 직원들이 현지문화에 장기간에 걸쳐 동화된 경우 이들에 대한 본국에서의 사회문화적 수용이 어려울 수 있다.
  – 본국 및 본국문화에 대한 정체성의 부족: 장기간의 해외근무를 마치고 귀국하는 직원의 재통합과정에서 정체성 혼란의 문제가 발생할 수 있다.

표 9-1 해외파견 전후의 시점과 관련된 다양한 이슈

구 분	해외파견 이전 (before)	해외파견 중 (during)	재통합 (after)
과업과 관련된 이슈	• 적절한 훈련의 부족 • 파견기간 동안 요구되는 지식의 부족 • 커리어 계획의 부족 및 훈련의 역할 • 커리어 경로에 대한 임무 • 재통합 직위 확인의 불가능	• 커뮤니케이션 및 접촉의 부족 • 본사로부터 잊혀짐 • 불충분한 커리어 개발 • 국내적인 사회적 자본의 손실 • 감소된 근무관련 동기부여 및 성과	• 고조된 긴장 및 갈등 • 높은 재통합 이직률 • 귀환에 대한 지원형태 • 의사결정 자율권의 부족
개인 및 가족과 관련된 이슈	• 파견에 대한 거부 • 훈련 및 가족에 대한 준비의 부족 • 가족을 위한 지원의 부족 • 맞벌이 가족 이슈에 대한 논의 불가능	• 자녀의 교육 문제 • 파견 때문에 직장을 그만둔 배우자를 위한 커리어 기회의 부족 • 성과에 영향을 미치는 배우자 및 자녀의 역기능적 행동	• 삶의 표준의 잠재적 저하 • 역문화충격 • 증대된 부부 간의 불화 • 파견 때문에 직장을 그만둔 배우자의 구직의 어려움
사회적 및 문화적 이슈	• 신흥국 및 전환경제국가에 대한 지식의 부족 • 임무 수행국에서의 외부적 영향요인에 대한 통찰의 부족 • 언어 및 문화훈련의 부족	• 현지문화의 수용 부족 • 고립과 문화충격의 지속 • 현지환경의 위험에 대한 공포(건강, 안전 등)	• 재통합의 어려움 • 본국에서의 수용의 부족 • 본국 및 본국문화에 대한 정체성의 부족

자료원: Harvey, M./Novicevic, M. M.(2006), p. 328.

News Case 9-1

▶ 롯데건설의 해외파견근무

인도네시아 자카르타에서 차로 약 2시간 30분을 달리면 찔레곤시 아사히마스케미컬 공장이 나타난다. 이곳에서는 롯데건설과 현대엔지니어링이 함께 참여한 아사히마스 6단계 공사의 막바지 작업이 한창이었다. 롯데건설이 시공을, 현대엔지니어링이 설계와 구매를 각각 담당한다. 인도네시아 내 공사지만 발주처는 일본회사 아사히마스케미컬이다. 최종입찰에서 일본기업과 경쟁해 당당히 수주했다. 여기에 더해 롯데건설은 발주처로부터 보너스 명목의 인센티브까지 약속받았다.

롯데건설 L현장소장(상무)은 "내년 2월로 예정한 준공을 최선을 다해 올 연말까지 앞당기려 하고 있다"며 "그동안의 공사 진행 상황에 만족한 발주처가 인센티브를 약속했다"고 설명했다. 공사가 빨리 끝나면 발주처 입장에서도 공장을 곧바로 가동할 수 있어 서로 윈윈이 되는 구조이다. 이로 인해 발주처로부터 큰 신임을 받았다는 것이 롯데건설의 설명이다. 하루에 공사현장에 투입되는 현지 인력만 최대 2,000명이다. 시장환경과 현지 인력 운용이 녹록치 않아 준공기한을 맞추는 것도 만만치 않은 인도네시아시장에서 오히려 공사 효율을 높일 수 있었던 배경은 무엇일까 궁금하다.

L소장은 "특별한 묘안이 있었던 것은 아니지만 뛰어난 파트너사들을 잘 발굴해 적재적소에 배치하고 현지 협력업체들에게는 작업성과에 따라 인센티브 지급을 약속하는 등 사업 초기부터 효율성을 높이기 위한 관리를 해 왔다"고 설명했다. 안전관리에도 만전을 기한다. 현지 안전팀장을 별도로 고용하고 안전관리에 노력하면서 '무사고 350만 인시(man hour)'를 달성했다. 이는 연이어 고용한 인력 총 35만 명이 하루에 10시간 근무하는 동안 한 번도 안전사고가 없었음을 의미한다. 1차 무사고 목표인 70만 인시의 5배에 해당한다. 이에 발주처와 회사로부터 인증서와 표창을 받기도 했다.

누구보다 깐깐한 일본 발주처를 만족시킨 데는 롯데건설의 기업문화도 무관하지 않다. 롯데건설은 외부인력이라도 필요에 따라 인재들을 적극 영입한다. 플랜트만 35년을 담당하면서 '플랜트의 신'으로 불리는 L소장도 이 프로젝트에 참여하면서 롯데맨이 되었다. 그룹 차원에서도 해외인력을 집중적으로 양성·관리한다. 다른 건설업체와 달리 롯데건설 주재원들은 베트남, 인도네시아, 중국, 인도 시장의 경우 현장에 나오기 최소 6개월 전부터 그 나라의 관습, 문화, 제도, 언어 등을 두루 배운다. '글로벌스쿨'이라는 이 과정을 거치지 않으면 해외파견 자체가 불가능하다.

롯데건설 인도네시아 L지사장이 현지 발주처들을 상대로 영어가 아닌 인도네시아어로 발표하고 설명할 수 있는 배경도 이런 이유에서다. L소장은 "겪으면서 배우는 점들도 있지만 미리 그 나라의 관습과 제도, 언어 등을 체계적으로 배우면 국내는 물론 해외 경쟁업체보다 한 발 이상 먼저 나갈 수 있다"고 말했다.

자료원: 중앙일보, 2015년 10월 22일

9.2 글로벌 인적자원의 해외파견기간과 지도감독

해외파견단계에서는 해외파견기간과 파견기간 동안의 지도감독이 중요한 의사결정에 속한다.[2]

해외파견기간

일반적으로 해외파견인력의 파견기간은 3~5년이 적절하다. 해외파견기간이 1~2년 정도로 너무 짧으면 현지 자회사에서 업무를 익히기도 전에 본국으로 귀환하기 때문에 해외파견과 관련된 교육비, 현지 정착비, 부가급 및 각종 수당 등이 효율적으로 사용될 수 없다. 또한 해외파견기간이 짧은 경우 현지 자회사에서 근무하는 현지채용인력과의 상호작용이 어려울 수 있고, 경영적 및 기술적 노하우가 현지 자회사에 제대로 이전될 수 없다.

그리고 투입기간이 5년 이상으로 장기간 지속될 경우에는 해외파견인력의 현지 동화와 이로 인한 귀국 거부의 위험이 나타날 수 있다. 경우에 따라서 현지국에서 장기간 근무를 하고 있는 해외파견인력을 본국, 현지국 또는 제3국 등에서 활동하는 경쟁기업이 채용할 수 있다. 이로 인하여 그 기업의 경영적 및 기술적 지식 또는 노하우, 업무상의 기밀 등이 유출될 가능성이 높다.

2 박주홍(2012a), p. 261 수정 재인용; Perlitz, M.(2004), p. 417 이하.

지도감독

해외파견기간 동안의 지도감독의 목적은 현지 자회사에서의 목표달성을 촉진시키고, 그리고 귀국시에 나타날 수 있는 여러 가지 문제점을 사전에 예방하는 데 있다. 다음과 같은 방법을 통하여 해외파견인력에 대한 지도감독이 이루어질 수 있다.

- 본사에 고정적인 대화 파트너를 지정함: 일반적으로 본사에 근무하는 상사가 대화 파트너가 될 수 있다. 이러한 대화 파트너를 통하여 본사의 여러 가지 상황들이 현지 자회사에서 근무하는 해외파견인력에게 구체적으로 설명될 수 있다.
- 이메일, 웹진, 사보 또는 회사 간행물을 발송함: 글로벌 기업은 다양한 매체를 통하여 본사의 상황을 해외파견인력에게 알려줄 수 있다.
- 본국에서 휴가를 갖도록 휴가 수당을 지급함: 해외파견인력에게 본국에서 휴가를 즐길 수 있는 수당을 지급함으로써 이들은 본국에서 휴가를 보낼 수 있다. 이러한 휴가를 통하여 해외파견인력은 본국에 대한 정체성을 재확인할 수 있을 뿐만 아니라, 본사에 대한 소속감을 느낄 수 있다.
- 본사의 관리인력이 정기적으로 현지 자회사를 방문하여 해외파견인력을 관리함: 글로벌 기업의 본사가 해외파견인력을 관리할 목적으로 관리인력을 현지 자회사로 보낸다.
- 귀국 후에 나타날 수 있는 여러 가지 문제점(귀국 후의 재진입 직위, 보상수준, 역문화충격 등)을 사전에 해결할 수 있는 지도감독 시스템을 운영함: 해외파견인력이 귀국하는 경우 나타날 수 있는 문제점을 미리 파악하여 이들을 해결할 수 있는 지도감독 시스템 또는 데이터베이스(database)를 구축하는 것이 바람직하다.

News Case 9-2

▶ 삼성엔지니어링의 신입사원 해외파견근무

"1년 2개월 간의 사우디 근무에서 얻은 경험을 본사 근무에 적용해 보니, 해외파견기간 동안 시간을 헛되이 보내지 않았다는 게 증명됐습니다."(SEED 1기, I사원) "앞으로 어떤 프로젝트를 맡게 되더라도 자신감을 갖게 됐고, 해외파견근무에 성실히 임한 보람이 있습니다."(L사원)

삼성엔지니어링의 글로벌 인재육성을 위한 프로그램 'SEED(Samsung Engineering Early Development)'가 업계에서 주목을 받고 있다. 대부분의 기업 신입사원들은 국내에서 먼저 근무를 시작하고 경험이 쌓인 후에 해외파견을 나가는 경우가 많지만, 업무능력을 검증받지 않은 신입사원을 해외근무에 바로 파견하는 사례는 드물기 때문이다. 삼성엔지니어링에 따르면 삼성그룹 내에서도 최초로 시작한 글로벌 인재양성 프로그램 SEED는 지난해 처음으로 도입한 '신입사원 공사직무 의무 수행' 제도이다.

SEED는 해외 현장프로젝트가 많은 중공업계의 현실을 고려해 모든 신입사원이 의무적으로 1년 2개월 동안 현장에 배치돼 시공과 공무, 관리, 안전 등 다양한 업무를 수행하는 삼성엔지니어링만의 교육 프로그램이다. 회사측은 "플랜트 현장에서의 실무경험을 통해 신입사원들이 입체적 사고와 현장감각을 배양해 향후 사업, 설계, 공사, 조달 분야의 전문가로 성장해 나갈 수 있도록 종전의 OJT(On-the-Job-Training) 프로그램을 대폭 강화했다"고 도입배경을 설명했다. 체류비 및 교통비까지 포함하면 해외에 파견된 사원 1인당 투자금액은 2~3억 원에 이른다. 하지만 투자 대비 업무능력 향상실적이 높기 때문에 해외파견 프로그램을 지속적으로 진행하고 있다는 것이 회사측의 설명이다.

지난해 SEED 1기로서 해외 파견근무를 다녀온 I사원은 "대졸 초임에, 해외 근무수당까지 더해져 임금이 꽤 높았다"고 뿌듯해 했다. I씨와 함께 작년에 출발한 첫 기수 160명은 지난 8월에 14개월의 해외파견근무를 마치고 현재 상일동 본사에서 PM(사업), CM(공사), 설계, 구매 안전관리 등 부서를 배치받아 근무를 시작했다.

파견국가는 삼성엔지니어링의 주요 프로젝트가 진행되고 있는 26개국으로 사우디아라비아, 아랍에미리트연합, 바레인, 이라크, 말레이시아 등이다. 파견국은 프로젝트에 필요한 인력을 고려해 결정된다. 파견지역의 환경이 열악하기 때문에 업무가 쉽지 않지만, 파견 14개월 중 3~4개월마다 10~14일 정도 휴가가 주어지며 숙소와 기본 복지시설 등이 마련되기 때문에 위험하거나 생활에 불편을 겪는 일은 없다는 것이 회사측의 입장이다.

아랍에미리트에서 근무한 L씨는 "오전 5시 반부터 시작해 오후 6시까지 근무를 했다"며 "다양한 국가의 사람들이 근무하는 만큼, 라마단 기간 등 종교적 행사가 있으면 오전 근무를 하지 못하거나 밤에 근무를 해야 할 때도 있었다"고 전했다. 한편, 올해 입사한 SEED 4기는 이달 초 해외 현장업무를 수행하기 위해 출발했으며 2기와 3기 역시, 현장에서 근무하고 내년 1월과 8월에 각각 국내로 복귀한다.

자료원: 디지털타임스, 2014년 11월 17일

9.3 글로벌 인적자원의 재통합과 관련된 요인

글로벌 인적자원의 재통합은 몇 가지 요인들의 복잡한 상호작용에 의해 영향을 받는다. 이러한 재통합과 관련된 요인은 직무관련적 요인과 사회적 요인으로 구분하여 살펴볼 수 있다.[3] 〈표 9-2〉는 글로벌 인적자원의 재통합과 관련된 요인을 보여준다.

9.3.1 직무관련적 요인

글로벌 인적자원의 재통합과 관련된 직무관련적 요인은 본국으로 귀환하는 직원의 커리어 불안감, 업무적응, 새로운 역할의 요구 및 지위와 임금의 손실 등이다. 이들 요인을 간략히 논의하면 다음과 같다.

- 커리어 불안감(career anxiety): 커리어 발전(예를 들면, 승진)과 금전적 이득은 해외파견인력이 현지 자회사에서의 파견근무를 적극적으로 수용하게 하는 동기부여의 요인으로 작용한다. 하지만 해외파견인력이 본사

3 Dowling, P. J./Festing, M./Engle, Sr., A. D.(2008), p. 188 이하.

로 재통합(귀환)하는 경우에 있어서 본사의 상황에 따라 귀국하는 직원에게 불리한 여건이 조성될 수도 있다. 이러한 상황은 본국으로 귀환하는 직원의 커리어 불안감으로 연결된다.

- 귀국 후 고용보장의 문제: 경우에 따라서 본국의 불경기 또는 경기악화로 인하여 본사로 귀환하는 직원에게 고용이 보장되지 않을 수도 있다. 이러한 문제를 해결하기 위해서는 해외파견 이전에 본사와 해외파견인력 간에 귀국 후 고용을 약속한다는 내용이 포함된 고용계약서를 작성하는 것이 바람직하다.
- 본사로부터 잊혀짐과 고립: 장기간 해외파견근무를 마치고 귀국하는 직원은 본사에서 잊혀질 수도 있고, 귀국 후 새로운 환경에 적응하는 과정에서 고립될 수도 있다. 이러한 문제를 극복하기 위하여 해외파견인력은 파견기간 동안 지도감독 프로그램에 적극적으로 참여할 필요가 있다(9.2 참고).
- 본사 직장의 변화: 해외파견인력이 현지 자회사에서 근무하는 기간 동안에 본사에서 다양한 조직적 변화(예를 들면, 인수 및 합병, 사업부의 매각 등)가 초래될 수 있다. 이러한 본사 직장의 변화는 본사로 귀국하는 직원에게 고용불안의 요인으로 작용할 가능성이 매우 높다.

• 업무적응(work adjustment): 업무적응은 해외파견인력이 본사 조직에 재통합되는 과정에서 감당해야 하는 가장 중요한 요인의 하나이다.

- 고용관계: 일반적으로 해외파견인력은 현지 자회사에서의 근무를 마치고 귀국하면서 승진 및 보다 높은 직위로의 배치 등과 같은 커리어 발전을 기대한다. 이러한 커리어 발전과 관련된 사항은 고용관계를 지속적으로 유지하는 원동력이 될 수 있다.
- 재진입 직위: 이것은 해외파견근무를 마치고 본사로 귀환하는 직원에게 새로운 직위를 부여하는 것을 말한다. 해외파견근무에서 우수한 성과를 거둔 직원에게는 보다 나은 재진입 직위와 승진을 보장하는 것이 바람직하다. 그러나 해외파견근무에서 우수한 성과를 거두

지 못한 직원에게는 인사상의 불이익이 초래될 수 있다.

– 평가절하된 경험: 해외파견근무를 통하여 축적된 귀환 직원의 경험은 본사에서 시의적절하게 활용되어야 한다. 그러나 본사에서 이들 직원의 경험이 무시되거나 평가절하될 가능성이 있기 때문에 이에 대한 대책(예를 들면, 귀국하는 직원의 경험을 문서화하여 관리함)이 요구된다.

- 새로운 역할의 요구: 해외파견근무를 마치고 귀국하는 직원은 현지 자회사에서 맡았던 업무와는 전혀 다른 새로운 역할을 본사의 조직에서 담당할 수 있다. 그러므로 귀국하는 직원이 담당하게 될 새로운 역할과 관련하여 본사 차원의 다양한 경영적 지원이 요구된다. 또한 현지 자회사의 관리 스타일(예를 들면, 권위주의적)이 본사의 관리 스타일(예를 들면, 민주적)과 다를 수 있기 때문에 본사로 귀환하는 직원은 본사의 관리 스타일에 신속하게 재적응하여야 한다.
- 지위와 임금의 손실: 일반적으로 우수한 성과를 거둔 해외파견인력이 본사로 귀환할 경우 본사는 그들에게 더 나은 지위와 더 많은 임금을 제공하는 경향이 있다. 그러나 현지 자회사에서 우수한 경영성과를 거두지 못하고 귀국하는 직원에게 본사는 지위와 임금에서의 불이익을 줄 수도 있다. 일반적으로 현지 자회사에서 근무하는 해외파견인력에게 다양한 형태의 부가급, 보조금 및 수당 등이 지급된다. 하지만 이들이 본사로 귀환할 경우, 이러한 추가적인 급여가 대부분 없어지기 때문에 본사로 귀환한 직원은 임금이 삭감되었다고 느낄 수도 있다.

9.3.2 사회적 요인

글로벌 인적자원의 재통합과 관련된 사회적 요인은 가족의 적응, 사회적 네트워크 및 파트너의 커리어에 대한 영향 등이다. 이들 요인을 간략히 살펴보면 다음과 같다.

- 가족의 적응: 해외파견인력이 배우자(파트너) 및 동반 가족과 함께 현지국에 거주하다가 귀국하는 경우, 본인뿐만 아니라 가족의 본국 적응 문제도 중요한 과제로 대두된다. 가족의 귀국과 관련하여 무엇보다도 먼저 본국에서의 가족의 주거 및 자녀의 교육 문제가 해결되어야 한다. 또한 귀국 후 현지 자회사에서 지급되던 부가급, 보조금 및 수당 등이 본사에서는 지급되지 않을 가능성이 높기 때문에 귀국한 직원의 소득이 감소할 수 있으며 이로 인하여 가족은 경제적 어려움에 노출될 수도 있다.
- 사회적 네트워크: 해외파견인력이 장기간에 걸쳐 현지 자회사에서의 근무를 마치고 귀국할 경우, 현지 자회사에서 근무하던 동안 해외파견 이전에 구축하였던 본국의 사회적 네트워크(예를 들면, 인간관계, 관청과의 관계)가 더 이상 유지되지 않을 수 있기 때문에 귀국하는 직원은 본국에서 사회적 네트워크를 새롭게 구축하여야 한다. 또한 귀국하는 직원의 배우자와 자녀의 사회적 네트워크(예를 들면, 자녀의 교우관계, 학교 적응

표 9-2 글로벌 인적자원의 재통합과 관련된 요인

요 인	주요 내용
직무관련 요인	• 커리어 불안감 – 귀국 후 고용보장의 문제 – 본사로부터 잊혀짐과 고립 – 본사 직장의 변화 • 업무적응 – 고용관계 – 재진입 직위 – 평가절하된 경험 • 새로운 역할의 요구 • 지위와 임금의 손실
사회적 요인	• 가족의 적응 • 사회적 네트워크 • 파트너의 커리어에 대한 영향

자료원: Dowling, P. J./Festing, M./Engle, Sr., A. D.(2008), p. 189.

문제, 사교육 문제 등)도 와해되었을 가능성이 높기 때문에 글로벌 인적자원 관리자는 이들의 사회적 네트워크 구축에도 관심을 가져야 한다.

- 파트너의 커리어에 대한 영향: 해외파견인력의 파트너(배우자)가 직장인이라면 이들의 재통합은 매우 중요한 과제로 대두된다. 배우자가 장기간 휴직상태에서 귀국 후 다시 옛 직장으로 복귀한다면 적응과 관련된 많은 문제점이 야기될 수 있다. 또한 직장이 없는 배우자는 본국에서 일자리를 찾는 데 있어서 많은 어려움을 겪을 수 있다. 따라서 글로벌 인적자원 관리자는 이들이 새로운 일자리를 구할 수 있도록 지원을 아끼지 말아야 한다.

9.4 글로벌 인적자원의 재통합과정과 재통합단계

9.4.1 해외파견인력의 재통합과정

해외파견인력의 재통합과정(reintegration process)은 해외파견인력이 본국으로 귀국(귀환)하는 과정과 관련되어 있다. 해외파견인력의 재통합은 해외파견 이전, 해외파견 중 및 귀환 이후 등의 과정으로 구분할 수 있다.[4]

해외파견 이전

이 과정은 해외파견인력이 본국에서 현지 자회사로 파견되기 이전에 시작되며, 다음과 같은 네 가지 과정으로 구성된다.

- 후원자의 배정: 이 과정에서는 특정 해외파견인력에게 특정 후원자 또는 멘토가 배정된다. 이러한 특정 후원자는 해외파견인력이 현지 자회

4 전게서, p. 184 이하.

사에서 근무하는 동안 자문을 할 뿐만 아니라, 귀국 후에도 다양한 형태의 본사 재적응과 관련된 지원을 하게 된다. 그러므로 해외파견인력의 재통합은 해외파견 이전부터 준비된다고 할 수 있다.

- 커뮤니케이션 규정(communication protocol)의 제정: 본사의 글로벌 인적자원 관리자는 해외파견인력의 신속한 현지적응을 돕기 위하여 해외파견 이전에 커뮤니케이션 규정을 제정할 필요가 있다. 이러한 커뮤니케이션 규정에는 본사와 해외파견인력 간의 커뮤니케이션과 관련된 다양한 내용들이 포함되어야 한다.
- 웹 및 미디어 네트워크 활용: 해외파견인력이 현지 자회사로 파견되기 이전에 본사에서 웹 및 미디어 네트워크를 구축할 필요가 있다. 아울러, 본사는 현지 자회사 파견 이후에 해외파견인력이 접속해야 할 웹사이트에 대한 정보를 제공하여야 한다.
- 해외파견 이전 교육 및 오리엔테이션: 해외파견 이전에 본사에서 실시하는 교육 및 오리엔테이션의 주요 목적은 해외파견직원의 신속한 현지적응 및 현지에서의 문화충격의 완화이다.

해외파견 중

이 과정은 해외파견인력이 현지 자회사에서 근무하는 기간에 진행되며, 다음과 같은 네 가지 과정으로 이루어져 있다.

- 본국에서의 출국: 이 과정에서는 본사에서 교육을 받은 해외파견인력이 현지 자회사로 배치된다. 경우에 따라서 배우자 및 가족이 동반하여 출국할 수 있다. 해외파견인력과 그의 가족이 현지국에서 거주하는 동안 본국에서의 정기적인 휴가를 제공한다면 귀환 후 본국으로의 재통합이 쉽게 이루어질 수 있다. 또한 현지 자회사의 인적자원 관리자는 해외파견인력의 현지국 정착과정에서 나타날 수 있는 문화충격을 완화시키는 프로그램을 운영할 필요가 있다.

- 업무관련 정보교환: 해외파견인력과 본사 간에 업무와 관련된 정보교환이 원활하게 이루어져야 한다. 이러한 정보교환은 해외파견인력의 일상적 근무의 일환으로 볼 수 있다. 이를 통하여 해외파견인력은 현지 자회사에서의 업무를 잘 감당할 수 있을 뿐만 아니라, 본국으로의 귀환 시 본사의 업무환경에도 잘 적응할 수 있다.
- 후원자와의 지속적 커뮤니케이션: 해외파견 이전에 본사에서 배정된 후원자 또는 멘토와의 지속적인 커뮤니케이션을 통하여 본사에서의 업무와 관련된 정보, 인사상의 변동, 고위층 인사정책, 전략적 발전방향 및 업무와 관련 없는 최신 정보 등의 교환이 이루어질 수 있다.
- 체계적인 귀국 이전의 오리엔테이션: 현지 자회사에서 파견근무를 마치고 귀국하는 인력을 대상으로 하는 체계적인 오리엔테이션이 실시되어야 한다. 일반적으로 이러한 오리엔테이션은 귀국 1~2개월 전 또는 몇 주 전에 실시된다. 이를 통하여 귀국하는 직원의 본사 재통합이 원활하게 진행될 수 있으며, 본국에서의 역문화충격이 최소화될 수 있다.

귀환 이후

이 과정은 해외파견인력이 본사로 귀환한 이후에 진행되며, 다음과 같은 네 가지 과정으로 구성된다.

- 새로운 업무배정: 현지 자회사에서의 파견근무를 마치고 본사로 귀환하는 인력은 새로운 업무를 배정받게 된다. 일반적으로 본사에서의 업무배정은 해외파견인력이 현지 자회사에서 달성한 성과에 근거하여 이루어진다. 또한 이 과정에서는 본사에서의 재진입 직위(reentry position)의 배정이 중요한 의사결정의 과제로 대두된다.
- 조직적 재결합: 이것은 현지 자회사에서 본사로 귀환하여 근무할 부서를 배치받은 직원이 새로운 조직에 잘 적응하는 것을 의미한다. 조직적 재결합의 목표는 본사로 귀환한 직원을 해외파견 이전의 상태로 되돌려

서 조직에 신속하게 적응하도록 지원하는 것이다.

- 업무 이외의 관련요인에 대한 협조: 본사의 인적자원 관리자는 본사로 귀환한 직원의 가족을 위한 다양한 지원책 제공, 주택문제, 자녀교육의 문제 및 본국에서의 신속한 사회생활의 적응 등과 같은 업무 이외의 관련요인에 대한 협조를 하여야 한다.
- 경험의 공유: 본사로 귀환한 직원이 현지 자회사에서 축적한 다양한 경험(예를 들면, 경영적 지식, 현지국에서의 생활경험 등)은 글로벌 기업 전체의 발전을 위해 공유될 필요가 있다. 이러한 경험은 본사 내의 공식적 또는 비공식적 모임을 통하여 공유될 수 있다. 또한 이러한 경험을 문서로 저장하거나 또는 데이터베이스(database)로 구축하여 관리한다면 향후에 현지 자회사로의 파견근무를 가게 되는 직원들이 이를 유용하게 활용할 수 있다.

〈그림 9-1〉은 해외파견인력의 파견단계별 만족도와 적응도를 제시한다.

그림 9-1 해외파견인력의 파견단계별 만족도와 적응도

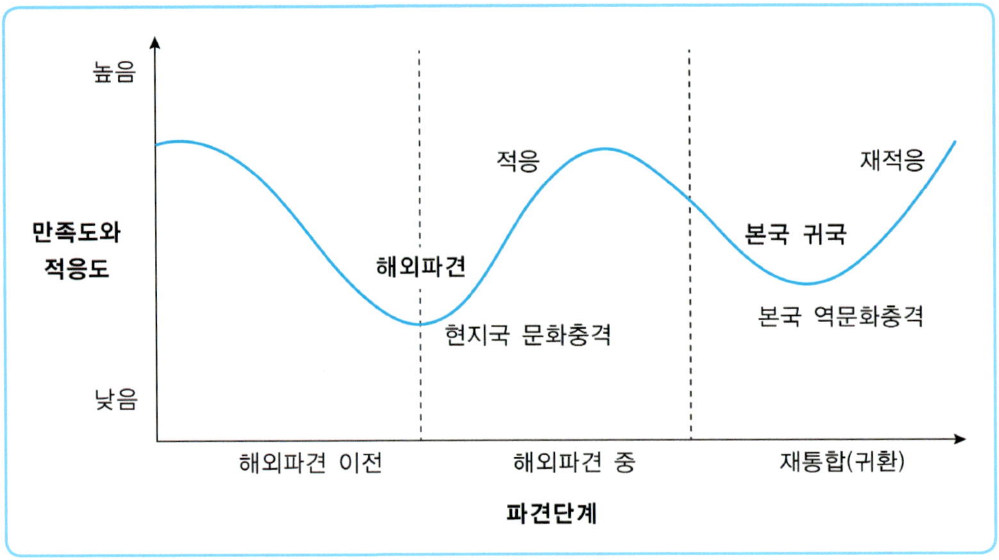

자료원: Dülfer, E.(1992), p. 359 수정 재인용; 저자에 의해 일부 수정됨.

이 그림에 나타나 있는 바와 같이 해외파견 이전, 해외파견 중, 재통합(귀환)의 단계별로 만족도와 적응도가 다르다는 것을 알 수 있다. 또한 이 그림은 해외파견 이후의 현지국 문화충격과 본국 귀국 이후의 역문화충격이 해외파견 인력의 만족도와 적응도에 부정적인 영향을 미친다는 것을 보여준다.

9.4.2 해외파견인력의 재통합단계

앞서 논의한 바와 같이 재통합단계(reintegration phase)는 해외파견인력이 본국으로 귀국(귀환)하여 적응하는 단계이다. 일반적으로 이 단계에서는 귀국하는 직원이 본국에서 잘 적응할 수 있도록 현지국에서부터 교육, 상담 또는 적응 프로그램을 운영하여야 한다. 재통합은 다음과 같은 3단계를 거쳐 이루어진다.[5]

사전단계

이 단계는 해외파견인력이 본국에 귀국하기 이전에 시작된다. 본국에 귀국하는 경우, 재진입 직위와 보상수준 등에 대한 문제가 중요한 과제로 부각된다. 글로벌 기업은 본국으로 귀국하는 직원의 재통합이 잘 이루어질 수 있도록 돕기 위하여 그들의 요구사항에 관심을 가져야 한다.

조절단계

해외파견인력이 현지 자회사에서 큰 성과를 거두었다면, 그들은 이에 대한 적절한 보상을 희망할 것이다. 그러나 현실적으로 볼 때, 귀국하는 직원과 본사 사이에는 보상과 관련하여 시각의 차이가 존재한다. 이 단계에서는 다음과 같은 네 가지 반응이 나타날 수 있다.

5 박주홍(2012a), p. 262 수정 재인용; Perlitz, M.(2004), p. 418 이하 재인용; Fritz, J.(1982). p. 39 이하.

- 순응: 귀국하는 직원이 본사의 의견을 대체로 수용한다. 물론 그들이 현지 자회사에서 거둔 성과는 본사에서 공정하게 평가될 수 있다.
- 종속반응(조건부로 반응함): 귀국하는 직원이 본사의 방침에 대하여 의견을 표명할 수 있다. 본사의 의견수용 여부에 따라 다음 단계의 반응(거부반응 또는 이탈)이 나타난다.
- 거부행동: 본사의 방침에 반발하여 귀국하는 직원들이 단체행동을 하며, 그들의 요구사항을 관철하기 위한 시도를 한다. 만일 그들의 요구사항이 본사에 의해 무시된다면 다음 단계의 반응(이탈)이 뒤따른다.
- 이탈: 본사의 방침을 받아들일 수 없는 직원은 현지 자회사에서의 잔류(체류연장)를 희망하거나, 현지국의 다른 기업으로 직장을 옮길 가능성이 높다.

적응단계

이 단계에서는 귀국한 직원이 본사에서의 재통합을 시도하게 된다. 무엇보다도 귀국한 직원은 본국에서의 정체성을 재확인하여야 하며, 재진입 직위를 배치받아야 한다. 현실적으로 볼 때, 현지국 파견 이전과 귀국 이후의 본국의 경제적 상황(예를 들면, 본국의 외환위기 또는 불경기)이 다를 수 있기 때문에 재진입 직위는 본사와 귀국 직원 간의 갈등의 대상이 될 수도 있다. 또한 본사는 귀국하는 직원 또는 그 가족을 위한 역문화충격(contra culture shock) 해소방안을 강구할 필요가 있다. 역문화충격은 오랜 기간 동안 현지국에서의 생활을 마치고 귀국하는 경우 귀국하는 직원 또는 그 가족이 본국의 생활에서 느끼는 문화적 이질감과 심리적 불안감 등에 근거하여 발생한다.

제 4 부

글로벌 인적자원의 현지채용관리와 글로벌 기업의 노사관계

제 4 부에서는 글로벌 인적자원의 현지채용관리와 글로벌 기업의 노사관계에 대하여 살펴본다. 제10장에서는 글로벌 인적자원의 현지채용관리에 대하여 검토한다. 또한 제11장에서는 글로벌 기업의 노사관계에 대하여 구체적으로 논의한다.

제 1 부　글로벌 인적자원관리의 개념과 사회문화적 환경

제1장　글로벌화와 글로벌 인적자원관리의 개념
제2장　글로벌 인적자원관리와 사회문화적 환경

⇩

제 2 부　글로벌 인적자원과 배치전략, 계획 및 조직

제3장　글로벌 인적자원과 배치전략
제4장　글로벌 인적자원과 계획
제5장　글로벌 인적자원과 조직

⇩

제 3 부　글로벌 인적자원의 해외파견관리

제6장　글로벌 인적자원의 모집과 선발
제7장　글로벌 인적자원의 교육훈련
제8장　글로벌 인적자원의 동기부여와 보상관리
제9장　글로벌 인적자원의 해외파견과 재통합관리

⇩

제 4 부　글로벌 인적자원의 현지채용관리와 글로벌 기업의 노사관계

제10장　글로벌 인적자원의 현지채용관리
제11장　글로벌 기업의 노사관계

⇩

제 5 부　글로벌 기업의 통제와 성과관리 및 글로벌 리더십의 개발

제12장　글로벌 기업의 통제와 성과관리
제13장　글로벌 리더십의 개발

제10장

글로벌 인적자원의 현지채용관리

10.1 글로벌 인적자원의 현지채용관리의 의의

10.2 글로벌 인적자원의 표준화와 현지화

10.3 글로벌 인적자원의 현지채용관리의 방법

10.1 글로벌 인적자원의 현지채용관리의 의의

현지 자회사의 여러 가지 업무는 본사 파견인력에 의해서만 전적으로 관리되는 것이 아니다. 그러므로 현지 자회사의 원활한 생산 및 운영을 위하여 현지국의 관리자 및 근로자에 대한 모집과 선발, 교육훈련, 동기부여와 보상 등이 이루어 져야 한다.[1] 글로벌 인적자원의 현지채용관리(local recruitment management)는 글로벌 기업의 현지 자회사가 필요로 하는 인력을 체계적으로 관리하는 것을 의미한다. 글로벌 인적자원의 현지채용관리와 관련된 주요 의사결정을 살펴보면 다음과 같다.

- 글로벌 인적자원관리의 표준화와 차별화: 이것은 글로벌 기업의 관점에서 인적자원의 관리를 표준화시킬 것인가 또는 현지화(차별화)시킬 것인가와 관련되어 있다. 즉, 이것은 글로벌 인적자원관리와 관련하여 "생각은 글로벌하게, 행동은 현지적으로(think global, act local)"라는 슬로건을 어떻게 따를 것인가에 대한 문제를 다룬다.
- 현지채용인력의 모집과 선발: 이것은 현지 자회사에서 근무할 근로자와 관리자의 모집과 선발에 대한 내용을 다룬다. 또한 여기에서는 현지 자회사에 배치하려는 인력의 국적도 중요한 의미를 갖는다. 따라서 글로벌 기업은 현지 자회사가 필요로 하는 인력을 본국 파견인력, 현지국 채용인력 및 제3국 채용인력으로 구분하여 채용할 수 있다.
- 현지채용인력의 교육훈련: 현지채용인력의 교육훈련은 근로자에 대한 교육훈련과 관리자에 대한 교육훈련으로 나누어 실시할 수 있다. 현지채용인력에 대한 교육훈련의 목적은 현지 자회사에 근무하는 인력에게 요구되는 자질을 함양하는 것이다.
- 현지채용인력의 동기부여와 보상관리: 현지채용인력에 대한 동기부여

1 박주홍(2012a), p. 264.

는 현지 자회사에 채용된 직원들이 현지 자회사의 목표를 내재적으로 수용하여, 이를 달성하도록 유도하는 것을 말한다. 또한 현지채용인력의 보상관리는 현지국 채용인력의 직무수행 결과에 대한 대가를 지급하는 것과 관련되어 있다. 현지 자회사는 이러한 보상관리를 통하여 현지채용인력의 동기부여를 증대시킬 수 있다.

News Case 10-1

▶ 한화생명 해외법인의 현지인력채용

한화생명이 해외시장 공략에 박차를 가하고 있다. 지난 2009년에는 국내 생명보험사 최초로 베트남 보험시장에 진출했다. 국내 생명보험사가 단독으로 지분 100%를 출자해 해외 보험영업을 위한 현지법인을 설립한 것도 첫 사례이다. 진출 7년째에 이르는 현재, 안정적인 조직 확보와 높은 신계약 실적으로 연착륙에 성공했다는 평가를 받고 있다.

한화생명이 베트남 생보시장에 성공적으로 정착할 수 있었던 것은 현지화 전략이 주효했기 때문이다. 법인장과 스태프 2명을 제외하고는 최고영업관리자, 재무관리자, 영업관리자 등 240여 명은 현지인력을 채용했다. 급성장하는 베트남 보험시장에서의 후발주자로서 한화생명 베트남 법인은 현지화 전략을 통한 1만여 개가 넘는 일자리 창출, 보험선진국 수준의 고객서비스 제공 외에도, IT 강국의 이점을 십분 활용하며 경쟁사와의 차별화도 이루어냈다.

한화생명은 세계 최대의 보험 격전지인 중국시장에서도 성공적으로 안착했다. 중국 합작법인인 중한인수보험유한공사는 2012년 12월 개업식을 갖고 영업을 개시한 후, 초회보험료 1억 7,505만 위안(약 306억 원)을 기록했다. 이는 저장성에서 영업 중인 13개 외자보험사 중 2위(신계약 기준)에 해당하는 실적으로 현지 보험업계에서도 중한인수의 빠른 도약에 큰 관심을 보이고 있다. 현재는 총자산 7억 위안(약 1,235억 원), 수입보험료 2억 9,000만 위안(약 506억 원) 규모로 빠른 성장세를 보이고 있다.

지난 2013년에는 한화생명의 인도네시아 법인인 PT Hanwha Life Insurance Indonesia의 개업식을 열고, 생명보험업계 최초로 인도네시아 시장에 진출했다. 한화생명 인도네시아 법인은 지난 6월 기준 총자산 약 3,727억 루피아(335억 원), 수입보험료 120억 루피아(11억 원) 규모이다. 본사는 자카르타에 위치하고 있으며 3개 본부, 12개 팀의 편제로 활동 중이다.

자료원: 뉴스웨이, 2015년 10월 30일

10.2 글로벌 인적자원관리의 표준화와 현지화

10.2.1 글로벌 인적자원관리의 표준화

글로벌 인적자원관리의 표준화(standardization of global human resource management)는 본사와 현지 자회사를 포함하는 글로벌 기업 전체의 관점에서 인적자원을 동일한 방침 또는 기준에 의해 관리하는 것을 의미한다. 이러한 표준화의 목적은 글로벌 기업 전체에 걸쳐 인적자원관리의 일관성과 투명성을 높이는 것이다. 글로벌 인적자원의 표준화를 촉진하는 요인을 살펴보면 다음과 같다.[2]

- 전략과 구조(strategy and structure): 글로벌 기업의 전략과 구조가 표준화를 촉진할 수 있다. 이러한 전략은 기업차원의 전략(예를 들면, 단일의 사업전략, 관련사업 및 비관련사업의 다각화전략) 및 사업차원의 전략(예를 들면, 차별화, 저비용 및 집중화전략)으로 구분될 수 있다. 이러한 전략의 목표를 달성하기 위하여 글로벌 기업은 인적자원관리의 표준화를 추구할 수 있다. 또한 글로벌 기업 전체의 관점에서 기업의 구조가 통일적으로 구축된다면 글로벌 기업은 인적자원관리의 표준화를 실행할 가능성이 높다.
- 기업문화(corporate culture): 기업문화는 어떤 한 기업에서 장기간에 걸쳐 형성된 문화적 표준에 근거하고 있다. 특히, 글로벌 기업의 기업문화는 본사 및 현지 자회사에 관계없이 동일한 영향을 미칠 수 있기 때문에 글로벌 인적자원관리의 표준화를 촉진할 수 있다.
- 기업규모(firm size)와 성숙도(maturity): 글로벌 기업규모가 클수록 글로벌 인적자원관리가 표준화될 가능성이 높다. 기업의 성숙도는 글로벌화의 경험을 의미하며, 이러한 경험이 많을수록 글로벌 인적자원관리

2 Dowling, P. J./Festing, M./Engle, Sr., A. D.(2008), p. 219 이하.

의 표준화가 실행될 수 있다. 반면에, 기업의 규모가 영세하고, 글로벌 경험이 적을수록 글로벌 인적자원관리의 현지화가 수행될 가능성이 높다.

글로벌 인적자원관리의 표준화의 장점을 간략히 제시하면 다음과 같다.

- 글로벌 기업의 본사와 현지 자회사에 관계없이 동일한 인적자원관리의 방침 또는 기준이 적용되기 때문에 인적자원과 관련된 업무의 통일성과 일관성이 증대될 뿐만 아니라, 인적자원관리의 비용이 절감될 수 있다.
- 본사와 현지 자회사 간에 인사상의 차별이 없기 때문에 글로벌 기업 전체의 인적자원의 동기부여가 증대될 수 있다.
- 글로벌 인적자원관리의 표준화(예를 들면, 글로벌 기업 전체 관점에서 작성된 인적자원관련 표준매뉴얼)를 통하여 글로벌 인적자원 관리자의 인적자원과 관련된 업무가 효율적으로 관리될 수 있다.

10.2.2 글로벌 인적자원관리의 현지화

글로벌 인적자원관리의 현지화(localization of global human resource management)는 현지 자회사별로 인적자원의 관리를 다르게 하는 것을 말한다. 글로벌 인적자원관리의 현지화를 원활하게 수행하기 위하여 본사는 현지 자회사에게 인적자원관리와 관련된 의사결정권을 위임하게 된다. 이러한 현지화의 목적은 현지 자회사가 운영되는 특정국가의 환경적 차이를 고려하여 인적자원관리를 효율적으로 수행하는 것이다. 글로벌 인적자원의 현지화를 촉진하는 요인을 살펴보면 다음과 같다.[3]

- 문화적 환경(cultural environment): 이것은 글로벌 인적자원관리의 현지화를 촉진하는 대표적인 요인에 속한다. 특히, 현지채용인력에 대한 동기부여와 보상관리는 문화적 환경에 의하여 많은 영향을 받을 수 있다. 또한 다양한 문화적 모형(예를 들면, *호프슈테데*의 모형, *홀*의 모형 등, 제2장

3 전게서, p. 220 이하.

2.3 참고)에 따라 현지 자회사의 인적자원관리가 차별화되기도 한다. 예를 들면, 집단주의적 성향이 높은 국가에 소재한 현지 자회사는 집단의 성과에 기초한 보상관리를 하는 반면, 개인주의적 성향이 높은 국가에 위치한 현지 자회사는 개인의 성과에 근거한 보상관리를 할 수 있다.

- 기관적 환경(institutional environment): 이것은 어떤 국가의 교육제도(education system) 또는 산업적 관계 시스템(industrial relations system)과 관련되어 있다. 예를 들면, 국가별 다양한 교육제도는 현지채용인력의 모집과 선발, 그리고 교육훈련에 서로 다른 영향을 미친다.
- 기업규모(firm size)와 성숙도(maturity): 기업규모가 영세하고, 글로벌 경험(성숙도)이 적을수록 글로벌 인적자원관리의 현지화가 수행될 가능성이 높다. 앞서 논의한 바와 같이 기업규모가 크고, 글로벌 경험이 많은 기업은 글로벌 인적자원관리를 표준화하는 경향이 있다(10.2.1 참고).
- 운영방법(mode of operation): 현지 자회사의 운영방법(예를 들면, 단독투자, 합작투자 등)에 따라 인적자원관리의 현지화가 촉진되기도 하고, 표준화가 촉진되기도 한다. 예를 들면, 현지 자회사가 현지국의 파트너 기업과 합작투자를 한 경우, 현지국 파트너 기업의 인적자원관리의 방침 또는 기준을 받아들일 가능성이 높기 때문에 글로벌 인적자원관리의 현지화가 촉진될 수 있다. 그러나 단독투자인 경우, 본사의 인적자원관리의 방침 또는 기준을 사용할 가능성이 높기 때문에 글로벌 인적자원관리의 표준화가 채택될 수 있다.
- 현지 자회사의 역할(subsidiary role): 현지 자회사가 글로벌 기업 전체에서 차지하는 중요도에 따라 글로벌 인적자원관리의 방향이 달라질 수 있다. 일반적으로 현지 자회사가 글로벌 기업 전체에서 차지하는 중요도가 낮으면 글로벌 인적자원관리의 현지화가 수행되는 경향이 있다. 반면에, 현지 자회사가 글로벌 기업 전체에서 수행하는 역할이 크면 현지 자회사와 본사가 많은 업무영역을 공유할 가능성이 높기 때문에 글로벌 인적자원관리의 표준화가 수행될 수 있다.

글로벌 인적자원관리의 현지화는 다음과 같은 장점을 갖고 있다.

- 글로벌 인적자원관리의 현지화를 통하여 현지 자회사의 인적자원 관리자의 의사결정권이 강화되기 때문에 이들의 동기부여가 증대될 수 있다.
- 현지국의 다양한 환경을 고려한 인적자원관리가 가능하기 때문에 현지 자회사의 인적자원관리의 효율성이 증대될 수 있다.
- 현지채용인력의 역할이 증대될 수 있으며, 이를 통하여 현지 자회사의 현지국 통합과 적응이 원활하게 이루어질 수 있다.

〈그림 10-1〉은 글로벌 인적자원관리의 표준화와 현지화의 균형을 제시한다. 이 그림은 글로벌 인적자원의 표준화와 현지화를 촉진하는 요인은 서로 다를 수 있다는 것을 보여준다.

그림 10-1 글로벌 인적자원관리의 표준화와 현지화의 균형

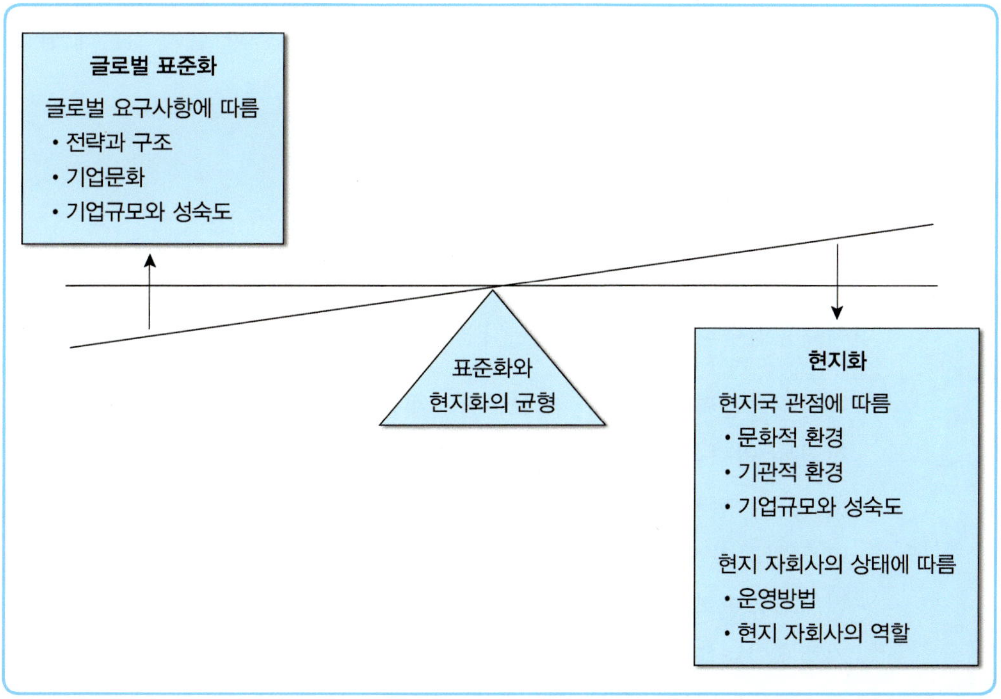

자료원: Dowling, P. J./Festing, M./Engle, Sr., A. D.(2008), p. 218 재인용; Festing, M./Eidems, J./Royer, S.(2007), pp. 118–131.

10.3 글로벌 인적자원의 현지채용관리의 방법

10.3.1 모집과 선발

현지채용인력의 모집

현지채용인력의 모집(recruitment)은 현지 자회사에서 필요로 하는 인력을 확보하는 활동을 말한다. 현지 자회사의 모집은 현지 자회사의 운영에 필요한 근로자 및 관리자의 선발을 전제로 하여 능력 있고 우수한 지원자를 확보하는 활동과 관련되어 있다.

모집활동과 관련하여 글로벌 인적자원 관리자는 다음과 같은 질문에 답해야만 한다.[4]

- 현지채용 지원자를 어디에서 찾을 수 있는가?
- 현지채용 지원자를 어떻게 획득할 수 있는가?
- 현지채용 지원자가 효과적인 모집활동을 통해 획득되었는가?

현지채용인력의 모집의 목적은 다음과 같이 요약될 수 있다.

- 현지채용인력의 원활한 확보: 현지채용인력은 현지 자회사를 통해 모집되는 인력을 의미하며, 이들은 본국, 현지국 및 제3국에서도 모집될 수 있다. 현지채용인력의 원활한 확보를 위하여 모집범위를 현지국에만 국한하지 않고 본국과 제3국으로 넓히는 것이 바람직하다.
- 현지채용인력 모집비용의 최소화: 현지 자회사는 최소의 비용으로 현지채용인력을 모집할 수 있어야 한다. 모집비용이 많이 발생한다면, 현지 자회사의 손익에 불리한 영향이 나타날 수 있다.

4 박경규(2010), p. 206.

현지채용인력의 선발

현지채용인력의 선발(selection)은 기업 외부 및 기업 내부의 선발 후보자 풀(candidate pool)에서 적임자를 선정하는 의사결정을 포괄한다.[5] 또한 현지 자회사에서의 현지채용인력의 선발은 모집단계에서 확보된 능력 있고 우수한 지원자들 중에서 대상자를 실질적으로 선택하는 활동을 의미한다.

선발활동과 관련하여 현지 자회사의 인적자원 관리자는 다음과 같은 질문에 답해야 할 필요가 있다.[6]

- 어떤 현지채용 지원자가 우리 기업에게 적합한가?
- 최적의 현지채용 지원자를 식별할 수 있는 방법은 없는가?
- 현지채용 지원자의 선발활동에 얼마나 많은 비용이 드는가?
- 어떤 방법을 사용해서 현지채용 지원자에 대한 정보를 수집하고 또한 현지 자회사에 대한 정보를 현지채용 지원자에게 전달할 것인가?

현지채용인력의 선발의 목적은 다음과 같이 요약될 수 있다.

- 후보자 또는 지원자 풀에서 우수한 현지채용 적임자의 효과적 선발: 현지채용인력의 모집단계에서 확보된 후보자 또는 지원자 풀에서 현지채용 적임자를 선발하는 것은 미래의 현지 자회사의 경영성과 및 업무성과에 큰 영향을 미칠 수 있다.
- 현지채용 대상자의 동기부여의 증대: 현지채용인력의 선발이 효과적으로 이루어진다면, 현지채용 대상자의 동기부여가 증대될 수 있다.

현지 자회사의 다양한 업무는 본사 파견인력에 의해서만 전적으로 관리되는 것이 아니다. 따라서 현지 자회사의 원활한 생산 및 운영을 위하여 현지국에서 직원(근로자, 관리자 등)을 채용하여야 한다. 현지국에서의 선발은 본국에서의 선발과 같은 과정을 거치게 된다. 현지국에서 근로자와 관리자를 선발할

---

5 Evans, P./Pucik, V./Björkman, I.(2011), p. 275.
6 박경규(2010), p. 206.

때 고려하여야 할 사항을 간략히 살펴보면 다음과 같다.[7]

- 근로자 선발시 고려사항
  - 기술적 숙련정도
  - 성실성 또는 근면성
  - 희망 급여
  - 잔업, 야간 또는 주말 근무가능성
  - 일에 대한 태도 또는 가치관 등
- 관리자 선발시 고려사항
  - 외국어구사 능력(영어 또는 본사국 언어구사 능력)
  - 희망 급여
  - 교육수준
  - 업무능력
  - 관리자로서 요구되는 자질 및 리더십

10.3.2 교육훈련

현지채용인력의 교육훈련(education and training)은 현지채용인력들을 대상으로 직무에 대한 지식이나 기술을 교육시켜, 그들로 하여금 현지 자회사에서 잘 근무할 수 있도록 지원하는 다양한 형태의 교육 프로그램을 포함한다. 이러한 교육훈련은 근로자와 관리자를 대상으로 수행될 수 있다.[8]

근로자에 대한 교육훈련

일반적으로 근로자에 대한 교육훈련은 현지 자회사에서 이루어지는 경향이 있다. 경우에 따라서 작업 반장급 근로자를 본사로 초청하여 교육훈련을

7 박주홍(2012a), p. 264 재인용.
8 전게서, p. 264 이하 수정 재인용.

시킬 수도 있다. 특히, 근로자에 대한 교육훈련은 제품조립 또는 생산과 관련되어 있기 때문에 기능적이고 기술적인 측면에서 접근하여야 한다. 이러한 교육훈련은 대체로 직장 내 교육(On-the-Job-Training, OJT)의 형태를 띠게 된다. 근로자에 대한 교육훈련의 목적은 현지 자회사의 원활한 생산, 생산성 증대 및 품질 향상 등에 있다.

관리자에 대한 교육훈련

관리자에 대한 교육훈련은 현지 자회사 내에서 또는 본사 초청 형식으로 이루어질 수 있으며, 다음과 같은 측면에 초점을 두어야 한다.

- 본사의 경영철학, 경영전략 및 경영방침의 이해: 글로벌 기업 전체의 관점에서 볼 때 본사의 경영철학, 경영전략 및 경영방침이 현지 자회사에 잘 이전되어야 현지 자회사가 원활하게 운영될 수 있을 뿐만 아니라, 현지 자회사의 글로벌 통합이 효과적으로 이루어질 수 있다.
- 본사의 제품에 대한 교육: 현지 자회사의 관리자는 본사에서 생산하는 제품에 대하여 정통해야 하기 때문에 이에 대한 교육이 요구된다.
- 본사와 현지 자회사 간의 커뮤니케이션 능력: 현지 자회사의 관리자는 본사와 원활한 커뮤니케이션을 위한 능력(예를 들면, 업무상의 보고)을 보유하여야 한다.
- 본사 파견인력과의 융화: 현지 자회사의 관리자는 현지 자회사에 파견된 본사 파견인력과 잘 융화할 수 있도록 하는 교육훈련을 받을 필요가 있다.
- 업무에 필요한 경영적 또는 기능영역적 지식: 현지 자회사의 관리자는 현지 자회사의 관리에 필요한 경영적 및 기능영역적(부문별) 지식을 함양하여야 한다.
- 원활한 노사관계의 유지: 현지 자회사의 관리자는 현지채용인력과의 원활한 노사관계를 유지하기 위한 노하우 또는 지식을 보유할 필요가 있다.

10.3.3 동기부여와 보상관리

현지채용인력의 동기부여(motivation)는 현지 자회사에 채용된 인력들의 목표 지향적 행위에 영향을 미치는 심리적 과정을 적절히 이해하고 관리하는 것이다. 이러한 동기부여에 대한 내용은 제8장에서 이미 논의하였기 때문에 여기에서는 동기부여의 방법에 대하여 간략히 제시하기로 한다. 현지채용인력에 대한 동기부여는 금전적 또는 비금전적 방법을 통하여 이루어질 수 있다.[9]

- 금전적 동기부여
  - 임금 인상
  - 부가급 또는 수당의 지급
- 비금전적 동기부여
  - 승 진
  - 인 정
  - 칭 찬
  - 의사결정 권한의 부여
  - 본사 연수초청 또는 해외연수, 휴가(본인 및 가족)

현지채용인력의 보상관리(compensation management)는 현지국 채용인력의 직무수행 결과에 대한 대가를 지급하는 것과 관련되어 있다. 현지채용인력에 대한 보상관리는 승진 및 동기부여와 관련하여 이해되어야 하며, 다음과 같은 사항을 고려할 필요가 있다. 특히, 유능한 현지인력을 채용하기 위해서는 현지국 기업에 비해 약간 높은 수준의 임금을 지급하는 것이 바람직하다.[10]

- 현지 자회사에서의 승진가능성 제한 정도(최고경영층 진입가능성 여부)
- 현지국의 경제발전 정도 및 생활수준
- 현지국 경쟁기업 또는 외국투자 기업의 임금수준
- 현지국의 노동관련 법규(예를 들면, 최저임금제 도입 여부)
- 본사 파견인력의 임금수준(현지채용인력의 임금수준이 본사 파견인력에 비해 상대적으로 낮은 경우, 이것은 임금 분쟁 또는 갈등의 요인으로 작용할 수 있음)
- 현지채용인력의 생산성(블루칼라 생산성과 화이트칼라 생산성) 수준

---

9 박주홍(2012a), p. 267 재인용; Konopaske, R./Ivancevich, J. M.(2004), p. 185.

10 박주홍(2012a), p. 267 재인용.

News Case 10-2

▶ 한국 대기업의 중국인재채용

"한국계 기업이요? 글쎄요." 중국 베이징대학교 광화관리학원 4학년에 재학 중인 W씨는 "공기업 다음으로는 외국계 컨설팅 회사나 맥도날드 같은 다국적 기업에 취직하고 싶다. 삼성, LG 등 한국 기업은 서너 번째 순위 정도 될 것 같다"고 말했다. 금융이나 경영계열 취업을 희망한다는 W씨는 여러 회사에 이력서를 내고 있으나 한국 기업은 차선책이라고 했다. W씨는 "다른 학생들도 비슷할 것이다. 한국계 학생이거나 한국에 특별한 선호도가 있는 친구들이 아니면 한국 기업은 우선순위가 아니다"고 말했다.

W씨가 다니고 있는 베이징대 광화관리학원(경영대학)은 중국 수능인 가오카오에서 가장 높은 점수를 받은 학생들이 입학하는 명문이다. 그만큼 이 곳을 졸업한 인재들은 중국 내 최고의 인재들인 셈이다. 이런 인재들은 중국에 진출한 한국 글로벌 기업 입사에 큰 관심이 없었던 것이다.

옌타이대학을 졸업하고 한국으로 건너온 J씨는 "중국엔 세계 최고 기업이 많이 진출해 있어 한국 기업은 메리트가 없다"고 했다. J씨는 "중국에서 학교 다닐 때 한국 기업이 설명회라도 하면 주의 깊게 관심 갖는 사람은 거의 없다"며 "한국에 있는 기업 본사에 취직하는 경우가 아닌 이상 중국의 역량 있는 인재들에게 한국 대기업은 관심 밖"이라고 덧붙였다.

세계에서 가장 큰 소비시장인 중국에는 전 세계 글로벌 기업들이 앞다퉈 진출하고 있다. 글로벌 기업 사이에서는 중국 내 인재들을 선점하고자 하는 경쟁이 치열하게 벌어지고 있다. 중국에서는 연 600만 명에 달하는 대졸자가 나온다. 그 중 최고급 브레인을 데려가기 위해 중국 최상위 대학 캠퍼스 내에서는 세계 최고 기업들이 인재를 유치하기 위해 적극적으로 나서고 있다. 교내에서 취업 설명회를 열기 위해서는 최소 한 달 전부터 예약을 해야 하고 자사 CEO들이 직접 방문해 강연을 진행하기도 한다. 각 학교 기술 건물에는 우수 인재를 미리 모셔가기 위한 IT 기업들이 둥지를 틀고 있다.

하지만 이 사이에서 한국 기업들은 엘리트 인재 선점 경쟁에서 한참 뒤처져 있는 상황이다. 삼성, 포스코 등 대표적인 한국 기업은 글로벌 기업으로 이미 성장해 있다. 인지도가 낮기 때문이라고는 볼 수 없다. 중국 대학생들은 한국 기업을 부정적으로 보는 이유로 현지인에게 배타적인 기업문화, 과도한 야근 등을 꼽았다.

중국 상하이 삼성엔지니어링에 15년 이상 근무한 K씨는 "확실히 우리나라 기업이 중국에서 최고 인재를 채용하는 데에는 어려움이 따르는 것 같다"고 말했다. 그는 중국 인재들이 "지원율도 낮지만 간혹 지원하여 채용되는 경우라 하더라도 곧잘 그만두고 나간다"며 "더 많은 홍보를 통해 인재들을 확보하는 것도 중요하지만 이러한 인재들을 잘 붙들어 놓는 방안부터 강구해야 한다"고 지적했다. 잦은 퇴사의 이유로 K씨는 "현지인들이 기대하는 기업 분위기와 우리나라의 기업 분위기가 다른 이유도 큰 것 같다. 야근을 당연히 여기고 회식 참석이 의무적인 문화적 부분이 첫 번째다. 한국인들이 현지인에게 배타적이라는 것도 이유이다. 자신이 중국인이고 회사에 완전히 융화되지 못하기 때문에 '보이지 않는 벽'이 생기고 더 이상 그 회사에서 비전을 기대할 수 없다. 그럼 당연히 퇴사로 이어진다"고 털어놓았다.

한국외대 3학년에 재학 중인 중국인 Y씨는 이러한 현상이 엘리트 화교들 사이에서도 마찬가지라고 말했다. "베이징대, 상하이교통대 등을 나온 조선족 친구들마저도 한국 기업보다는 일본 기업을 선호한다. 일단 일본 기업이 연봉이 더 높기 때문이다. 더군다나 한국 기업에 취직한 친구들 이야기를 들어보면 '자유를 느끼지 못한다'고 말하곤 한다. 정시에 출·퇴근하지 못하고 연장근무를 밥 먹듯 하고 휴가를 내기도 눈치 보이고…" Y씨는 재중동포 등 한국계 중국인이라면 삼성이나 포스코 같은 기업들이 얼마나 큰 회사이고 전도유망한지 충분히 인지하고 있다면서도 생각보다 이런 기업들에 대한 취업선호도가 높지 않은 것 또한 사실이라고 귀띔했다.

삼성경제연구소 E수석연구원은 "중국 인재 전쟁에서 승리하는 3대 전략"이라는 보고서를 통해 "2008년 미국발 금융위기 이후 외자기업 취직에 대한 고용안정감이 떨어진 것과 중국 경제의 질적 성장으로 현지기업의 근무환경이 개선되고 있는 것이 가장 큰 이유"라고 짚었다. E연구원은 중국 내 초엘리트 인재를 유치하기 위한 방안으로 "중국 정부 또는 중국 대학과 연계하여 학부 시절부터 우수한 인재를 지원하여 선점할 수 있도록 하고, 우수 인재양성 차원에서 중간관리자를 양성하는 것"을 꼽았다. 또 인재관리에 있어서 우리나라 기업의 인식 전환의 필요성도 강조했다. 그는 "기업 내 주요 직책과 경영 등을 현지인에게 맡길 수 있다는 믿음을 가지고 '현지인 중심 경영' 을 목표로 해야 한다"며, "그들을 조직의 완전한 식구로 생각하여 '현지 완결형 경영체제'를 구축할 수 있도록 하는 것"을 근본적인 해결 방안으로 제시했다.

자료원: 매일경제, 2015년 6월 11일

제11장

글로벌 기업의 노사관계

11.1 글로벌 기업의 노사관계의 의의

11.2 글로벌 기업의 노사관계의 주요 이슈와 노동조합

11.3 글로벌 기업의 노사관계의 실무적 접근

11.1 글로벌 기업의 노사관계의 의의

글로벌 기업의 노사관계(industrial relations)는 본사 및 현지 자회사에서의 사용자와 노동자와의 관계를 의미한다. 즉, 이러한 노사관계는 본사 및 현지 자회사에서의 고용을 근거로 사용자 또는 관리자가 노동자 또는 노동자 단체(예를 들면, 노동조합) 간에 전개되는 기업 내의 의사결정과 관련된 사회적 관계(social relations)를 말하며, 영어문화권이나 국제사회에서 흔히 노동관계(labor relations)로 지칭되는 개념이다. 넓은 의미에서 볼 때, 글로벌 기업의 노사관계는 글로벌 생산(본사 및 현지 자회사를 포함한 전 세계적인 생산)을 둘러싼 일체의 사회적 관계를 의미하는 것으로 볼 수 있다.

일반적으로 노사관계에서는 사용자와 노동자 간의 상충적이고 이율배반적인 현상이 나타난다. 이러한 현상을 노사관계의 이중성이라고 하며, 이것은 글로벌 기업이 활동하는 본국 및 현지국에 관계없이 보편적으로 나타난다. 노사관계의 이중성의 특징들은 다음과 같이 요약될 수 있다.[1]

- 협조적 관계와 대립적 관계: 생산과 관련하여 노사는 협조적인 관계를 유지하지만, 성과배분과 관련하여 노사는 대립적인 관계를 형성한다.
- 개별적 관계와 집단적 관계: 개별적 관계는 사용자와 종업원 개인 간의 관계(예를 들면, 개별 임금의 결정, 승진, 교육훈련 등)를 의미하며, 반면에 집단적 관계는 사용자와 노동자 단체 또는 노동조합 간의 관계(예를 들면, 단체교섭 또는 단체협약)를 말한다.
- 경제적 관계와 사회적 관계: 노사관계는 사용자와 노동자 또는 노동자 단체 간의 경제적 이해관계에 초점을 둘 수 있다. 아울러, 노사관계는 집단적 인간관계에 그 기반을 두기 때문에 사회적 관계의 특징을 제시하기도 한다.

---

1 박경규(2010), p. 502 이하.

- 종속관계와 대등관계: 기업의 생산활동과 관련하여 노동자는 사용자(관리자)의 지휘 또는 명령체계를 따라야 하기 때문에 종속관계를 유지한다. 반면에, 노동자는 노동조합을 통하여 사용자와 대등한 입장에서 교섭활동을 하기 때문에 대등관계를 견지한다.

글로벌 기업은 본국뿐만 아니라, 현지국에서도 운영되기 때문에 노사관계의 관점에서 볼 때 다음과 같은 특수성이 나타난다.

- 글로벌 기업의 노사문제가 노동자와 사용자 양 당사자만이 아닌, 사회 전체의 문제로 발전되면서 본국 또는 현지국 정부의 관여가 불가피하게 이루어진다. 이로 인하여 대부분의 국가에서는 노사관계는 노사정 관계라는 사회적 관계로 이행하는 경향이 있다.
- 글로벌 기업의 노사관계는 본국과 현지국 정부의 주권하에서 통제되기도 한다. 그러므로 이러한 노사관계는 본국 또는 현지국의 정치적 및 법적인 영향을 많이 받는다.
- 글로벌 기업의 노사문제는 본사 및 현지 자회사의 네트워크의 관점에서 이해되어야 한다. 그러므로 글로벌 기업은 개별국가 차원뿐만 아니라, 글로벌 차원에서 노사관계를 관리할 필요가 있다.

11.2 글로벌 기업의 노사관계의 주요 이슈와 노동조합

11.2.1 글로벌 기업의 노사관계의 주요 이슈

아래에서는 글로벌 기업의 노사관계(종업원관계)와 관련된 주요 이슈를 간략히 살펴보기로 한다.[2]

2 Vance, C. M./Paik, Y.(2015), p. 394 이하.

강제노동(forced labor)

글로벌 기업의 생산과정에서 본사뿐만 아니라, 현지 자회사는 강제노동의 문제에 직면할 수 있다. 경우에 따라서 본사 및 현지 자회사에 원재료 또는 부품을 납품하는 협력업체가 강제노동(예를 들면, 노예노동)에 연루될 수 있다. 이러한 협력업체에서 납품을 받아 생산하게 되면 그 기업의 이미지가 실추될 수 있을 뿐만 아니라, 소비자들은 그 기업이 판매하는 제품을 구매하지 않을 수도 있다.

일반적으로 강제노동의 문제는 선진국보다 개발도상국 또는 후진국에서 더 많이 발생하는 경향이 있다. 강제노동은 다음과 같은 다양한 형태로 나타날 수 있다.[3]

- 노예대우를 받는 노동자
- 노 예
- 공공사업에서의 강요된 작업 참여
- 농촌 및 외딴 시골지역에서의 강제노동
- 강제노동 상황에 놓인 국내 노동자
- 수형자 및 갱생 대상자의 강제노동
- 강제적으로 성적인 착취를 당하는 경우(인신매매)

아동노동(child labor)

아동노동은 5~17살의 빈곤층 미성년자의 노동을 말하며, 대부분의 국가에서 엄격히 금지되고 있다. 그럼에도 불구하고 개발도상국 또는 후진국에서 아동노동이 불법적으로 이루어지고 있다. 아동노동의 가장 큰 원인은 선진국의 글로벌 기업이 개발도상국 또는 후진국의 아동에게 저임금을 주고 노동을 시켜 인건비를 줄이려고 하기 때문이다. 이러한 불법적인 노동에 동원된 아동은 교육의 기회를 박탈당할 수 있을 뿐만 아니라, 심각한 건강상의 위협에 노

3 전게서, p. 396.

출될 수 있다. 글로벌 기업이 아동노동에 연루된 사실이 밝혀지면 그 기업이 생산한 제품에 대한 불매운동이 일어날 수 있고, 법적으로 강력한 처벌을 받을 수도 있다. 아동노동으로 인하여 나타날 수 있는 피해는 다음과 같다.

- 교육의 기회박탈
- 육체적 및 정신적 고통
- 빈곤의 악순환
- 인간의 기본권 상실

직장에서의 차별(workplace discrimination)

직장에서의 차별은 인종, 종교, 연령, 성별, 장애 및 이민 여부 등에 따라 종업원이 직장에서 부당한 대우를 받는 것을 의미한다. 글로벌 기업은 다양한 역사적, 문화적 및 종교적 배경을 가진 국가에서 현지 자회사를 운영하기 때문에 직장에서의 차별에 노출될 가능성이 크다. 이러한 차별은 종업원들의 일에 대한 동기부여를 약화시키기 때문에 근절되어야만 한다. 글로벌 기업에서 나타날 수 있는 직장에서의 차별 또는 부당한 대우는 다음과 같다.

- 승진 및 승급에서의 차별
- 불공정한 업무배치
- 차별적 임금 지급
- 휴직(예를 들면, 육아휴직)의 제한 또는 금지
- 잔업, 야간 및 주말작업의 강압적 요구
- 성희롱, 폭언 및 폭행

보건과 안전(health and safety)

보건과 안전은 안전한 일자리 또는 작업장의 제공과 관련되어 있다. 글로벌 기업에서의 보건과 안전의 문제는 기업의 이미지 구축뿐만 아니라, 안전한 생산과도 직결되어 있다. 또한 보건과 안전의 문제는 법률적 관점에서 이해되어야 한다. 많은 국가들은 보건과 안전과 관련된 법률을 제정하여 기업으로 하여금 안전한 직장을 제공하도록 강제하고 있다. 글로벌 기업은 보건(예를 들면, 질병)과 안전(예를 들면, 사고)과 관련하여 발생할 수 있는 직접적 및 간접적 비용을 고려할 필요가 있다. 이러한 비용의 발생상황을 간략히 요약하면 다음과 같다.[4]

- 작업 손실시간에 대한 임금 지급
- 원재료 손실 또는 장비의 손상
- 부상을 당한 종업원을 대체하는 인력에 대한 초과근무 수당
- 장애급여의 지급
- 기업이 부담하는 건강보험료의 할증
- 소송 및 법적 책임이 있는 경우의 벌금
- 결손종업원과 동일한 성과를 달성하기 위한 모집 및 훈련과 관련된 시간과 비용
- 사고조사에 소요되는 시간

일자리 불안과 교체(job insecurity and displacement)

일자리 불안과 교체와 관련된 문제는 주로 개발도상국 또는 후진국에서 발생하고 있다. 글로벌 기업은 현지 자회사에서 근무하는 종업원의 일자리를 안정적으로 보장해 주어야 하며, 이를 통하여 현지 자회사에 채용된 인력이 열심히 일할 수 있는 환경이 조성될 수 있다. 일반적으로 일자리 불안과 교체는 기업의 글로벌화와 기술적 발전(예를 들면, 기업 내부적인 글로벌 자원조달을 통한 현지 자회사의 일자리 감소, 자동화를 통한 일자리 감소)에 의해 촉발되는 경향이 있다. 글로벌 기업은 현지국에서 수익성 증대, 경제적 성장 및 발전 등과 같은 목표를 추구할지라도 현지 자회사에서 근무하는 종업원의 일자리를 안전하게 보호함으로써 기업의 사회적 책임을 완수할 수 있다.

4 전게서, p. 399.

News Case 11-1

▶ 영국의 강제노동 이용금지법

영국 기업들은 앞으로 자사는 물론 협력업체에서도 강제노동 등 '노예노동'을 이용하지 않았음을 소비자에게 입증해야 한다. 영국 일간 가디언은 29일부터 제품 생산·조달 과정의 투명성을 강화하는 '현대판 노예제 법(modern slavery act)'이 시행에 들어갔다고 보도했다.

연초 의회에서 통과된 이 법은 매출 3천600만 파운드(약 627억 원) 이상 영국 내 기업에 대해 사내는 물론 부품조달 등 전체 생산과정에서 강제노동이나 인신매매를 이용하지 않았음을 입증하도록 했다. 이에 따라 해당 기업은 이를 위해 자사가 어떤 조치를 실행했는지 홈페이지에 상세하게 밝혀야 하며, 필요한 조치를 취하지 않은 기업은 이 같은 사실을 홈페이지를 통해 공개적으로 인정해야 한다.

새 법의 적용을 받는 영국 내 기업은 약 1만 7천 개에 달할 전망이다. 영국의 B내무장관은 "새 법은 기업으로 하여금 제품의 세계적 생산과정에서 빚어지는 현대판 노예제를 해결하기 위해 취한 행동을 처음으로 투명하게 밝히도록 했다"고 말했다. 그는 "기업들이 생산과정에서 현대판 노예제를 방지하기 위한 행동을 취하지 않으면 명성에 손상을 입게 될 것"이라고 경고했다.

앞서 미국 캘리포니아 주가 2012년 유사한 법을 제정하기는 했지만, 강제노동 문제와 관련해 상품 생산과정의 투명성을 의무화한 국가는 세계적으로 영국이 처음이다. 영국의 이 같은 법제정은 다국적 기업들이 강제노동을 통해 제조된 상품을 구입해 논란을 불러일으킨 데 따른 것이다.

지난해 다국적 유통기업인 테스코와 월마트가 태국 등지의 강제노동 새우잡이 배에서 생산된 새우 제품을 사들여 말썽이 되었다. 국제노동기구(ILO)는 전 세계의 농업, 건설업, 가사노동, 제조업 등에서 2천 100여만 명이 일종의 강제노동을 하는 것으로 추산하고 있다.

한편 2022년 월드컵 주최국인 카타르는 외국인 근로자와 관련해 강제노동, 인권침해 논란이 끊이지 않자 28일(현지시간) 노동법 개혁 방안을 발표했다. 이 법안은 고용주가 외국인 노동자의 출국을 막으면 노동자가 정부위원회에 신고할 수 있도록 하는 것을 골자로 한다. 그러나 인권단체들은 카타르에서 현대판 노예제가 해소되지 않았다고 주장했다.

국제노동조합총연맹(ITUC)은 카타르 인구의 90% 가까이를 차지하는 외국인 근로자들아 여전히 출국하려면 허가가 필요해 고용주의 횡포에 속수무책으로 당할 수밖에 없다고 지적했다. ITUC의 B사무총장은 카타르에 발이 묶인 170만 이주 노동자들이 겪는 비극은 현대판 노예제로 규정할 수 있다고 말했다. 로이터통신은 근로자가 고용주나 정부 당국의 사전 승인을 얻어야 이동할 수 있는 국가는 북한, 카타르, 사우디아라비아 등 소수에 지나지 않는다고 지적했다.

자료원: 연합뉴스, 2015년 10월 29일

11.2.2 노동조합

노동조합의 의의와 조직형태

우리나라의 노동조합 및 노동관계조정법 제2조에 따르면, 노동조합(labor union)은 근로자가 주체가 되어 자주적으로 단결하여 근로조건의 유지, 개선, 기타 근로자의 경제적·사회적 지위의 향상을 도모함을 목적으로 조직하는 단체 또는 그 연합단체를 의미한다. 글로벌 기업의 관점에서 볼 때, 글로벌 기업의 현지 자회사들이 운영되는 각 국가의 법률적 상황에 따라 허용되는 노동조합의 조직형태는 다소 다를 수도 있지만, 일반적으로 노동조합은 다음과 같이 구분될 수 있다.[5]

- 직종별 노동조합(craft union): 이것은 가장 먼저 발달한 노동조합의 조직형태로서 직종 또는 직업을 같이 하는 근로자로 구성된 노동조합을 의미한다. 이 조직형태의 장점은 단결력이 높고 단체교섭과 임금협상이 쉽다는 것이다. 반면에, 이 조직형태는 조직의 배타적인 특성으로 인하여 형평성의 문제와 기업현실을 무시한 무리한 요구사항이 나타날 수 있다는 단점을 갖고 있다.
- 산업별 노동조합(industrial union): 이것은 직종에 관계없이 동일산업에 종사하는 근로자가 조직한 노동조합을 말한다. 이 조직형태는 조직이 거대하여 정책활동 등에 의한 압력단체로서의 지위를 가질 뿐만 아니

5 정수진/고종식(2011), p. 471 이하; 박경규(2010), p. 508 이하.

라, 단체교섭력이 강하다는 장점을 갖고 있다. 그러나 이 조직형태는 직종 간 또는 기업 간 노동조합 활동에 대한 견해의 차이로 인하여 조직의 결속력이 약해질 수 있다는 단점을 갖고 있다.

- 기업별 노동조합(company union): 이것은 동일한 기업에 근무하는 근로자에 의해 결성된 노동조합이다. 이것은 동일한 기업의 근로자로 구성되기 때문에 공동체 의식을 형성하여 노사화합이 잘 이루어질 수 있는 장점을 갖고 있다. 반면에, 이것은 기업(사용자)의 협상력이 상대적으로 클 경우 조직력과 교섭력이 약해질 수 있는 단점을 지니고 있다.
- 일반조합(general union): 이것은 근로자의 숙련도, 직종 및 산업에 관계없이 일반근로자들이 결성한 노동조합이다. 이 조직형태의 장점은 미숙련 근로자들이 고용의 안정과 임금 및 근로조건의 최저한도의 설정 등과 같은 요구사항을 제시할 수 있다는 것이다. 반면에, 단점으로는 조합원 구성의 이질성 때문에 단결력과 교섭력이 약해질 수 있다는 것을 들 수 있다.
- 단일조직과 연합체조직: 단일조직은 근로자가 개인가입의 형식으로 중앙조직의 구성원이 되는 것을 말하며, 각 지역이나 사업장별로 지부 및 분회 등과 같은 하부조직을 두고 있다. 반면에, 연합체조직은 각 지역, 기업 또는 단위조합이 단체의 자격으로 지역적 또는 전국적 조직의 구성원이 되는 조직형태(예를 들면, 산업별 전국연합조합)를 의미한다. 일반적으로 산업별 노동조합과 일반조합은 단일조직의 성격을 띠며, 직종별 노동조합과 기업별 노동조합은 전국적으로 결성될 경우 연합체조직을 이룬다.

〈표 11-1〉은 주요 서구산업국의 노동조합의 조직형태를 보여준다. 이 표에 나타나 있는 바와 같이 국가에 따라 노동조합의 조직형태가 서로 다를 수 있다는 것을 알 수 있다.

표 11-1 주요 서구산업국의 노동조합의 조직형태

국 가	조직형태
호 주	일반조합, 직종별, 산업별, 사무직
벨 기 에	산업별, 전문직, 종교별, 공공부문
캐 나 다	산업별, 직종별, 대기업
덴 마 크	일반조합, 직종별, 사무직
핀 란 드	산업별, 사무직, 전문직, 기술직
영 국	일반조합, 직종별, 산업별, 사무직, 공공부문
일 본	기업별
네덜란드	종교별, 대기업, 사무직
노르웨이	산업별, 직종별
스 웨 덴	산업별, 직종별, 사무직, 전문직
스 위 스	산업별, 직종별, 종교별, 사무직
미 국	산업별, 직종별, 대기업, 사무직
독 일	산업별, 사무직

자료원: Dowling, P. J./Festing, M./Engle, Sr., A. D.(2008), p. 248 재인용; Poole, M.(1986), p. 79.

숍제도

숍제도는 기업이 새로운 인력을 채용할 때 지원자의 신분과 관련된 노동조합과의 여러 관계의 형태를 말한다.[6] 즉, 이것은 노동조합과 사용자가 체결하는 계약 중 노동조합의 가입과 취업을 관련시키는 조항을 삽입하는 제도를 의미한다. 숍제도의 유형을 살펴보면 다음과 같다. 〈표 11-2〉는 숍제도의 유형을 제시한다.

- 기본적 숍제도: 오픈숍(open shop), 유니언숍(union shop), 클로즈드숍(closed shop)
- 변형적 숍제도: 에이전시숍(agency shop), 프레퍼렌셜숍(preferential shop), 메인터넌스숍(maintenance shop)

6 박경규(2010), p. 511 이하.

표 11-2 숍제도의 유형

구 분	유 형	의 의
기본적 제도	오픈숍	조합원 및 비조합원 모두 고용할 수 있으며, 조합가입이 고용조건이 아닌 제도이다.
	유니언숍	사용자의 자유로운 채용이 허락되나, 일단 채용된 후 일정한 견습기간이 지나 정식 종업원이 되면 조합에 가입하지 않으면 안 된다.
	클로즈드숍	결원보충이나 신규채용에 있어서 사용자는 조합원 중에서 고용하지 않으면 안 되는 것을 말한다. 즉, 조합가입이 고용의 전제조건이 되는 가장 강력한 제도이다.
변형적 제도	에이전시숍	대리기관 숍제도라고 하며, 이는 조합원이 아니더라도 모든 종업원에게 단체교섭의 당사자인 노동조합이 조합회비를 징수하는 제도이다.
	프레퍼렌셜숍	우선 숍제도라고 하며, 이는 채용에 있어서 노동조합원에게 우선순위를 주는 제도이다.
	메인터넌스숍	조합원 유지 숍제도라고 하며, 이는 조합원이 되면 일정기간 동안 조합원으로서 머물러 있어야 하는 제도이다.

자료원: 박경규(2010), p. 512.

글로벌 기업의 관점에서 볼 때, 현지국이 법률적으로 허용하고 있는 숍제도가 무엇인가에 따라 글로벌 기업의 현지 자회사와 노동조합과의 관계가 설정될 수 있다. 대부분의 노동조합은 오픈숍의 형태로 운영이 되지만, 클로즈드숍의 인정은 각 국가의 법률에 따라 다를 수 있다. 일반적으로 노동조합은 클로즈드숍과 유니언숍을 선호하는데, 이들 숍제도는 고용조건을 전제로 하기 때문이다. 반면에, 사용자는 고용조건이 전제되지 않는 오픈숍을 선호한다.[7]

노동조합은 다음과 같은 세 가지 측면에서 글로벌 기업의 전략적 선택을 제한할 수 있다.[8]

7 전게서, p. 512.

8 Dowling, P. J./Festing, M./Engle, Sr., A. D.(2008), p. 253 이하.

- 임금수준에 대한 영향: 인건비가 다른 비용에 비해 중요성이 다소 떨어질 수도 있지만, 이것은 대부분의 산업에서 원가경쟁력을 결정하는 데 있어서 중요한 역할을 한다. 그러므로 임금수준에 대한 노동조합의 영향은 매우 크다. 임금수준을 성공적으로 관리하지 못한 글로벌 기업은 전략적 선택을 제한하는 인건비의 문제로 어려움을 겪을 수 있다.
- 글로벌 기업의 고용수준 변경에 대한 제약: 대부분의 선진국에서는 임금수준보다 고용수준 변경에 대한 문제가 더 심각하게 대두된다. 일반적으로 법률적 규정에 의하여 글로벌 기업은 공장폐쇄 및 해고 등과 같은 고용수준에 영향을 미치는 의사결정을 마음대로 할 수 없다. 따라서 글로벌 기업의 고용수준 변경에 대한 의사결정은 노동조합과의 협상에 의해 이루어지는 경우가 많다.
- 글로벌 기업의 운영을 위한 글로벌 통합의 방해 또는 저지: 글로벌 기업의 운영을 위한 글로벌 통합은 본사와 현지 자회사에서 근무하는 인적자원의 구조조정을 통하여 이루어지는 경향이 있다. 하지만, 글로벌 기업의 본사와 현지 자회사의 노동조합들은 인적자원의 구조조정이 요구되는 글로벌 통합을 방해하거나 저지하기도 한다.

11.3 글로벌 기업의 노사관계의 실무적 접근

11.3.1 단체교섭

단체교섭(collective bargaining)은 노사의 상호 대립적인 목표를 효과적으로 관철하기 위한 메커니즘으로 볼 수 있다. 즉, 이것은 사용자와 노동조합이 임금, 노동시간 및 노동조건과 등과 같은 노사 간의 쟁점에 대하여 최적적인 합의를 도출하는 것으로 정의될 수 있다. 글로벌 기업의 단체교섭은 현지 자회사가 운영되는 현지국의 법률적 환경에 의해 영향을 받기 때문에 단체교섭과 관련된 현지국의 법률을 면밀히 검토할 필요가 있다. 단체교섭의 특징은 다음과 같이 요약될 수 있다.[9]

- 단체교섭은 집단적 교섭이다.
- 단체교섭은 사용자 또는 사용자단체와 노동조합 또는 연합체조직의 협상에 기초한다.
- 단체교섭은 노사 간의 교섭력을 중심으로 진행되지만, 교섭력은 정당성의 한계를 넘어서지 않는 것이어야 한다.
- 단체교섭에서의 협상은 교섭의 양 당사자가 미래의 특정기간 동안 그들 사이의 관계를 이끌어 나가게 될 어떤 합의에 도달하고자 하는 단체교섭상의 단계를 의미한다.
- 단체교섭은 힘의 논리에 의해 지배되지만 어디까지나 협상을 타결하려는 목적에서 진행되어야 한다.

일반적으로 노사관계와 관련된 법률은 다음과 같은 형태의 교섭항목(bargaining item)을 제시할 수 있다.[10]

- 강제적 협상항목: 임금인상률, 임금수준, 근로시간, 초과수당, 휴가일수, 교대근무, 연금, 보험 등
- 임의적 협상항목: 보상계약, 노동조합과 관련된 경영권, 퇴직 종업원의 연금 등
- 불법적 협상항목: 클로즈드숍, 인종에 따른 종업원의 구분, 차별적 대우 등

9 박경규(2010), p. 513; 최종태(1981), p. 294 이하.
10 Dessler, G.(2013), p. 537 이하.

11.3.2 노동쟁의

노동쟁의(labor dispute)는 노동조합이 단체교섭에서 제시한 여러 가지 노동조건에 대하여 노사 간의 합의가 도출되지 않는 경우 분쟁에 돌입하는 것을 말한다. 글로벌 기업의 관점에서 볼 때, 노동쟁의는 본국과 다른 정치적 및 법률적 환경하에서 발생하기 때문에 노동쟁의의 해결을 위하여 이러한 현지국의 환경조건들을 파악하여야 한다. 노사 간의 분쟁은 다음과 같은 두 가지로 구분될 수 있다.[11]

- 권리분쟁: 법적으로 보장되었거나 이미 권리로 확정된 노동자의 권리를 침해한 경우에 나타나는 분쟁
- 이익분쟁: 새로운 권리를 설정하거나 이익분배와 관련하여 나타나는 분쟁

단체교섭과정에서 노사 간의 합의가 이루어지지 않을 경우 노동쟁의행위가 나타난다. 이러한 노동쟁의행위는 노동조합측의 노동쟁의행위와 사용자측의 노동쟁의행위로 구분하여 살펴볼 수 있다.[12]

노동조합측의 노동쟁의행위

다음은 노동조합측이 행위로 옮길 수 있는 다양한 형태의 파업을 제시한다.

- 파업(strike): 근로조건을 유지 또는 개선하기 위하여 집단적으로 노동을 거부하는 행위
  - 경제적 파업: 임금 및 부가급부 등과 관련된 경제적 보수의 요구를 관철하기 위한 파업
  - 부당노동행위 파업: 사용자의 부당한 노동행위를 거부하는 파업
  - 동정 파업: 다른 기업의 파업에 동조하여 벌이는 연대파업

11 정수진/고종식(2011), p. 487; 박경규(2010), p. 519.
12 박경규(2010), p. 519 이하.

– 총파업: 전 지역의 노동조합이 참가하는 파업
– 무차별 파업: 노조당국의 승인 없이 진행하는 불법파업
– 돌발 파업: 사전 경고 없이 갑자기 작업을 중단하는 불법파업
– 연좌 파업: 노동조합원이 작업장에서 벌이는 파업
– 태업 파업: 노동조합원이 작업생산량을 제한(감산)하거나 줄이는 파업

- 태업(sabotage): 근로자들이 집단적이고 의도적으로 작업을 천천히 수행하여 기업에 경제적 불이익을 끼치는 행위
- 불매운동(boycott): 사용자 또는 그와 거래관계에 있는 업체의 제품구입 또는 시설이용을 거절하는 행위
- 피케팅(picketing): 파업을 효과적으로 진행하기 위하여 피켓을 들고 공장 또는 작업장 출입을 저지하거나 파업참여를 호소하는 행위
- 준법투쟁: 근로자가 법률을 준수하면서 벌이는 노동쟁의행위(예를 들면, 집단휴가 실시, 시간 외 초과근무 거부, 정시출근, 정시퇴근 등)

사용자측의 노동쟁의행위

직장폐쇄(lock out)는 노사분쟁이 발생한 경우 사용자가 노동자의 노동쟁의행위에 대항하기 위하여 공장, 작업장 또는 사업소의 문을 일시적으로 닫는 일을 말한다. 이것은 공장폐쇄와 동의어로 사용되기도 한다. 경우에 따라서 기업은 영구적으로 직장폐쇄를 하기도 한다. 글로벌 기업의 현지 자회사가 직장폐쇄를 할 경우, 이것은 현지국의 노동조합과 관련된 법률에 근거하여 이루어져야 한다.

우리나라는 노동조합 및 노동관계조정법에 근거하여 직장폐쇄를 법적으로 인정하고 있다. 즉, 이것은 노사의 주장이 대립하는 경우에 있어서 사용자가 그의 주장을 관철하기 위하여 근로자를 공장, 작업장 또는 사업소에서 내쫓고 노무제공을 거부하는 쟁의행위이다.

일반적으로 직장폐쇄는 반드시 노동조합이 쟁의행위를 개시한 이후에만 실시할 수 있으며, 사용자는 적법하게 이루어진 직장폐쇄에 기초하여 근로자

에게 임금을 지급할 의무가 없다. 또한 직장폐쇄는 방위적인 관점에서만 시행되어야 한다. 만일 기업이 직장폐쇄를 근로자에게 법적으로 부여된 정당한 노동조합활동을 저해할 목적으로 행하거나 또는 근로자를 해고할 목적으로 행하는 경우에는 그 정당성을 인정받을 수 없다.

11.3.3 경영참가

경영참가(management participation)는 근로자 또는 노동조합이 경영자와 공동으로 기업의 경영에 참여하는 것을 말한다.[13] 즉, 이것은 근로자 또는 노동조합이 기업의 경영에 참여하여 경영자와 함께 기업 경영상의 권한과 책임을 분담하는 것이다. 이러한 경영참가는 자본주의적 생산방식으로 인하여 발생할 수 있는 노동의 인간성 소외를 극복하고, 산업민주주의(industrial democracy)를 실현하기 위해 시행되고 있다.[14] 유럽연합 국가 중에서 17개국(독일, 프랑스, 오스트리아, 덴마크, 스웨덴, 핀란드, 네덜란드 등)이 근로자의 경영참가를 법적으로 보장하고 있다. 글로벌 기업의 현지 자회사가 운영되는 현지국의 법률이 근로자의 경영참가를 인정한다면, 현지 자회사는 근로자에게 기업 경영상의 권한과 책임을 분담하여야 한다.

일반적으로 널리 채택되고 있는 경영참가의 유형을 간략히 살펴보면 다음과 같다.[15]

- 자본참가(participation in capital): 이것은 근로자들이 기업의 자본출자자로 참여하는 것을 말하며, 그 예로 종업원 지주제도를 들 수 있다. 이 제도는 종업원의 기업에 대한 귀속의식을 높여 애사심을 높일 수 있을 뿐만 아니라, 기업의 소유권 관점에서 볼 때 안정적인 주주의 확보라는 목표를 달성할 수 있다.

13 최종태(1981), p. 309.
14 박경규(2010), p. 524.
15 전게서, p. 525 이하.

- 이윤참가(participation in profit): 이것은 근로자 또는 노동조합이 기업의 생산성 향상에 이바지한 경우, 이에 대한 협력의 대가로 이윤의 일부를 근로자에게 분배하는 것을 말한다. 즉, 이것은 이익분배제도라고 하며, 노사 간에 미리 정해진 일정한 비율에 따라 기업이 임금 외에 이윤의 일부를 근로자에게 분배하는 제도이다. 이러한 제도를 운영함으로써 근로자 또는 노동조합의 회사에 대한 일체감, 노사협조 및 근로의욕 등이 증대될 수 있다.
- 의사결정참가(participation in decision-making): 이것은 근로자 또는 노동조합이 기업의 경영 의사결정권을 보유하고 있느냐의 여부에 따라 노사 협의제와 노사 공동결정제도로 구분된다. 노사 협의제는 노사가 협력하여 기업을 경영하지만, 최종 의사결정은 경영자가 담당하는 것을 말한다. 반면에, 노사 공동결정제도는 기업경영에 대한 의사결정을 노사가 공동으로 행하는 제도이다. 이 제도는 주로 독일에서 발전되어 왔으며, 이것은 기업경영에 있어 근로자들의 참가를 보장하는 제도로서 단순히 고용과 근로조건과 관련된 것에 머물지 않고, 근로자들이 기업의 투자활동 등 경영활동을 결정하는 것까지 허용한다.

News Case 11-2

▶ 한국 자동차산업의 노사관계와 경쟁력

한국 자동차산업 경쟁력 약화의 원인이 불합리한 노사관계라는 주장이 나왔다. 미국, 일본, 독일, 프랑스 등 경쟁국보다 임금은 높은 수준이지만 생산성은 낮은 상황에서 노조도 이익쟁취에만 몰두해 자동차산업의 위기를 불러일으켰다는 지적이다. 산업연구원 C주력산업연구실장은 8일 서울 강남구 르네상스호텔에서 자동차산업협회가 주최한 '자동차산업 노사관계의 글로벌 스탠더드화를 위한 과제' 세미나에서 이런 내용의 주제발표를 했다. C실장은 "높은 노동비용, 노동의 유연성 부족, 낮은 생산성 등으로 국내 생산의 경쟁력이 상실됨에 따라 국내투자를 기피하고, 해외생산으로 전환하고 있다"면서 "완성차업체의 해외생산 확대는 중장기적으로 부품의 국내생산을 위축시키는 방향으로 작용한다"고

우려했다.

C실장은 "생산성 및 제품가격 등을 종합적으로 고려한 임금수준은 매출액에서 차지하는 임금의 비중으로 알 수 있는데, 한국 자동차기업이 세계 최고 수준으로 임금경쟁력이 최악"이라고 평가했다. 매출액이 감소해 급여액이 상대적으로 높았던 2009년뿐만 아니라, 2014년에도 한국 자동차기업의 매출액 대비 급여액 비중은 12%를 상회했다. 일본 도요타의 매출액 대비 급여액 비중은 7.8%(2012년)로 크게 낮은 수준이고, 임금수준이 비교적 높은 폭스바겐(VW)도 10.6%로 한국 자동차기업 평균에도 미치지 못하는 수준이다.

C실장은 한국의 경우 매년 임금협상, 격년 단체협상은 노조의 단기적 이익 쟁취 행사로 관례화되어 매년 회사경영에 큰 부담을 주고 있다고 주장하며 "더욱이 2~3년마다 노조위원장 선거가 있어 경영실적과는 무관한 투쟁적 성격을 갖는 교섭을 실시하고 있다"고 말했다.

이에 비해 미국 GM은 1999년 이후 단체교섭 주기를 1년에서 4년으로 확대해 단기적 이익추구 행태를 중장기 관점으로 전환하였으며, 프랑스 르노도 경영 유연성을 주기 위해 3년 주기로 변경했다. 일본, 독일 노사는 회사의 글로벌 경쟁력을 최우선하는 협조적 관계가 장기간에 걸쳐 형성되어 있어 매년 교섭하더라도 경영에 부담이 없다. 파업도 한국은 조합원 과반수로 결정되지만 미국과 독일 등은 조합원 3분의 2 찬성이 필요하다.

C실장은 "최근 글로벌 자동차산업의 경쟁여건을 감안할 때 고비용 저효율의 후진적 노사관계에 머물러 있는 국내 자동차산업은 더 이상 지속될 수 없다는 위기의식이 확산되고 있다"면서 "노사가 미래 불확실성을 제거하고 경쟁력을 강화하는 대타협 선언이 불가피하다. 기업의 지속가능한 발전을 위한 경쟁력(생산성) 향상이라는 큰 틀 아래 협력적 노사관계로의 전환을 추진해야 한다"고 강조했다.

▶ 주요 자동차업체의 생산성 관련 지표 비교(2014)

구 분	한국 자동차업계	일본(도요타)	독일(VW)	미국(GM)
1인당 매출 규모	7억 4,706만 원	1억 6,005엔 (15억 9,440만 원)	612,700유로 (8억 5,712만 원)	919,000달러 (9억 6,789만 원)
평균 수출 가격	14,900달러	23,100달러	29,100달러	38,800달러
1인당 영업 이익	4,122만 원	966만 엔(당기순이익) (9,823만 원)	26,700달러 (2,844만 원)	60,027달러 (6,322만 원)
생산성(HPV)	26.4시간	24.1시간	–	23.4시간

C실장은 협력적 노사관계를 위해 생산성 및 직무와 연계된 합리적인 성과급제 도입, 임금수준에 맞는 생산성 향상 방안 마련(생산제품의 수준, 매출액 대비 임금수준 등 고려), 유연한 임금체제의 도입을 통한 고용의 다양화 추진 등을 주문했다. 또한 독일이나 일본, 미국 등 선진국에서도 실시하고 있는 노동시간 계좌제를 도입하고 시간 외 근무의 탄력적 활용범위도 확대할 필요가 있다고 말했다. 아울러, 일본의 파견근로, 미국의 시간제 근로 및 여타 비정규직 근로 등 다양한 형태의 근로를 허용해 고용확대를 꾀하고 해고 요건을 강화하더라도 합리적 요건만 갖추면 개별해고나 정리해고가 원활히 이루어질 수 있도록 조치해야 한다고 덧붙였다.

자료원: 아시아경제, 2015년 9월 8일

제 5 부

글로벌 기업의 통제와 성과관리 및 글로벌 리더십의 개발

제 5 부에서는 글로벌 기업의 통제와 성과관리 및 글로벌 리더십의 개발에 대하여 살펴본다. 제12장에서는 글로벌 기업의 통제와 성과관리에 대하여 검토한다. 마지막으로 제13장에서는 글로벌 리더십의 개발에 대하여 구체적으로 논의한다.

제 1 부 글로벌 인적자원관리의 개념과 사회문화적 환경

제1장 글로벌화와 글로벌 인적자원관리의 개념
제2장 글로벌 인적자원관리와 사회문화적 환경

⇩

제 2 부 글로벌 인적자원과 배치전략, 계획 및 조직

제3장 글로벌 인적자원과 배치전략
제4장 글로벌 인적자원과 계획
제5장 글로벌 인적자원과 조직

⇩

제 3 부 글로벌 인적자원의 해외파견관리

제6장 글로벌 인적자원의 모집과 선발
제7장 글로벌 인적자원의 교육훈련
제8장 글로벌 인적자원의 동기부여와 보상관리
제9장 글로벌 인적자원의 해외파견과 재통합관리

⇩

제 4 부 글로벌 인적자원의 현지채용관리와 글로벌 기업의 노사관계

제10장 글로벌 인적자원의 현지채용관리
제11장 글로벌 기업의 노사관계

⇩

제 5 부 글로벌 기업의 통제와 성과관리 및 글로벌 리더십의 개발

제12장 글로벌 기업의 통제와 성과관리
제13장 글로벌 리더십의 개발

제12장

글로벌 기업의 통제와 성과관리

12.1 글로벌 기업의 통제의 의의와 필요성

12.2 글로벌 기업에서의 통제과정과 통제방법

12.3 글로벌 성과관리의 의의와 고려사항

12.4 글로벌 성과평가의 방법

12.1 글로벌 기업의 통제의 의의와 필요성[1]

글로벌 기업의 통제의 의의

통제(control)는 "계획과 성과 간의 편차를 확인하고, 이러한 편차를 분석하기 위한 어떤 순서적이고 지속적인 정보가공의 과정"으로 정의할 수 있다.[2] 글로벌 기업의 통제는 계획, 실행 및 결과를 포괄하는 본사와 현지 자회사의 글로벌 기업활동의 전반에 대한 지속적이고 체계적인 검토를 의미한다. 전통적인 통제형태인 결과통제 또는 사후통제(계획과 결과의 비교)는 다음과 같은 3단계로 구분된다.[3]

- 결과의 확인: 결과는 계획한 성과(수치 또는 측정치)에 기초하여 확인된다.
- 계획과 결과의 비교: 계획이 목표한 대로 실현되었는가 또는 계획과 결과 사이에 편차가 있는가를 확인하기 위하여 계획과 결과가 비교된다.
- 편차분석: 편차분석은 계획과 결과 사이에 편차가 나타난 원인을 규명하고, 이에 근거하여 편차를 줄이기 위한 처리대안이 개발된다.

위와 같은 결과통제 이외에도 통제는 전제조건통제와 실행통제 등으로 더욱 세분화할 수 있다.[4] 전제조건통제는 계획이 수립되는 기간에 이루어지며, 여기에서는 계획과 관련된 내부적이고 외부적인 환경에 대한 기본조건의 타당성이 검토된다. 전제조건통제는 계획수립기간에 이루어지기 때문에 사전통제라고 한다. 글로벌 기업에서의 전제조건통제의 목표는 본사와 현지 자회사의 내부적 및 외부적 환경에 대한 분석을 통하여 계획기간 중에 계획의 타당성을 검토하여 미래시점에서의 성과를 보다 정확하게 설정하는 것이다.

---

1 박주홍(2012b), p. 432 이하 재인용.

2 Bea, F. X./Dichtl, E./Schweitzer, M.(1994, Ed.), p. 90.

3 Schreyögg, G.(1994), p. 346; Frese, E.(1987), p. 184.

4 Macharzina, K.(1993), p. 334.

그림 12-1 통제의 종류와 시점

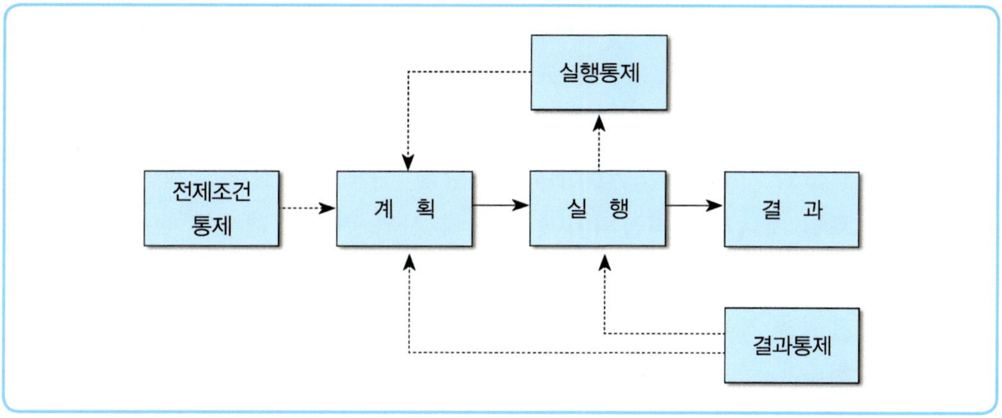

자료원: 박주홍(2012b), p. 433.

실행통제는 계획이 실행되는 과정에서 계획한 목표와 중간목표의 달성정도에 대하여 지속적으로 비교하는 것을 말한다. 만일 실행과정에서 편차가 발생할 경우에는, 계획이 수시로 수정될 수 있다. 효과적인 실행통제를 위해서는 실현가능한 중간목표를 설정하는 것이 중요하다. 특히, 글로벌 기업에서의 실행통제의 목표는 본사와 현지 자회사에서 수립한 계획을 특정시점별로 주기적으로 검토·수정하여 최종목표를 원활하게 달성하는 것이다.

〈그림 12-1〉은 통제의 종류와 시점을 보여준다. 이 그림에는 전제조건통제, 실행통제 및 결과통제 등이 이루어지는 시점이 제시되어 있다.

글로벌 기업의 통제의 필요성

글로벌 기업은 서로 다른 환경조건하에서 글로벌 경영활동을 하는 본사와 현지 자회사 등으로 구성되어 있다. 국내 기업의 통제와는 달리 글로벌 기업의 통제는 그 대상이 다양할 뿐만 아니라, 범위도 매우 넓기 때문에 보다 폭넓은 시각에서 이루어져야 한다. 글로벌 기업의 통제가 필요한 이유는 다음과 같다.

- 글로벌 차원의 본사와 현지 자회사의 목표달성: 글로벌 기업의 통제의 가장 중요한 목적은 글로벌 차원의 전사적인 목표달성이다. 즉, 본사와 현지 자회사가 설정한 목표를 달성하기 위하여 지속적이고 주기적인 통제가 필요하다.
- 글로벌 기업의 글로벌 시너지의 창출: 글로벌 기업의 통제를 통하여 글로벌 시너지가 창출되어야 한다. 본사와 현지 자회사에 대한 효과적인 통제는 계획, 실행 및 결과 등과 같은 일련의 가치창출과정에 걸쳐 문제점을 제거하고, 강점을 보완하여 글로벌 시너지를 창출하는 역할을 한다.
- 전략적 계획과 운영적 계획의 실행에 따른 결과의 피드백: 글로벌 기업이 수립한 전략적 계획과 운영적 계획의 실행을 통하여 글로벌 기업이 설정한 다양한 형태의 결과가 도출된다. 그러나 이러한 결과가 목표한 대로 달성되지 않았다면, 통제를 담당하는 의사결정자는 피드백과정을 거쳐서 전략적 계획과 운영적 계획을 수정하거나 실행과정에서의 문제점들을 개선하여야 한다.
- 글로벌 경영환경의 변화에 대한 신속한 대응: 글로벌 기업의 계획 및 실행과정에서 글로벌 경영환경은 끊임없이 변화하고 있다. 글로벌 경영활동에 긍정적 또는 부정적인 영향을 미칠 것으로 예상되는 환경의 변화에 신속하게 대처하기 위하여 글로벌 기업은 통제기능을 강화할 필요가 있다.

12.2 글로벌 기업에서의 통제과정과 통제방법[5]

12.2.1 글로벌 기업에서의 통제과정

글로벌 기업은 계획과 실행의 과정 중에 나타나는 결과(중간결과)뿐만 아니라, 실행이 이루어진 이후의 결과(최종결과)에 기초하여 적절한 통제를 하여야 한다. 특히, 글로벌 기업에서의 통제는 본사와 현지 자회사의 관련조직의 성과에 대한 효과와 효율을 검토하고 평가하는 것이기 때문에 체계적인 과정을 거쳐 통제가 이루어져야 한다. 글로벌 경영자는 설정된 통제기준에 따라서 글로벌 경영활동의 성과에 대한 검토·평가의 과정을 거치게 된다. 글로벌 기업에서의 통제과정은 다음과 같은 5단계로 구분할 수 있다.

통제대상의 결정

글로벌 기업은 본사와 현지 자회사의 각 기능영역과 관련하여 구체적인 통제대상을 결정해야 한다. 예를 들면, 현지 자회사 내 생산부서의 업무과정 중의 하나를 통제대상으로 결정하는 경우, 투입, 생산과정 및 산출 등으로 구분하여 통제대상이 결정된다. 통제대상의 결정에 있어서 가장 중요한 것은 글로벌 기업의 본사와 현지 자회사의 조직과 그 책임단위를 정확하게 분류하는 것이다.

통제기준의 설정

글로벌 경영활동을 적절히 평가하기 위하여 정량적이고 정성적인 통제기준이 설정되어야 한다. 정량적인 기준은 수치로 파악이 가능한 성과기준을 말하며, 반면에 정성적인 기준은 수치로 파악이 불가능한 성과기준을 의미한다. 일반적으로 통제기준은 표준과 동의어로 사용되기도 하는데, 이러한 표준은

5 박주홍(2012b), p. 436 이하 재인용.

통제활동의 목표 또는 기준이 되는 것으로서 실제의 성과측정을 위해 설정된다. 즉, 글로벌 기업이 설정한 표준은 글로벌 기업의 경영목표에 따라 수립되는 전략적 및 운영적 계획에 기초한 경영통제의 기준이다.

관련된 정보의 수집

글로벌 경영활동의 결과에 대한 현 상황을 설정한 통제기준과 비교하기 위해서는 각 기준 또는 표준에 대한 정보가 수집되어야 한다. 즉, 관련된 정보는 글로벌 기업의 본사와 현지 자회사의 조직과 그 책임단위에 의해 정량적 및 정성적 자료의 형태로 제시되어야 한다. 경우에 따라서 통제를 담당하는 관리자 또는 팀에 의하여 관련된 정보가 직접적으로 수집될 수 있다.

통제기준과 결과의 비교

글로벌 기업이 설정한 통제기준 또는 표준은 결과(성과)와 비교되어야 한다. 즉, 결과와 관련된 정보가 수집되면, 통제기준과 비교하여 글로벌 기업의 경영상태가 구체적으로 검토된다. 이러한 비교는 본사와 현지 자회사의 조직과 그 책임단위별로 개별적으로 이루어질 수도 있고, 본사와 현지 자회사의 상호 비교를 통해 전 세계적인 관점에서 이루어질 수도 있다. 만일 비교를 통하여 통제기준과 결과 사이에 편차가 나타난다면 그 원인을 확인하여 문제점을 수정하여야 한다.

편차의 수정

글로벌 기업에서의 통제과정의 마지막 단계는 네 번째 단계에서 확인된 편차를 수정하는 것이다. 글로벌 기업의 경영활동에 대하여 단순히 통제기준을 설정하고 결과에 대한 측정과의 비교만으로는 통제의 목적을 달성할 수 없다. 즉, 통제기준과 결과 사이에 편차가 발생하였을 경우, 그 원인을 분석하고 이를 수정하기 위한 피드백이 이루어져야만 통제활동이 완결된다.

12.2.2 글로벌 기업에서의 통제방법

성과에 대한 통제

글로벌 기업의 성과는 재무적 성과, 품질성과 및 인적 성과 등으로 구분할 수 있으며, 이러한 성과에 대한 구체적인 통제방법은 다음과 같다.[6]

(1) 재무적 성과(financial performance)에 대한 통제

글로벌 기업의 재무적 성과에 대한 통제는 이윤과 투자수익률에 근거하여 이루어진다. 이윤(profit)은 총 매출액에서 비용을 뺀 금액을 말하며, 투자수익률(return on investment)은 투자한 자본에 대한 수익의 비율을 뜻한다. 일반적으로 글로벌 기업이 설정한 이윤 및 투자수익률은 기업 또는 사업부수준의 성과를 통제할 때 주요 기준으로 사용된다. 그러나 통제시점에서 볼 때, 이윤과 투자수익률은 과거에 달성한 성과에 불과하기 때문에 현재와 미래시점에서의 성과를 구체적으로 측정 또는 예측하는 데는 어느 정도 한계가 있다.

(2) 품질성과(quality performance)에 대한 통제

품질성과는 일반적으로 글로벌 기업의 생산 또는 운영과 관련된 통제를 위해 사용된다. 글로벌 기업의 생산 및 운영부문에서의 제품 및 서비스의 품질 향상을 통하여 이윤이 증대될 수 있다. 즉, 고품질 달성을 통하여 단위당 이윤이 증가할 수 있다. 또한 생산 및 운영부문에서 품질관리분임조의 도입을 통하여 품질성과가 향상될 수 있다. 오늘날 많은 기업이 도입하고 있는 품질관리분임조는 원가절감, 생산성 향상, 품질유지와 품질개선, 원재료와 에너지절약 및 공정안정성의 확보 등의 목표를 달성하기 위하여 널리 활용되고 있다.

(3) 인적 성과(personnel performance)에 대한 통제

글로벌 기업에서의 인적 성과에 대한 통제는 통제동기(control motive)보다

6 Hodgetts, R. M./Luthans, F.(2000), p. 347 이하.

는 동기부여(motivation)의 관점에서 이루어지는 경향이 있다. 또한 인적 성과와 관련된 본사에 의한 현지 자회사의 통제, 그리고 상위경영층에 의한 중하위경영층에 대한 통제는 인적 능력의 개발과 경력관리를 위해 수행되어야 한다. 글로벌 기업의 관리자 및 인력양성의 관점에서 볼 때, 인적 성과에 대한 통제는 조직의 모든 구성원들의 업무개선과 능력향상에 영향을 미친다. 인적 성과에 대한 통제를 위해 글로벌 기업은 평가센터(assessment center)를 운영함으로써 효과적이고 효율적인 승진 및 선발 시스템을 구축할 수 있다.

균형성과표에 의한 통제

균형성과표(Balanced Score Card, BSC)는 기존의 재무적인 측면만을 고려한 성과평가 시스템의 한계점을 극복하기 위하여 개발된 성과통제방법이다. BSC는 재무, 고객 관점, 내부프로세스 및 혁신과 학습 등과 같은 네 가지 관점에서 기업의 성과를 종합적으로 평가한다. BSC는 *캐플란*과 *노튼(Kaplan & Norton)*이 200개 기업의 최고경영자를 인터뷰한 결과를 바탕으로 제시한 종합적 성과통제의 개념이다.[7] 글로벌 기업의 관점에서 BSC의 네 가지 차원의 측정기준을 살펴보면 다음과 같다.[8]

(1) 재무(finances)

재무적 차원의 측정기준은 "투자자들이 보기에 우리 기업의 성과가 어떠한가"를 나타낸다. 여기에서 투자자들은 글로벌 기업에 투자한 다양한 국적의 투자자 또는 투자기업을 의미한다. 재무적 차원의 성과는 영업이익, 투자수익률 및 경제적 부가가치 등으로 측정되며, 또한 매출성장 및 현금흐름 등도 대안적인 측정지표로 사용될 수 있다.

7 Kaplan, R. S./Norton, D. P.(1992), p. 71 이하.

8 전게 논문; 김언수(2007), p. 668 이하; 조동성(2006), p. 422 이하.

(2) 고객 관점(customer perspective)

고객 관점의 측정기준은 "고객들이 보기에 우리 기업의 성과가 어떠한가"를 나타낸다. 글로벌 기업의 관점에서 고객은 전 세계에서 글로벌 경영활동을 하는 본사와 현지 자회사의 고객을 말한다. 고객 관점에서의 측정지표들은 고객만족도, 고객유지율, 신규고객확보, 표적시장에서의 시장점유율 및 고객점유율 등이다.

(3) 내부프로세스(internal processes)

내부프로세스의 관점에서의 측정기준은 "앞으로의 성공을 위해서 내부적으로 가장 집중적으로 개발해야 할 능력은 무엇인가"를 나타낸다. 글로벌 기업의 내부프로세스는 전 세계에 있는 고객의 만족과 조직의 재무적인 목표를 달성하는 데 영향을 미치는 내부프로세스의 혁신에 중점을 두고 있다. 내부프로세스와 관련된 측정지표는 품질과 대응시간, 원가 및 신제품비율 등이다.

(4) 혁신과 학습(innovation and learning)

혁신과 학습에 대한 측정기준은 "우리 기업이 지속적으로 개선하고 가치를 창출해 낼 수 있는 능력이 있는가"를 나타낸다. 글로벌 경쟁에서 글로벌 기업이 성장·발전하기 위해서는 끊임없는 혁신과 지속적인 학습이 필요하다. 혁신과 학습과 관련된 측정지표는 종업원만족, 정보 시스템의 이용정도, 학습정도 및 지식공유 등이다.

〈그림 12-2〉는 균형성과표의 사례를 제시한다. 이 그림에 나타나 있는 바와 같이, BSC의 네 가지 측정기준인 재무, 고객 관점, 내부프로세스 및 혁신과 학습 등에 대한 성과가 일목요연하게 제시됨으로써 글로벌 기업의 성과에 대한 종합적인 평가와 통제가 가능하다. 실제에 있어서 균형성과표의 측정기준은 기업의 규모와 특성에 따라 다양하게 제시될 수 있다. 이 그림에서 제시한 +는 초록(목표달성), 0은 노랑(위험영역), −는 빨강(목표미달성)을 의미한다. 또한 이들은 항공기 조종실의 각종 계기판에 표시되어 위험상황을 알려주

는 세 가지 색깔을 뜻한다. 정보통신기술의 발달에 힘입어 BSC가 네트워크로 연결될 수 있기 때문에 글로벌 기업 내 여러 조직의 다양한 성과들이 신속하게 평가될 수 있으며, 이를 통하여 국경을 초월하는 글로벌 경영활동에 대한 효과적인 통제가 가능하다.

그림 12-2 균형성과표의 사례

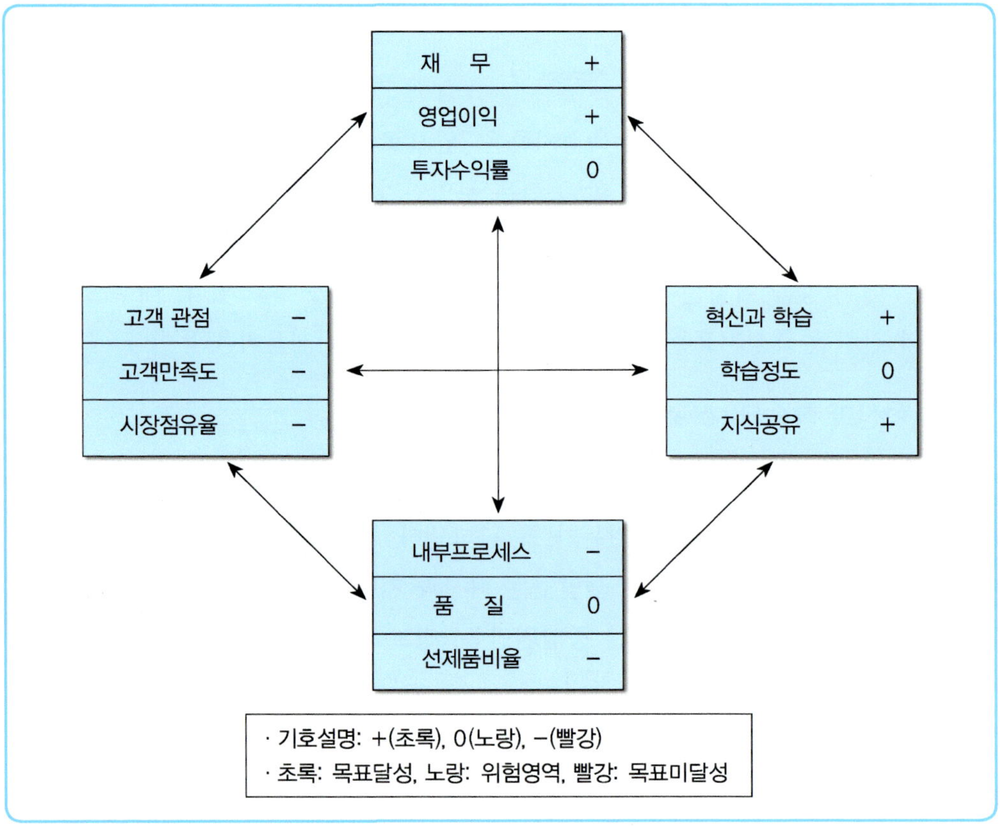

자료원: 박주홍(2012b), p. 441.

News Case 12-1

▶ 아모레퍼시픽의 지속가능경영 성과

아모레퍼시픽은 국내 뷰티 헬스 업계 최초로 6년 연속 글로벌 지수인 'DJSI World'와 국가 지수 'DJSI Korea'에 동시에 장기 편입되는 영예를 안았다. 2015 다우존스 지속가능경영지수(DJSI) 인증식은 10월 28일 오후 2시 서울 그랜드 하얏트 호텔에서 진행된다.

다우존스 지속가능경영지수(Dow Jones Sustainability Indices, DJSI)는 기업의 경제적 성과와 더불어 환경, 사회적 측면 등을 종합적으로 평가하는 지속가능경영 평가에 대한 글로벌 표준으로 1999년 세계 최대 금융정보 회사인 미국 S&P 다우존스 인덱스(S&P Dow Jones Indices)와 글로벌 지속가능경영 평가와 투자 전문기관인 스위스 로베코샘(RobecoSAM)과 공동으로 개발했다.

2008년에는 한국생산성본부에서 S&P 다우존스 인덱스와 로베코샘이 공동으로 세계 최초 국가 단위 지수인 DJSI Korea를 개발하여 발표하고 있다. 2015 DJSI 결과에 따르면 아모레퍼시픽은 경제, 환경, 사회 영역에서 전반적으로 좋은 성과를 냈다. 특히 고객관계관리(Customer Relationship Management, CRM), 윤리경영, 환경운영 성과 측면에서 업계 리더로서 두각을 나타낸 것으로 평가되었다.

아모레퍼시픽은 2008년부터 업계 최초로 자사의 모든 브랜드와 채널을 아우르는 통합 멤버십 고객 서비스 '뷰티포인트'를 운영해 오고 있으며, 뷰티포인트 전용 상품과 서비스를 제공하며 고객 만족도를 높이고 있다. 또한 글로벌 통합 고객 데이터베이스 분석을 기반으로 고객의 소비 패턴과 구매 행동을 파악하고 이를 바탕으로 고객관리와 소통에 힘쓰는 CRM 활동을 전개하고 있다.

모바일 카메라를 통해 가상으로 제품 테스터를 해 볼 수 있는 '라네즈 뷰티 미러' 앱 출시, 외국인 관광객 대상 아리따움 디지털 플랫폼 서비스 개시 등 혁신적인 온라인 고객 확보 활동에도 앞장서고 있다. 또한 아모레퍼시픽은 2003년 윤리경영을 선포한 이래 모든 임직원이 건강한 기업윤리 실천을 위해 지속적으로 노력해 오고 있다. 특히 모든 임직원이 '정직'의 가치를 바탕으로 윤리 의식을 강화하기 위해 매년 온라인 윤리 서약을 진행하고 있으며 2014년부터는 중국, 일본, 미국 등 주요 해외법인의 임직원도 참여하고 있다.

그 밖에도 협력사 윤리경영 간담회 개최, 윤리경영 제보 사이트 오픈(2014년 1월) 등을 통해 기업 생태계 전반으로의 윤리정신 확산에 앞장서고 있다. 더불어 아모레퍼시픽은 환경경영 시스템을 구축하고 지속적으로 환경영향을 개선하기 위해 노력하고 있다. 특히 제품생산 과정에서의 온실가스 감축에서부터 폐기물 재활용률 향상을 통한 매립 폐기물 저감, 토종 희귀콩 복원 등 생물 다양성 보전에도 앞장서고 있다.

아모레퍼시픽 대외협력실 K상무는 "이번 DJSI 장기 편입은 그동안 아모레퍼시픽이 사회적 책임을 다하기 위해 기울여온 진정성 있는 노력이 글로벌 상위 기업 수준임을 재인정받은 것이라 생각한다"며, "향후에도 아모레퍼시픽은 대내외 고객과 지속가능경영 비전과 전략을 적극 공유하고 실천할 수 있도록 꾸준히 노력하겠다"고 소감을 밝혔다. 한편 아모레퍼시픽은 지난 2008년부터 지속가능경영 체계를 확립하고 'Beauty for Good(아름다움을 통해 세상을 변화시키는 아시안 뷰티 크리에이터)'이라는 지속가능경영 비전 아래 4대 전략방향별(고객, 환경, 임직원/파트너, 사회공헌) 활동을 지속적으로 추진하고 있다. 특히, 매년 전략방향별 과제를 도출하고 각각의 성과를 투명하게 공개하는 등 지속가능성을 강화하고 있다.

DJSI 영역과 선정기준은 전 세계 2,500개 기업(유동자산 시가총액 기준)을 평가하여 상위 10%를 편입시키는 글로벌 지수인 'DJSI World'와 아시아 퍼시픽 지역 상위 600대 기업을 대상으로 상위 20%를 편입시키는 지역지수인 'DJSI Asia/Pacific', 그리고 국내 상위 200대 기업 중 상위 30%를 편입시키는 세계 최초 국가 단위 다우존스 지속가능경영지수인 'DJSI Korea' 등 세 가지 분야로 구성되어 있다. 이번 평가는 지난 3월부터 시작되었으며 각 기업이 제출한 내부자료에 대한 검토와 함께 각종 외부자료에 대한 분석, 미디어와 이해관계자 리서치, 제3자 검증 등의 과정을 거치며 산출되었다.

자료원: 전자신문, 2015년 10월 28일

12.3 글로벌 성과관리의 의의와 고려사항

12.3.1 글로벌 성과관리의 의의

글로벌 성과관리(global performance management)는 글로벌 기업의 본사 및 현지 자회사에서 근무하는 인적자원의 성과를 체계적으로 관리하는 것을 말한다. 이러한 성과관리는 앞서 살펴본 바와 같이 글로벌 기업의 통제의 관점에서 수행되어야 한다(12.1 및 12.2 참고). 글로벌 성과관리의 목표는 다음과 같이 요약될 수 있다.

- 글로벌 기업 전체의 관점에서의 성과목표의 달성
- 본사 및 현지 자회사에서 근무하는 인적자원의 성과향상
- 성과관리의 과정을 통한 승진기회의 제공 및 새로운 직위의 부여
- 성과관리의 과정을 통한 인적자원의 성과달성에 대한 동기부여

글로벌 성과관리를 효율적으로 수행하기 위해서는 성과관리의 과정을 이해할 필요가 있다. 성과평가의 과정은 다음과 같은 순서로 진행된다. 〈그림 12-3〉은 성과평가의 과정을 제시한다.

- 1단계-직무설계의 수행: 글로벌 인적자원이 수행해야 하는 직무를 설계한다.
- 2단계-명확한 직무성과목표의 수용: 수행해야 할 직무와 관련된 성과목표를 글로벌 인적자원이 수용하여야 한다.
- 3단계-방향설정, 즉각적 성과 피드백과 지도: 직무와 관련된 성과목표를 달성해 가는 과정에서 피드백이 요구된다.
- 4단계-직무과정의 검토, 피드백, 지도 및 지원: 지속적이고 정기적인 검토와 피드백을 통하여 성과목표를 추구한다.
- 5단계-성과평가의 수행(즉각적 직무성과의 개선 및 미래의 커리어 계획): 최

종적으로 파악된 성과목표에 대한 평가가 이루어지며, 이러한 성과를 바탕으로 직무성과가 즉각적으로 개선되어야 한다. 성과평가의 결과는 기업의 공식적 보상 시스템과 연계된다.

그림 12-3 성과평가의 과정

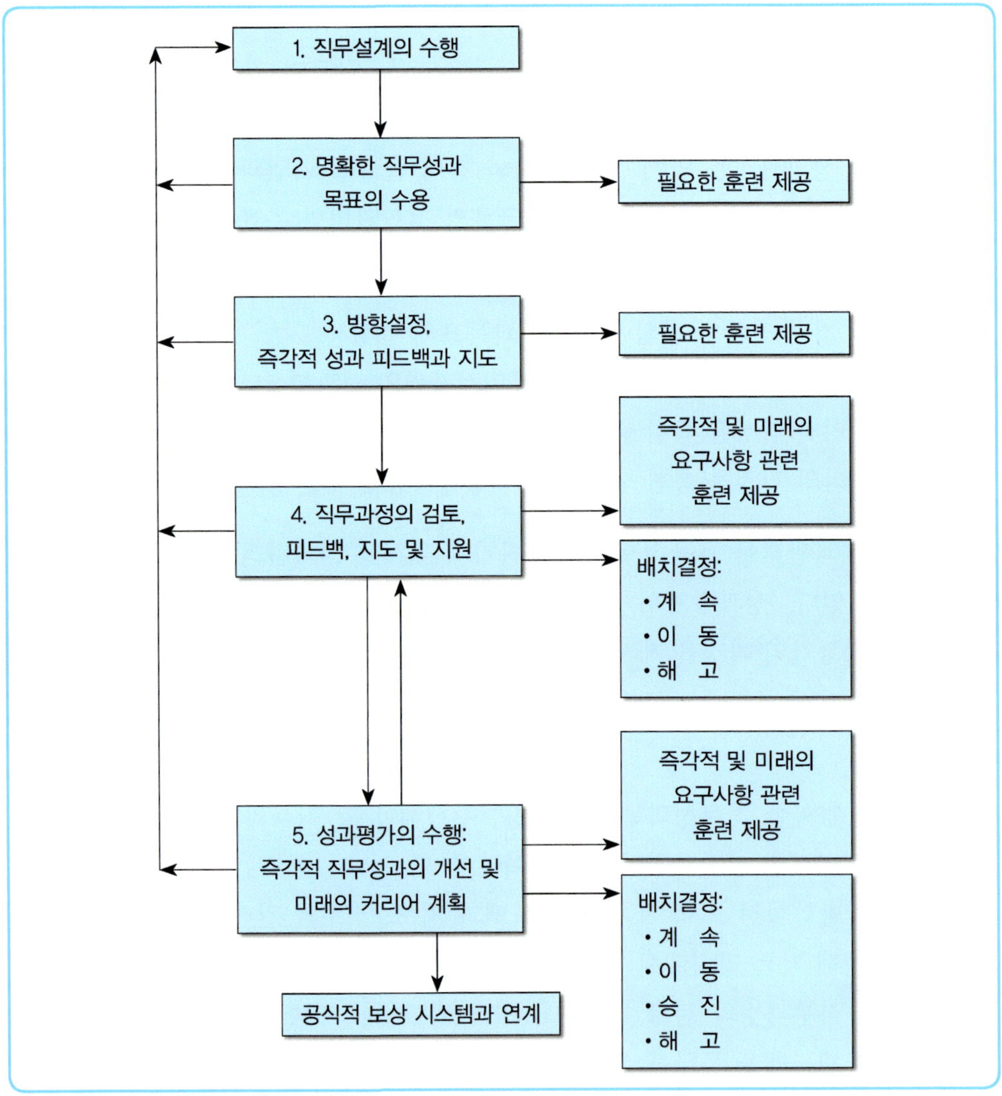

자료원: Vance, C. M./Paik, Y.(2015), p. 315.

12.3.2 글로벌 성과관리의 고려사항

글로벌 성과관리는 상위(upstream) 및 하위(downstream)의 고려사항으로 구분하여 접근할 수 있다. 이러한 고려사항을 살펴보면 다음과 같다.[9]

- 상위의 고려사항
  - 전략적 통합과 조정: 글로벌 기업 전체의 관점에서 기업 및 사업단위의 전략적 목표가 검토되어야 한다. 아울러, 글로벌 기업의 기능적 또는 지리적 사업단위에 대한 조정이 이루어져야 한다.
  - 인력의 배치: 글로벌 관점에서의 인력의 배치는 인적자원의 효과적인 훈련과 개발 활동, 커뮤니케이션, 업무협력 및 보상 시스템 등과 관련되어 있다.
  - 조직학습과 지식경영: 글로벌 기업의 조직학습은 기업 전체의 관점에서의 조직개발 및 변화와 관련되어 있다. 아울러, 글로벌 기업의 지식경영은 기업의 노하우 및 실무와 연결되어 있다. 무엇보다도 조직학습과 지식경영은 본사와 현지 자회사의 상호 협력을 통하여 관리되어야 한다.
- 하위의 고려사항
  - 현지 상황에 대한 반응: 글로벌 성과관리를 수행하기 위하여 현지 자회사의 현지 상황에 대한 반응이 고려되어야 한다. 특히, 현지 상황은 내부적 및 외부적 상황으로 구분하여 고찰할 수 있다. 내부적 상황은 조직규모, 조직자원, 조직구조, 조직문화 및 경영요인들과 관련되어 있다. 외부적 상황은 현지의 경제적 환경, 경쟁, 인구통계적 상황, 기간구조, 노동조합, 국가 및 현지문화와 관련되어 있다.
  - 교차문화적 차이에 대한 민감성: 글로벌 기업의 본사와 현지국의 문화적 차이(예를 들면, 2.3.1의 *호프슈테데* 모형에서 살펴본 권력간격, 개인주의 대 집단주의, 남성성 대 여성성, 불확실성 회피 대 수용 및 시간지향성 등)

9 Vance, C. M./Paik, Y.(2015), p. 319 이하.

를 고려한 글로벌 성과관리가 수행될 필요가 있다.

- 성과관리관계의 확립: 글로벌 성과관리를 효과적으로 수행하기 위해서는 국적, 문화적 배경, 연령별, 성별 및 기타 개인적 특성에서의 차이점에 구애받지 않고 상호 신뢰와 존경에 기초하여 종업원의 실행가능한 작업관계(working relationship)가 확립되어야 한다.
- 종합적 훈련: 관리자와 종업원에 대한 종합적 훈련(comprehensive training)은 성과관리과정을 효과적으로 작동시키는 필수적인 요소이다. 이러한 훈련은 종업원 요구사항을 평가하는 효과적 기법, 성과지도, 효과적 피드백, 적극적 경청, 목표설정, 개발계획, 오류수정, 계획 및 성과평가의 수행 등을 포괄한다.

12.4 글로벌 성과평가의 방법

12.4.1 글로벌 성과의 평가자

대부분의 글로벌 성과평가는 특정 종업원의 작업성과를 평가하는 현지국의 감독자에 의해 주로 수행되지만, 현지국 감독자와는 다른 시각을 가진 평가자들을 활용할 경우, 종업원 성과평가의 신뢰성과 정확성이 향상될 수 있다. 글로벌 성과의 평가자를 다양하게 활용할 수 있는 대표적인 방법으로 360도 피드백 접근법(360-degree feedback approach)을 들 수 있다.[10] 이 방법은 현지국의 감독자, 본국의 감독자, 부하직원, 작업장 동료, 고객 및 본인 등을 글로벌 성과(예를 들면, 글로벌 관점에서의 현지 자회사의 성과)의 평가자로 활용한다. 〈그림 12-4〉는 360도 피드백 접근법을 보여준다.

360도 피드백 접근법에서 제시하고 있는 글로벌 성과의 평가자들을 구체

10 전게서, p. 332 이하.

그림 12-4 360도 피드백 접근법

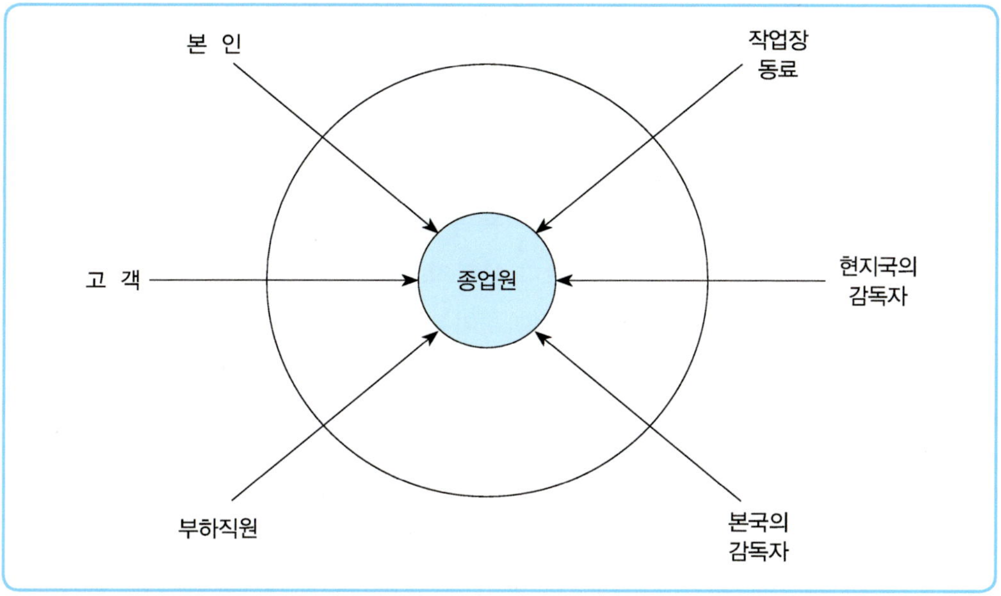

자료원: Vance, C. M./Paik, Y.(2015), p. 334.

적으로 살펴보면 다음과 같다.[11]

- 현지국의 감독자(local supervisor): 현지 자회사에 근무하는 모든 인력(예를 들면, 본국 파견인력, 현지국 채용인력 및 제3국 채용인력)은 기본적으로 현지국의 감독자에 의해 성과평가를 받는다. 일반적으로 현지국의 감독자가 평가자로 선호되는 이유는 현지 자회사의 모든 인력을 직접 관찰할 수 있는 위치에 있기 때문이다. 현지 자회사가 현지국 중심으로 운영될 경우, 현지국의 감독자에 의한 성과평가에서 본국 파견인력과 제3국 채용인력은 현지국 채용인력보다 불리한 평가를 받을 가능성도 있다.
- 본국의 감독자(home country supervisor): 본국의 감독자는 현지 자회사에서 근무하는 현지국 채용인력뿐만 아니라, 본국 파견인력 및 제3국 채용인력의 성과평가를 할 수 있다. 그러나 현지 자회사에서 근무하는 인

11 전게서, p. 333 이하.

력들을 직접적으로 관찰하기 어렵기 때문에 성과평가에 있어서 어느 정도의 한계가 있다. 특히, 본국의 감독자가 작성한 본국 파견인력에 대한 성과평가의 결과는 현지 자회사에서의 근무를 마치고 귀국하는 본국 파견인력의 재진입직위, 승급 및 승진 등과 관련된 의사결정을 하기 위한 기초자료로 사용될 수 있다.

- 부하직원(subordinates): 특정기술과 역량(예를 들면, 리더십)은 감독자 또는 상사로부터 평가받는 것보다 부하직원에 의해 평가받는 것이 더 정확할 수 있다. 이러한 상향식 성과평가는 권력간격이 큰 국가보다 권력간격이 작은 국가에서 더 효율적으로 이루어질 수 있다.
- 작업장 동료(workplace peers): 현지 자회사의 동일 부서에서 근무하는 동료직원이 성과평가를 하는 경우, 감독자 또는 상사가 잘 알지 못하는 세밀한 부분에 대한 성과평가가 가능하다. 이러한 수평식 성과평가는 개인주의적 성향이 강한 국가보다 집단주의적 성향이 강한 국가에서 더 효율적으로 이루어질 수 있다.
- 고객(customers): 현지 자회사에서 서비스 부문과 관련된 업무에 종사하는 인력들은 그들이 상대하는 고객에 의해 성과평가를 받을 수 있다. 경우에 따라서 현지 자회사의 특정직원이 관리하는 고객들의 만족도가 성과평가의 척도가 되기도 한다.
- 본인(self): 현지 자회사에서 근무하는 인력들은 그 기업의 주요 목표를 인식하고 이를 달성하기 위하여 노력하여야 한다. 현지 자회사에서는 그 기업의 목표를 기초로 팀 또는 부서의 목표가 결정되고, 팀 또는 부서의 목표를 근거로 개인의 목표가 결정된다. 이러한 개인의 목표를 본인이 평가하게 하는 것은 특정과업에 대한 동기부여를 증대시킬 수 있으며, 이를 통하여 개인의 업무성과가 향상될 수 있다.

12.4.2 글로벌 인적자원의 성과평가

인적자원의 성과평가에 대한 접근법은 국내 기업뿐만 아니라 글로벌 기업에도 보편적으로 적용될 수 있다. 성과평가의 접근법은 다음과 같은 다섯 가지로 분류할 수 있다.[12] 〈표 12-1〉은 성과평가의 접근법에 대한 평가를 제시한다.

비교접근법(comparative approach)

이 방법은 개인의 성과와 타인의 성과를 비교하여 인적자원에 대한 성과평가를 한다. 특히, 개인의 성과는 어떤 특정 근무집단 또는 작업집단 내에서 순위로 평가된다. 비교접근법에서는 다음과 같은 방법을 사용하여 성과평가가 수행된다.

- 서열법(ranking): 이 방법은 개인의 성과결과를 같은 집단 내의 다른 직원과 비교한 후, 그들의 성과결과를 최고부터 최하까지 순위를 매기는 것을 말한다. 이 방법은 인적자원의 성과를 비교적 쉽게 평가할 수 있는 장점을 갖고 있다. 그러나 개인의 전체 성과결과만을 평가하기 때문에 이 방법은 특정업무에 대한 개인의 절대적 기여도를 평가하기 힘든 단점을 갖고 있다.
- 강제배분법(forced distribution): 이 방법은 개인의 성과결과를 특정범주에 강제적으로 할당하는 것을 말한다. 예를 들면, 같은 작업집단 내의 종업원들의 성과결과는 백분율(예를 들면, 상위 20%) 또는 등급별(예를 들면, 1등급)로 할당된다. 이 방법의 장점은 같은 작업집단 내의 종업원의 성과가 다양한 분포를 보일 때 효과적으로 사용할 수 있다는 것이다. 그러나 모든 종업원들의 성과결과가 매우 좋은 경우에는 강제할당이 어려운 단점이 있다.
- 쌍대비교법(paired comparison): 이 방법은 종업원의 성과결과에 대한 순

12 Noe, R. A. et al.(2013), p. 350 이하.

위를 매기기 위해 개별 종업원들의 성과결과를 쌍으로 구분하여 일대일로 비교하는 것을 말한다. 예를 들면, 같은 작업집단 내에 5명의 종업원(A, B, C, D, E)이 일하고 있다면 10번의 평가(A–B, A–C, A–D, A–E, B–C, B–D, B–E, C–D, C–E, D–E 등 쌍으로 묶어 평가함)가 이루어진다. 이 방법의 장점은 종업원들의 성과결과가 상대적으로 평가될 수 있다는 것이다. 그러나 같은 작업집단 내에 근무하는 종업원 수가 많을 경우 평가시간이 많이 걸리는 단점이 있다.

특성접근법(attribute approach)

이 방법은 기업의 성공을 위해 바람직한 것으로 판단되는 종업원 개인의 특성(예를 들면, 리더십, 경쟁력 등과 같은 개별적 특성)을 평가한다. 특성접근법의 대표적인 방법으로 다음과 같은 것들을 들 수 있다.

- 도식평가척도(graphic rating scales): 이 방법에서는 개인의 특성들을 항목화하고 각 항목별로 척도(예를 들면, 1점부터 5점까지의 리커트 척도)를 부여하여 성과평가가 이루어진다. 이 방법은 매우 간편하게 성과평가를 할 수 있다는 장점을 지니고 있는 반면, 평가자들마다 판단기준이 다를 경우 평가결과의 신뢰성이 낮을 수 있다는 단점을 갖고 있다.
- 혼합표준척도(mixed–standard scales): 이 방법은 각 특성이 서술된 여러 개의 문장(예를 들면, '본국 파견인력의 현지 적응도가 매우 빠르다')을 사용하여 종업원의 특성을 점수화(예를 들면, 현지 적응도가 매우 빠르면 +, 보통이면 0, 매우 느리면 –로 평가함)하여 평가한다. 이 방법은 종업원의 주요 특성을 정형화된 서술을 통하여 간편하게 평가할 수 있는 장점을 갖고 있다. 그러나 이 방법은 종업원의 주요 특성만을 고려하기 때문에 종업원의 업무성과에 대한 평가를 직접적으로 할 수 없는 단점을 지니고 있다.

행동적 접근법(behavioral approach)

이 방법은 종업원들의 직무성과와 관련된 행동들을 정의하고, 종업원들의 실제 행동에 근거해 평가를 한다. 행동적 접근법으로 다음과 같은 방법들을 들 수 있다.

- 행위기준 고과법(behaviorally anchored rating scales): 이 방법은 성과차원을 구체화하여 차원별로 구체적 행동을 서술한 문장을 사용하여 평가한다. 예를 들면, 성과차원을 5단계(1단계는 가장 낮은 수준의 행동, 5단계는 가장 높은 수준의 행동을 의미함)로 설정하였다면 5개의 행동에 대한 설명이 단계적으로 제시되고 특정 종업원의 행동이 어느 단계에 속하는지를 확인한다. 이 방법의 장점은 특정직무에 요구되는 종업원 행동을 수준별로 구분하여 평가할 수 있다는 것이다. 반면에, 수준별 행동을 정확하게 숙지하지 못한 평가자가 평가할 경우 편견이 나타날 수 있는 단점이 있다.
- 행동관찰 척도법(behavioral observation scales): 이 방법은 행위기준 고과법의 변형으로 볼 수 있다. 이 방법에서는 효과적인 성과달성에 필요한 다양한 행동들이 서술되고, 이들의 빈도가 측정된다. 즉, 이 방법은 성과에 기여하는 행동들이 얼마나 자주 수행되었는가(예를 들면, '전혀 하지 않는다'부터 '매우 많이 한다'까지 5점 척도로 분류함)를 평가한다. 이 방법은 다른 방법에 비해 사용이 간편한 장점을 갖고 있다. 하지만, 업무에 요구되는 행동들이 많은 경우 정보의 양이 매우 많을 수 있는 단점이 있다.
- 역량모형(competency models): 이 방법은 종업원들이 보유하고 있는 기술, 지식, 능력 및 개별적 특성 등과 같은 역량에 기초하여 평가한다. 즉, 이 방법은 직업, 조직, 직종 또는 구체적인 직무 등과 관련하여 해당 종업원에게 요구되는 역량을 평가한다. 관리자는 이러한 역량을 고용, 훈련 및 성과관리를 위한 기준으로 활용할 수 있다. 이 방법의 장점은 종업원에게 요구되는 주요 역량을 제시할 수 있다는 것이다. 반면에, 이 방법

은 환경변화에 따라 요구되는 역량의 요소들을 정기적으로 재조정하지 않는 경우 평가가 객관적으로 수행될 수 없는 단점을 지니고 있다.

결과접근법(results approach)

이 방법은 매출, 비용 및 생산성 등과 같은 측정가능한 결과를 근거로 하여 평가한다. 결과접근법에서는 다음과 같은 방법을 활용하여 성과평가를 실시한다.

- 목표활용법(use of objectives): 목표활용법의 대표적인 방법으로 목표관리(management by objectives)를 들 수 있다. 이 방법은 종업원에게 업무목표만을 지시하고 그 달성방법은 종업원에게 맡기는 관리방법이다. 더 나아가 목표설정까지도 종업원에게 맡기는 경우도 있다. 이 방법의 장점은 자원배분이 합리적으로 이루어지고, 종업원의 참여를 유도할 수 있다는 것이다. 반면에, 이 방법의 단점은 장기적이고 질적인 목표보다 단기적이고 양적인 목표에 치중하는 경향이 있다는 것이다.
- 균형성과표(balanced scorecard): 이 방법은 앞서 설명한 것처럼 기존의 재무적인 측면만을 고려한 성과평가 시스템의 한계점을 극복하기 위하여 개발된 성과통제의 방법이다(12.2.2 참고). BSC는 재무, 고객 관점, 내부 프로세스 및 혁신과 학습 등과 같은 네 가지 관점에서 기업의 성과를 종합적으로 평가한다. 이 방법의 장점은 재무적 및 비재무적 측정치에 근거하여 균형 있는 성과평가가 가능하다는 것이다. 하지만, 이 방법은 비재무적 측정치를 객관적으로 평가하기 힘든 단점을 지니고 있다.
- 생산성측정 및 평가 시스템(productivity measurement and evaluation system): 이 방법에서는 생산성(예를 들면, 노동생산성)에 기초하여 종업원의 성과평가가 실시된다. 생산성은 기업의 목표달성과 관련된 가장 중요한 측정치의 하나이다. 이 방법의 장점은 생산성이 객관적이고 직접적인 수치에 기초하기 때문에 목표달성의 정도를 정확하게 표현해 준다는 것

이다. 그러나 다양한 종류의 생산성을 정확하게 측정하지 못하는 경우, 이 방법은 성과결과에 대한 평가를 제대로 할 수 없다.

표 12-1 성과평가의 접근법에 대한 평가

접근법	기준				
	전략적 일치	타당성	신뢰성	수용성	특수성
비교 접근법	관리자가 연결시키는 시간이 없는 경우, 빈약함.	평가가 주의깊게 수행되면 높을 수 있음.	측정자에게 달려 있지만, 합의된 측정법이 없음.	적당함, 개발이 쉽지만 명목적 표준은 문제가 있음.	매우 낮음.
특성 접근법	관리자가 연결시키는 시간이 필요한 경우, 대체로 낮음.	대체로 낮음, 주의깊게 개발되면 좋을 수 있음.	대체로 낮음, 구체적 정의와 특징에 의해 개선될 수 있음.	높음, 개발과 사용이 쉬움.	매우 낮음.
행동적 접근법	대체로 높음.	오염과 결핍이 최소화되면 대체로 높음.	대체로 높음.	적당함, 개발이 어렵지만 사용의 수용성이 좋음.	매우 높음.
결과 접근법	매우 높음.	오염과 결핍이 있다면 매우 높음.	높음, 주요 문제점은 측정시점의 시험-재시험-종속이 될 수 있음.	높음, 평가되는 결과로부터 투입요소와 함께 개발됨.	결과와 관련하여 높지만, 성취에 필요한 행동과 관련하여 낮음.
품질 접근법	매우 높음.	오염과 결핍이 있다면 높음.	높음.	높음, 평가되는 결과로부터 투입요소와 함께 개발됨.	결과와 관련하여 높지만, 성취에 필요한 행동과 관련하여 낮음.

* 이 표에서 언급된 오염은 '수집되었지만 성과에 부적절한 정보'를 의미하며, 결핍은 '수집되지 못한 성과와 관련된 정보'를 뜻한다.

자료원: Noe, R. A. et al.(2013), p. 369.

품질접근법(quality approach)

이 방법은 품질성과에 중점을 두어 성과평가를 하는 것을 말한다(12.2.2 참고). 품질접근법의 대표적인 방법으로 전사적 품질관리(total quality management)를 들 수 있다. 이 방법은 설계, 제조 및 판매 등의 각 부문은 물론 총무나 인사 등 직접 제품에 관계하지 않는 부문까지 포함해서 제품의 품질을 향상시키려는 전사적 운동이다. 이 방법의 장점은 기업 전체 차원에서 품질을 향상시킬 수 있기 때문에 제품의 품질경쟁력이 강화될 수 있다는 것이다. 하지만, 이 방법은 전사적 협력과 종업원의 적극적인 참여가 없다면 성공적으로 품질성과를 달성하기 어려운 단점을 갖고 있다.

News Case 12-2

▶ 현대모비스의 해외법인 우수사원 한국연수 프로그램

현대모비스가 해외법인 우수사원을 국내로 초청해 '한국연수 프로그램'을 실시한다고 27일 밝혔다. 우수한 업무성과를 나타낸 외국인 사원들을 격려하고, 한국문화 체험 기회 등을 제공해 소속감과 애사심 증대를 꾀한다는 취지이다. 지난 26일부터 오는 30일까지 진행되는 이번 '한국연수 프로그램'에는 전 세계 12개 국가의 17개 법인에서 총 20명이 참가했다. 북미, 유럽, 인도 등 해외연구소와 생산법인 및 부품법인에서 근무하는 현지인들로 평소 근면성실함으로 타의 모범이 된 우수사원들이다.

이들은 이번 연수 프로그램을 통해 본사, 마북연구소, 진천공장, 충주공장 등 국내 주요 사업장을 방문하며 회사에 대한 이해를 높이게 된다. 특히 연구개발(R&D)에서 생산, 영업까지 전 사업장에 뿌리내린 품질경영 프로세스를 직접 눈으로 보고 품질 마인드를 키우게 될 예정이다. 특히 사내강사로 선발된 국내 직원들이 이들의 현장이해를 돕는다. 사내강사진은 해외거주 경험이 풍부한 한국인 직원 또는 국내에서 근무 중인 외국인 직원들로 구성됐으며, 연수기간 중 '한국인과의 업무방식', '한국문화에 대한 이해' 등 강의를 진행한다.

현대모비스는 해외 우수사원들의 개인 실무역량을 더욱 강화시킬 수 있는 교육 프로그램도 마련했다. 개별 업무분야와 현대모비스의 조직문화를 고려한 맞춤형 교육으로 전문 강사가 초빙돼 우수사원들의 '경영시뮬레이션', '문제해결기법' 등의 학습을 돕는다. 이 밖에도 그룹사인 현대제철 당진공장 탐방을 진행한다. 쇳물에서 자동차까지 수직계열화를 통한 생산 시너지를 현장에서 확인하고 현대자동차그룹에 대한 이해를 넓히기 위한 취지이다.

현대모비스 J경영지원본부장(전무)은 첫날 해외법인 우수사원들과 만나 "전 세계 각지에서 우수한 성과를 견인하고 있는 노고에 감사하다"며 "이번 연수를 통해 회사에 대한 애정을 더욱 높이 키워 현대모비스의 브랜드를 더욱 빛나게 만드는 주역이 되길 바란다"고 말했다. 한편 이번 '해외법인 우수사원 한국연수 프로그램'은 중국법인을 제외한 영어권 국가의 직원들을 대상으로 했다. 현대모비스는 내년 상반기 중국 10여 개 법인의 우수사원들을 선발해 동일한 한국초청 프로그램을 실시할 계획이다.

자료원: 아주경제, 2015년 10월 27일

제13장

글로벌 리더십의 개발

13.1 리더십과 글로벌 리더십의 의의

13.2 리더십의 유형과 리더의 역량

13.3 글로벌 리더십의 개발과 문화적 상호작용

13.1 리더십과 글로벌 리더십의 의의

리더십(leadership)은 주어진 환경에서 조직의 목표달성을 위해 한 개인이 집단의 구성원에게 영향력을 행사하는 것이다. 이러한 리더십과 관련하여 다양한 정의가 있다. 즉, 리더십은 다음과 같이 여러 가지 관점에서 이해될 수 있다.[1]

- 리더십은 집단과정(group process)에 초점을 두고 있다. 이와 같은 관점에서 보면 리더가 집단활동의 중심에 위치하게 되고 집단의 의지를 통합하는 지위를 갖게 된다.
- 리더십은 다른 사람들로 하여금 과업을 완성하도록 유도하는 행동을 유발하는 성격특성이나 그 밖의 특성들의 조합이다. 이러한 정의는 성격의 관점(personality perspectives)에 기초하고 있다.
- 리더십은 행위(act) 또는 행동(behavior)이다. 이것은 집단 내의 변화를 이끌어내기 위해 리더가 취하는 행동이다.
- 리더십은 리더와 추종자 간의 권력관계(power relationship)이다. 리더는 권력(힘)을 가지고 그것을 사용하여 다른 사람들의 행동변화에 영향을 미치는 사람이다.
- 리더십은 목표달성(goal achievement)의 수단이다. 리더는 집단구성원들을 도와 그들의 목표와 욕구를 성취·충족시키는 사람이다.
- 리더십은 리더의 역량의 시각에서 정의될 수 있다. 즉, 효과적인 리더십을 가능케 하는 것은 리더의 역량이다.
- 위와 같이 정의된 리더십은 다음과 같은 몇 가지 요소로 구분될 수 있다.
  - 리더십은 과정이다.

1 김남현 역, Northouse, P. G. 저(2005), p. 3 이하.

– 리더십과정은 영향을 미치는 과정이다.
– 리더십은 집단상황에서 일어나는 현상이다.
– 리더십은 목표달성을 위한 과정이다.

앞서 논의한 바와 같이 리더십은 다양하게 정의되고 있다. 이러한 리더십은 글로벌 기업의 관점에서 고찰될 수 있다. 즉, 글로벌 리더십(global leadership)은 글로벌 환경에서 본사와 현지 자회사를 포괄하는 글로벌 기업의 목표달성을 위해 한 개인이 집단의 구성원에게 영향력을 행사하는 것으로 정의될 수 있다. 특히, 글로벌 리더십은 본사와 현지 자회사가 운영되는 국가 또는 지역의 문화적 영향을 많이 받을 수 있기 때문에 문화적 관점에서의 접근이 요구된다.

또한 국내 사업에 중점을 두는 기업에서는 시장, 고객, 구성원들의 사회문화적 특성이 거의 동질적이기 때문에 문화의 다양성에 대하여 고민할 필요는 거의 없다. 그러나 글로벌 기업의 관점에서 볼 때, 고객 및 종업원이 서로 다른 다양한 문화권에서 생활하거나 근무하고 있기 때문에 글로벌 리더(global leader)는 이들의 다양한 욕구를 충족시키며, 이에 알맞은 내부 운영 시스템을 갖추는 것에 역량을 집중하여야 한다.

그러므로 글로벌 리더십은 특정한 리더십 자체를 지칭하기보다는 글로벌 경쟁하에서 기업이 지속적으로 유지·성장하기 위해 요구되는 목표지향적인 리더십이라고 볼 수 있다.[2]

2 신유근(2005), p. 177 이하.

News Case 13-1

▶ 기업의 프로보노 활동과 리더십 향상

전국경제인연합회가 기업 프로보노(pro bono) 활동의 리더십과 직무능력 등 임직원 훈련 가치를 조명하는 자리를 마련했다. 전경련은 12일 서울 여의도 전경련 콘퍼런스센터에서 '2015 기업 사회공헌 콘퍼런스'를 열고 기업 프로보노 활동이 가진 임직원 직무능력 강화와 리더십 향상, 업무만족도 제고 등 인재육성 측면에서의 효과를 공유했다. 프로보노는 전문인력이 직무와 관련된 전문기술을 사회공헌적으로 활용하는 활동을 말한다.

이날 콘퍼런스에는 미국 최대 프로보노 캠페인 빌리언플러스체인지(Billion+Change) 사무국과 글로벌 프로보노 전문기관인 탭룻재단(Taproot Foundation)에서 초청한 해외 전문가들은 이미 글로벌 기업들은 프로보노 활동이 가진 리더십·직무능력 향상 등의 가치에 주목하고 사내 인력계발 정책에 반영하고 있다는 주장을 펼쳤다. 빌리언플러스체인지 G총괄책임은 3,000여 기업의 프로보노 활동을 함께한 경험을 토대로 프로보노가 직원들의 직무 역량강화에 효과가 크다고 강조했다. 그는 프로보노 참여자 88%는 업무관리 능력, 90%는 리더십 능력 향상이 있었다고 응답한 2015년 딜로이트 설문결과를 제시하며 기업들이 프로보노 임직원 역량계발에 적극적으로 활용할 필요가 있다는 의견을 개진했다.

탭룻재단 샌프란시스코 B대표는 프로보노 활동이 사내 직무교육보다 리더십 계발에 더욱 효과적이라고 말했다. B대표는 현장실습으로 이뤄지는 프로보노 활동을 우수직원을 육성하는 리더십 프로그램의 대안으로 활용할 수 있을 것이라고 제안했다. 이미 아메리칸익스프레스, 글락소스미스클라인 등 글로벌 기업들도 프로보노 활동을 리더십 등 인재계발 프로그램과 연계하는 추세라고 그는 덧붙였다.

SK, LG전자, 아시아나항공 등 프로보노 활동을 추진하고 있는 국내 기업들도 임직원들의 직무만족도 제고와 자체역량 강화 등의 효과를 발표했다. 특히 SK는 사내조사 결과, 프로보노 참여 후 만족도가 87%, 재참여의사는 89% 등 일반 봉사보다 높게 나타났다며 그 이유로 자기계발, 대인관계 향상 등을 꼽았다. 전경련 L사회본부장은 "프로보노 활동은 사회공헌적 효과는 물론 기업들이 임직원들의 업무만족도와 직무능력도 증진할 수 있는 인재육성 방안"이라고 말했다.

자료원: 뉴시스, 2015년 11월 12일

13.2 리더십의 유형과 리더의 역량

13.2.1 리더십의 유형

글로벌 기업뿐만 아니라, 국내 기업의 관리자에게 보편적이고 공통적으로 발견되는 리더십의 유형은 일반적으로 두 가지 종류의 리더십행동으로 이루어져 있다.[3] 즉, 이러한 리더십행동은 과업행동(task behavior)과 관계성행동(relationship behavior)으로 구분될 수 있다.

- 과업행동: 이것은 목표달성을 촉진하는 행동을 의미하며, 집단구성원들의 목표달성을 도와주는 행동들이다.
- 관계성행동: 이것은 하위자들이 상호 간에 우호적인 인간관계를 맺도록 도와주며 직장에서 만족을 느끼도록 도와주는 행동을 말한다.

일반적으로 경영자의 자질과 그들이 처해 있는 상황이 각각 다르므로 이들 경영자가 발휘하게 되는 리더십도 달라질 수 있다. 리더십은 다음과 같은 세 가지 유형으로 구분할 수 있다.[4] 〈표 13-1〉은 세 가지 리더십의 유형을 비교하고 있다.

- 전제적 리더십(autocratic leadership): 이것은 모든 권한이 관리자에게 집중되는 경우에 나타날 수 있는 리더십이다. 즉, 이것은 리더 중심적인 의사결정을 통하여 하위자 또는 종업원을 이끌어가는 리더십이다. 예를 들면, 하위자 또는 종업원의 의타심이 강할 경우 리더는 이들에게 일방적으로 지시 또는 명령을 하면서 이들을 지휘하게 된다. 이러한 전제적 리더십의 장점은 사전에 집단구성원의 동의를 구할 필요가 없기 때문에

3 김남현 역, Northouse, P. G. 저(2005), p. 86 이하.
4 정월순(2015), p. 150 이하; 최종태(1981), p. 530 이하.

신속한 의사결정을 할 수 있다는 것이다. 단점은 집단의 사기진작에 부정적인 영향을 미칠 수 있다는 것이다.

- 민주적 리더십(democratic or participative leadership): 이것은 리더의 의견뿐만 아니라, 하위자 또는 종업원의 의견을 동시에 고려한 리더십이다. 즉, 이것은 하위자 또는 종업원에게 자유롭게 의견을 제시하고 의사소통을 할 수 있도록 배려한다. 경우에 따라서 하위자 또는 종업원에게 지휘와 관련된 권한과 책임이 위임되기도 한다. 민주적 리더십의 장점은 집단구성원들의 사기를 높이고, 조직 내에서 의사소통을 원활하게 할 수 있다는 것이다. 반면에, 이 방법은 의사결정의 속도가 느리고, 모든 집단구성원의 만족도를 높여주지만 최선이 아닌 해결책을 선택할 가능성이 있다는 단점을 지니고 있다.

표 13-1 세 가지 리더십의 유형

전제적 리더십	민주적 리더십	자유방임적 리더십
• 리더에 의한 모든 정책의 결정 • 권한에 의해 지시를 받는 기술과 활동단계이고, 한 번에 하나의 지시가 있으므로 대체로 미래의 단계를 알 수가 없음. • 리더는 보통 과업과 그 과업을 함께 수행할 구성원을 지정해 줌. • 각 구성원의 업적을 평가할 때 주관적이기 쉽고, 능동적인 그룹의 참여가 어려움.	• 모든 정책은 리더에 의해서 지원을 받는 집단토론 결정의 문제. • 토의기간 중에 활동에 대한 대략적인 파악이 있고 도움이 필요할 때 리더가 대안을 제시해 줌. • 구성원들은 그들이 선택하는 사람과 일을 할 수 있으며, 업무의 분할은 그룹에 일임됨. • 각 구성원들을 평가하는 데 있어서 객관적이며, 많은 일을 하지 않지만 구성원이 되려고 노력함.	• 리더가 최소한 개입함으로써 그룹 혹은 개인적인 결정을 위한 완전한 자유 • 여러 가지의 것들이 필요할 때 정보를 제공해 주려는 리더에 의해서 공급됨, 작업토의에 거의 개입하지 않음. • 과업과 동료의 결정에 있어서 리더의 개입이 거의 없음. • 요청받지 않으면 자발적인 평가는 거의 하지 않으며, 평가 자체를 하지 않으려 함.

자료원: 최종태(1981), p. 532 재인용; Hicks, H. G./Gullet, C. R.(1976), p. 451.

- 자유방임적 리더십(laissez-faire leadership): 이것은 리더의 개입이 극도로 배제된 상태에서 집단구성원들의 자율적 판단을 존중하며 조직의 목표 달성을 추구하는 것을 말한다. 리더는 집단구성원의 일원으로 남아 집단구성원들에게 필요한 충고를 하고 자문을 담당한다. 이 방법의 장점은 집단구성원들에게 개인적인 발전의 기회를 제공해 준다는 것이다. 하지만, 이 방법은 조직의 목표를 달성하기 위한 집단의 응집력이 낮고, 장기적 관점에서 조직의 혼란과 갈등을 유발할 수 있다는 단점을 갖고 있다.

글로벌 기업의 관점에서 볼 때, 가장 바람직스러운 리더십은 민주적 리더십이라고 할 수 있다. 이는 집단구성원으로 하여금 자주적으로 책임감을 느끼게 함과 동시에 이들이 직접 의사결정의 과정에 능동적으로 참가하도록 하고, 활동을 직접 지도·교육함으로써 의사소통에 유리한 인간관계가 형성되는 것을 중요시하는 리더십이기 때문이다.[5] 특히, EPRG 모델의 관점에서 볼 때, 민주적 리더십은 현지 자회사에 권한, 책임 및 자율결정권이 많이 위임되는 현지 중심적 관리개념에 그 기초를 두고 있다고 볼 수 있다(제3장 3.2 참고). 또한 EPRG 모델의 관점에서 볼 때, 집단구성원의 복종과 규율을 강조하는 전제적 리더십은 본사에 의한 중앙집권적 통제에 기초한 본사 중심적 관리개념을 어느 정도 적용한 리더십이라고 할 수 있다.

13.2.2 리더의 역량

리더의 역량(competency)은 리더로서 조직을 효과적이고 효율적으로 이끌어가는 힘이나 능력이 있는가를 의미한다. 이러한 리더의 역량은 역량모형(competency model)을 통하여 파악할 수 있다. 개인 속성과 역량과 관련된 구성요소들은 국내 기업뿐만 아니라, 글로벌 기업의 리더에게도 영향을 미친다. 〈표

5 이건희(1997), p. 146.

표 13-2 역량모형의 세 가지 구성요소

개인 속성	→ 역 량	→ 리더십 성과
• 일반적 인지능력 • 구체적 인지능력 • 동기유발 • 성 격	• 문제해결 기술 • 사회적 판단기술 • 지 식	• 효과적인 문제해결 • 성공적인 업적

자료원: 김남현 역, Northouse, P. G. 저(2005), p. 55 재인용; Mumford, M. D. et al.(2000), p. 23.

13-2〉는 역량모형의 세 가지 구성요소를 제시한다. 이들을 차례대로 간략히 살펴보면 다음과 같다.[6]

개인 속성(individual attributes)

〈표 13-2〉의 왼쪽 부분에 표시된 개인 속성은 역량모형에서 중요한 역할을 한다. 즉, 리더십이 발휘되는 과정뿐만 아니라, 리더십 성과와 관련하여 개인 속성은 다음과 같은 네 가지로 설명이 가능하다.

- 일반적 인지능력(general cognitive ability): 일반적으로 이것은 지능과 관련되어 있다. 지능은 도전적인 새로운 과제를 성취하기 위해 사전지식과 경험을 적용할 수 있는 능력을 말한다. 지능은 지각능력, 정보처리능력, 일반적 사고능력, 창의적 사고력, 확장적 사고력 및 암기력 등을 포함하고 있다. 특히, 이것은 적응력, 학습능력, 그리고 새로운 상황을 효과적으로 분석하고 이해하기 위해 선행지식을 활용하는 것과 관련되어 있다. 역량모형에서는 지능이 리더의 '복잡한 문제해결역량'과 리더의 '지식습득'에 정적인 영향을 미치는 것으로 보고 있다.
- 구체적 인지능력(crystallized cognitive ability): 이것은 시간의 경과에 따라 학습되거나 습득되는 능력을 의미한다. 즉, 이러한 능력에 기초하여 리더십 역량(예를 들면, 문제해결 기술, 개념적 능력, 사회적 판단능력 등)이 배양

6 김남현 역, Northouse, P. G. 저(2005), p. 54 이하.

될 수 있다. 특히, 이것은 복잡한 정보를 이해할 수 있는 능력, 정보를 구술 또는 정보의 형태로 타인에게 효과적으로 전달할 수 있는 능력 및 새로운 기술과 정보를 학습할 수 있는 능력 등과 관련되어 있다.

- 동기유발(motivation): 리더십 역량의 개발과 관련하여 동기부여는 다음과 같은 의미를 갖는다.
  - 리더는 복잡한 조직문제를 자발적으로 해결하기 위해 동기부여가 된다.
  - 리더는 자신의 지배력 또는 주도권(dominance)을 행사할 수 있어야 한다.
  - 리더는 조직의 사회적 선(social good)을 적극적으로 추구하여야 한다.
- 성격(personality): 이것은 환경에 대하여 특정한 행동을 취하고, 이러한 행동을 유지하고 발전시키려는 개인의 독특한 심리적 체계를 말한다. 예를 들면, 리더의 동기유발에 영향을 미치는 성격적 특징으로는 개방성, 모호성에 대한 참을성 및 호기심 등을 들 수 있다. 또한 갈등상황에서 리더의 성격은 리더의 업적에 영향을 미칠 수 있다.

역량(competency)

〈표 13-2〉의 중간 부분에 제시된 역량은 문제해결 기술, 사회적 판단기술 및 지식과 관련되어 있다.

- 문제해결 기술(problem-solving skills): 이것은 '조직의 새롭고 이례적이며 불명확한 문제를 해결하는 창의적 능력'을 의미한다. 즉, 조직 내에서 발생할 수 있는 다양한 형태의 문제점들을 해결할 수 있는 능력은 리더 자신의 리더십 역량이 된다. 또한 리더는 문제의 해결책을 체계적으로 구상하여 조직 내에서 발생하는 문제를 해결할 수 있는 기술을 보유하여야 한다.
- 사회적 판단기술(social judgement skills): 이것은 '사람을 이해하고 사람들 간의 사회적 시스템을 이해하는 역량'을 말한다. 이것은 리더로 하여금 다른 사람과 상호 협력하여 문제해결을 하도록 하고, 또한 그들로부터

지원을 받아 조직 내의 필요한 변화를 추구할 수 있도록 한다. 즉, 이것은 조직 내에서 발생할 수 있는 복잡한 문제점들을 해결하기 위해 요구되는 인간관계기술(people skills)이다.

- 지식(knowledge): 이것은 '어떤 대상에 대하여 배우거나 실천을 통하여 알게 된 명확한 인식이나 이해'를 의미한다. 즉, 이것은 교육, 학습 또는 숙련 등을 통해 사람이 재활용할 수 있는 정보와 기술 등을 포괄하고 있다. 또한 이것은 정보를 축적하고 조직화하려는 정신구조(mental structure)와 관련되어 있다. 이러한 정신구조를 스키마(schema)라고 하며, 이것은 시각이나 정보의 조직적 체계를 말한다. 그러므로 지식은 리더의 역량에 직접적으로 영향을 미치며, 조직 내에서 발생하는 문제에 대한 해결방안의 탐구에도 영향을 미칠 수 있다.

리더십 성과(leadership performance)

〈표 13-2〉의 오른쪽 부분에 표시된 리더십 성과는 리더의 효과적인 문제해결과 성공적인 업적을 보여준다. 이러한 성과는 리더의 역량에 의하여 큰 영향을 받는다. 특히, 리더가 이와 같은 역량을 발휘하는 경우 효과적인 문제해결이 가능할 뿐만 아니라, 성공적인 업적이 달성될 수 있다.

- 효과적인 문제해결(effective problem-solving): 이것은 리더의 역량 발휘를 통하여 조직 내에서의 문제가 해결된 상태를 의미한다. 효과적인 문제해결의 기준은 다음과 같이 결정될 수 있다.
  - 문제해결의 방식이 독창적이다.
  - 문제해결을 위한 해결책의 질적 수준이 높다.
- 성공적인 업적(successful performance): 이것은 리더가 수행한 직무가 성공적인 결과를 달성하였는지의 여부와 관련되어 있다. 리더가 성공적인 업적을 거두었다면, 하위자로부터 유능한 상급자로 인정받을 수 있을 뿐만 아니라, 조직 전체에서도 그가 차지하는 비중이 증대될 수 있다.

News Case 13-2

▶ 글로벌 기업의 리더십 개발

"최근 독일 폭스바겐이 일부 디젤 차량의 배기가스 소프트웨어를 조작한 것이 드러나면서 W최고경영자(CEO)가 사임하는 등 글로벌 기업들도 리더십의 위기를 겪고 있습니다. 이는 리더십의 정의나 좋은 리더의 기준조차 명확하지 않은 등 리더십 개발에 실패하고 있음을 보여줍니다." 4일 '글로벌 인재포럼 2015'의 기조연설자로 나선 미국 스탠퍼드대 P석좌교수는 "미국은 리더십 개발에만 연간 140~500억 달러를 쓰고 있지만, 미국인의 69%가 '리더십이 위기에 봉착했다고 생각한다'는 조사결과가 나왔다"고 말했다. '인재경영의 창시자'로 불리는 P교수는 리더십 관련 연구, 리더십 강화 교육 등 리더십 산업이 실패하는 이유는 리더십 전문가들의 전문성이 떨어지고, 리더십 측정 기준이 과학적이지 않기 때문이라고 지적했다.

"좋은 리더 기준 없어"

P교수는 "미국 온라인 소매업체 아마존닷컴을 검색하면 리더십 관련 서적만 11만 7,000여 권이 있다"며 "하지만 좋은 리더의 전형이 무엇인지, 리더십의 정의가 무엇인지조차 명확하지 않다"고 비판했다. 그는 "전 휴렛팩커드(HP) CEO였던 P는 4,100만 달러 퇴직금을 받고 회사를 떠난 뒤 최근 미국 대통령 선거 출마 의사를 밝혔다"며 "재직 당시 수천 명의 직원을 해고한 P 전 CEO를 성공한 리더라고 볼 수 있느냐"고 반문했다.

P교수는 "최근 폭스바겐, 다카다 등 글로벌 기업들의 비윤리적인 경영행태가 드러나고 있는 것 역시 리더십을 강화하기 위한 노력이 실패했음을 보여주는 사례"라고 말했다. 그는 "예를 들어 '카리스마 있는 리더'의 대명사격인 전 제너럴일렉트릭(GE) W회장의 경영도 본인이 얘기하는 것과 실제는 다른 면이 많다"며 "많은 리더가 자기기만적인 요소들을 더하면서 비현실적인 리더십 성공 스토리가 만들어지고 냉소적인 반응만 낳고 있는 것이 현실"이라고 지적했다.

P교수는 리더십의 위기를 극복하기 위해선 리더에 대한 평가부터 제대로 이뤄져야 한다고 강조했다. 그는 "리더와 조직구성원 간에 리더십을 평가하는 잣대가 다르다"며 "CEO는 조직원들의 생산성 향상보다는 본인의 임금이나 근속연수, 권력구조 등에 관심이 더 많기 마련"이라고 설명했다. P교수는 "더 많은 직원의 업무몰입도와 직장만족도를 높일 수 있는 리더가 좋은 리더"라며 "따라서 몰입도, 만족도 등을 과학적으로 측정하는 것이 중요하다"고 설명했다.

구글 리더십 교육…행동 변화에 초점

P교수는 또 리더십 개발과정이 체계적이지 못하다고 비판했다. 그는 "벨기에 블레릭 경영대 등에서 리더십 관련 강의에 대해 '영감을 주는 경영학 과정'이라고 소개하고 있지만 성공한 리더들의 '신화'를 통해 리더십을 기를 수는 없다"고 말했다. P교수는 "영감을 주는 것은 단기적인 효과만 있을 뿐 장기적인 조직 성과로 이어지진 않는다"고 강조했다.

P교수는 "구글을 제외하곤 글로벌 기업들도 직원의 행동, 성과 등의 결과를 기준으로 리더십을 과학적으로 평가하지 않는다"고 지적했다. 구글은 최근 학습 및 리더십 개발 프로그램 '구글에듀'를 개편했다. 교육 내용의 실행가능성을 높이기 위해 강의 대상과 시기를 구체적으로 규정하고, 대학강사 평가와 비슷한 부하직원의 상사평가를 기반으로 관리자급에 적합한 강의를 추천하고 있다.

P교수는 "리더십 개발 프로그램의 효과를 측정하는 것이 중요하다"며 "'교육과정이 즐거웠는지'가 아니라 '리더십 개발이 실제조직의 성과개선에 도움이 됐는지'를 측정해야 한다"고 조언했다. P교수는 최근 저서 『리더십 BS』를 통해 리더십 관련 교육·훈련과정에 들어가는 막대한 비용에도 불구하고 직장만족도와 직원의 업무몰입도 등을 개선하는 데 전혀 도움이 되지 않는다는 연구결과를 소개했다.

자료원: 한국경제, 2015년 11월 5일

13.3 글로벌 리더십의 개발과 문화적 상호작용

13.3.1 글로벌 리더십 역량의 분류

글로벌 리더십 역량(global leadership competency)은 글로벌 기업의 리더로서 조직을 효과적이고 효율적으로 이끌어가는 힘이나 능력에 기초하고 있다. 이러한 역량은 수많은 실증적 연구들을 통하여 제시되었다.[7] 〈표 13-3〉은 글로벌 리더십 역량의 분류를 제시한다. 이러한 역량은 다음과 같은 여섯 가지로

7 Osland, J. S. et al.(2006), p. 197 이하.

분류될 수 있다. 이들의 의미를 간략히 살펴보면 다음과 같다.

- 문화 간 관계기술(cross-cultural relationship skills): 이것은 서로 다른 문화에 대한 유연한 접근방식에 기초하고 있다. 글로벌 리더는 본국뿐만 아

표 13-3 글로벌 리더십 역량의 분류

글로벌 리더십 역량의 차원	주요 구성요소	
문화 간 관계기술	• 문화적 민감성 • 건설적 대화 • 타인의 개발 • 리더십의 공유 • 문화적 관계능력	• 다양성 인정 • 타인에 대한 동기부여/보상 • 타인에 대한 권한부여 • 사회적 관계능력
자질 및 가치관	• 탐구력/호기심 • 낙관성 • 열 정 • 스트레스 적응력 • 안정적 사생활 • 개인적 관계능력	• 재 치 • 개성/진실성 • 감성 지능 • 강인함 • 삶의 균형
글로벌 경영 전문지식	• 글로벌 경영 지식 • 비즈니스 관계능력 • 외부지향 • 경쟁우위의 유지	• 기술적 지식 • 고객 중심 • 결과지향
글로벌 조직화 전문지식	• 팀 구성 • 구조화 기술과 설계	• 파트너십 구축
인지적 성향	• 글로벌 사고방식 • 사고의 민첩성 • 불확실성의 관리	• 개방성 • 인지 복잡성 • 행동적 유연성
비전 설정	• 구체적인 비전과 전략의 확립 • 미래상의 설정 • 문화적 변화의 촉발	 • 가치관의 확립 • 전략적 변화의 촉발

자료원: Osland, J. S. et al.(2006), p. 209; 저자에 의해 일부 수정됨.

니라, 현지국의 다양한 문화적 특징을 이해하고, 서로 다른 문화적 가치관을 수용하는 능력을 보유하여야 한다.

- 자질 및 가치관(traits and values): 이것은 앞서 논의한 개인 속성 중에서 성격과 직접적으로 관련되어 있기 때문에 여기에서는 설명을 생략하기로 한다(13.2.2 참고).
- 글로벌 경영 전문지식(global business expertise): 글로벌 경영 전문지식은 글로벌 리더가 글로벌 기업을 관리하기 위해 요구되는 전문적인 능력을 말한다.
- 글로벌 조직화 전문지식(global organizing expertise): 글로벌 조직화 전문지식은 글로벌 리더가 조직을 운영하는 데 필요한 전문지식을 의미한다.
- 인지적 성향(cognitive orientation): 이것은 앞서 언급한 개인 속성 중에서 일반적 인지능력과 구체적 인지능력과 직접적으로 연관되어 있기 때문에 더 이상의 설명을 생략하기로 한다(13.2.2 참고)
- 비전 설정(visioning): 이것은 글로벌 리더가 장기적이고 전략적인 관점에서 조직의 미래를 설계하는 것과 관련되어 있다.

13.3.2 글로벌 리더십과 문화적 상호작용

글로벌 리더십과 문화적 상호작용은 사회문화적 환경에 대한 이해를 기초로 하여 논의되어야 한다(제2장 2.3 참고). 아래에서는 *호프슈테데*의 연구에서 제시한 권력간격(권력의 평등 대 불평등), 개인주의 대 집단주의, 남성성 대 여성성 및 불확실성 회피 대 수용 등과 같은 네 가지 차원들이 글로벌 리더십에 각각 어떻게 관련되어 있는가를 검토하기로 한다.[8]

- 권력간격(power distance): 이것은 어떤 국가의 사회와 조직 내에서 권력이 불평등하게 배분되어 있는 것을 수용하는 정도를 의미한다. 권력간

8 Punnett, B. J.(2004), p. 173 이하.

격이 큰 국가에서 리더는 그들의 힘을 부하들에게 과시할 수 있는 반면, 권력간격이 좁은 국가에서 리더는 그들의 힘을 완전하게 행사할 수 없다. 조직과 리더십의 측면에서 볼 때 다음과 같은 설명이 가능하다.

- 조직은 최고경영층이 권력을 갖고 있고, 하위경영층이 권력을 적게 갖고 있는 곳에서 명확한 계층구조를 보여준다. 결론적으로 최고경영층은 의사결정을 하고, 하위경영층은 단순히 그 의사결정을 수행한다.
- 권력이 있는 인사는 권력을 행사할 수 있고, 특권을 보유한다. 따라서 리더는 리더십에 상응하는 대우를 받는다(예를 들면, 대형 사무실, 승용차 등).
- 하위경영층은 자기가 가진 권력에 위협을 받으며 그 권력을 거의 신뢰할 수 없다. 따라서 정보는 공유될 수 없으며, 요구사항(투입요소)은 부하로부터 창출되지 않는다.
- 권력이 있는 직위는 독립적이고, 권력이 거의 없는 하위계층은 종속적이다. 그러므로 부하는 리더에게 충성해야 하고, 지시에 따라야 하고, 리더가 하는 말을 수용하여야 한다.

• 개인주의 대 집단주의(individualism vs. collectivism): 이것은 어떤 국가의 조직구성원이 어떤 집단의 구성원으로서보다는 독립적인 개인으로서 그들 자신을 평가하는 정도의 차이에 기초한다. 집단주의적 성향이 강한 국가에서는 개인주의적인 성향이 강한 국가에서보다 사람들은 사회적 관계에 더 중점을 둔다. 조직과 리더십의 관점에서 볼 때 다음과 같은 주장을 할 수 있다.

- 개인은 의사결정을 하는 것을 기대하며, 모든 사람은 어떤 의견을 제시할 권리를 갖는다. 그러므로 리더는 결단력이 있어야 하지만, 부하로부터의 요구사항(투입요소)을 수용하여야 한다.
- 개인적 성취는 가치가 있다. 그리고 리더는 성과를 통하여 그들의 능력을 증명할 필요가 있다.
- 자율성은 가치가 있다. 따라서 부하는 리더가 책임과 권한을 위임하고, 결단성에 가치를 부여하는 것을 기대한다.

- 개인의 경제적 안정이 중요하다. 그러므로 부하로부터 충성을 기대할 수 없다.
- 종업원은 조직에 대하여 독립적이며, 더 좋은 직장이 있으면 이직하려고 한다. 따라서 리더는 부하의 직장이 매력적이 되도록 만들고, 과도한 이직률을 피해야 하는 방법을 찾아야 한다.

• 남성성 대 여성성(masculinity vs. feminity): 이것은 남성과 여성의 역할 또는 행동의 차이에 근거한다. 여성성이 강한 국가에서는 리더가 남성과 여성을 차별하지 않고 조직을 이끌어간다. 조직과 리더십의 관점에서 볼 때 다음과 같은 설명을 할 수 있다.

- 남성적인 사회에서는 주로 남성이 리더가 되며, 여성 리더는 남성적인 가치관을 수용한다.
- 남성적인 사회에서는 리더는 어려운 성과목표를 달성하기 위하여 경쟁에 초점을 맞추는 반면, 여성적인 사회에서는 이러한 목표는 삶의 질에 대한 관심과 관련되어 있다.
- 남성적인 사회에서는 리더는 고도의 성과창출자에게 유형적인 보상을 하지만, 여성적인 사회에서는 무형적이고 가족지향적인 보상(예를 들면, 유급휴가)에 중점을 두는 경향이 있다.
- 남성적인 사회에서는 독립성이 존중을 받고, 리더는 독립적인 사고와 행동을 격려하고 보상한다. 반면에, 여성적인 사회에서는 독립성은 선(good)으로 인식되며, 보상은 훌륭한 인간관계에 초점을 둔다.

• 불확실성의 회피 대 수용(uncertainty avoidance vs. acceptance): 이것은 어떤 국가의 조직구성원이 불확실하거나 낯선 상황에 의해 위협을 느끼는 정도에 기초한다. 불확실성의 회피정도가 높은 국가에서는 종업원은 안정적인 직업을 선호한다. 조직과 리더십의 측면에서 볼 때, 다음과 같은 논의가 가능하다.

- 불확실성은 불안과 스트레스를 야기한다. 리더는 부하들에게 안전을 제공함으로써 불안과 스트레스를 덜어주어야 한다.

- 불확실성을 감소시키는 전문지식이 가치 있다. 리더는 가치 있고 신뢰할 만한 정보를 제공하는 조직 내부 및 외부의 사람들로부터 요구사항(투입요소)을 찾아야 한다.
- 의견일치가 안정감을 제공한다. 그러므로 리더는 집단구성원 간의 의견일치를 달성하기 위해 시간과 노력을 투입하여야 한다.
- 보수성이 선호된다. 따라서 젊은 구성원들과 서로 다른 아이디어를 가진 구성원들은 의심을 받거나 신뢰를 받지 못하게 된다.
- 성취는 안전의 관점에서 정의된다. 그리고 리더는 부하들에게 조직에서의 승진보다는 안전한 작업환경이 제공되는 것을 기대한다.
- 규칙, 규제, 정책 및 절차는 안전을 위해 중요하다. 그리고 리더는 이러한 것들을 명확히 규정하고 이들을 준수함으로써 모든 조직구성원을 안전하게 지켜야 한다.

참 · 고 · 문 · 헌

김남현 역, Northouse, P. G. 저(2005), **리더십**, **(Leadership)**, 경문사.

김시경(2007), **국제기업경영론**, 제5판, 삼영사.

김언수(2007), **TOP을 위한 전략경영 2.7: 전략 수립과 실행, 내용과 과정**, 박영사.

김주헌(2004), **국제마케팅**, 제2판, 문영사.

박경규(2010), **신인사관리**, 제4판, 홍문사.

박주홍(2007), **국제경쟁력강화를 위한 전사적 혁신경영**, 삼영사.

박주홍(2009), **국제경영전략**, 삼영사.

박주홍(2012a), **글로벌경영**, 유원북스.

박주홍(2012b), **글로벌전략**, 유원북스.

박주홍(2013), **글로벌마케팅**, 제2판, 유원북스.

반병길(1998), **글로벌경쟁시대의 국제마케팅**, 제4판, 박영사.

신유근(2005), "한국형 글로벌 리더십," **노사관계연구**, 제16권, 제2호, 한국노사관계학회, pp. 177-218.

이건희(1997), **현대경영학의 이해**, 학문사.

이광철(2015), **글로벌경영, 전략적 접근**, 한경사.

정수진/고종식(2011), **인사관리**, 삼우사.

정월순(2-015), **이문화경영**, 넥센미디어.

정재훈(2008), **인적자원관리**, 제2판, 북넷.

조동성(2006), **21세기를 위한 전략경영**, 서울경제경영.

최순규/신형덕 역, Hill, C. W. L. 저(2009), **국제경영-글로벌 시장에서의 경쟁전략, (International Business-Competing in the Global Marketplace, 7th Edition)**, 도서출판 석정.

최종태(1981), **현대노사관계론**, 경문사.

한선민(2005), **글로벌 마케팅론**, 형설출판사.

Adler, N. J.(1984), *Women's Androgynous Managers: A Conceptualization of the Potential for American Women in International Management*, Pergamon Press, Ltd.

Ball, D. A. et al.(2004), *International Business: The Challenge of Global Competition,* 9th Edition, Boston et al.

Bea, F. X./Dichtl, E./Schweitzer, M.(1994, Ed.), *Allgemeine Betriebswirtschaftslehre*, Band 2, Stuttgart/Jena.

Bea, F. X./Haas, J.(1995), *Strategisches Management*, Stuttgart/Jena.

Bonache, J.(2006), "The Compensation of Expatriates: a Review and Future Research Agenda," in: Stahl, G. K./Björkman, I.(2006, Ed.), *Handbook of Research in International Human Resource Management, Cheltenham,* UK and Massachusetts, USA, pp. 158–175.

Bühner, R.(1992), *Betriebswirtschaftliche Organisationslehre*, 6. Auflage, München/Wien.

Caligiuri, P./Tarique, I.(2006), "International Assignee Selection and Cross-Cultural Training and Development," in: Stahl, G. K./Björkman, I.(2006, Ed.), *Handbook of Research in International Human Resource Management,* Cheltenham, UK and Massachusetts, USA, pp. 302–322.

Cateora, P. R.(1993), *International Marketing*, 8th Edition, Burr Ridge, Illinois et al.

Cavusgil, S. T. et al.(2008), *International Business: Strategy, Management and New Realities*, Upper Saddle River, New Jersey.

Collings, D. G./Scullion, H.(2006), "Approaches to International Staffing," in: Scullion, H./Collings, D. G.(2006, Ed.), *Global Staffing*, Abingdon, Oxon, pp. 17–38.

Daniels, J. D. et al.(2004), *International Business, Environments and Operations*, 10th Edition, Upper Saddle River, New Jersey.

Dessler, G.(2003), *Human Resource Management*, 13th Edition, Boston et al.

Dowling, P. J./Festing, M./Engle, Sr., A. D.(2008), *International Human Resource Management: Managing People in a Multinational Context*, 5th Edition, London.

Dülfer, E.(1992), *Internationales Management in unterschiedlichen Kulturbereichen*, 2. Auflage, München.

Edwards, T./Rees, C.(2011), *International Human Resource Management: Globalization, National Systems and Multinational Companies*, 2nd Edition, Harlow, England.

Eldridge, D./McCourt, W.(2003), "Human Resource Planning," in: McCourt, W./Eldridge, D.(2003, Ed.), *Global Human Resource Management: Managing People in Developing and Transitional Countries,* Cheltenham, UK and Massachusetts, USA, pp. 50–88.

Evans, P./Pucik, V./Björkman, I.(2011), *The Global Challenge: International Human Resource Management*, 2nd Edition, New York.

Festing, M./Eidems, J./Royer. S.(2007), "Strategic Issues and Local Constraints in Transnational Compensation Strategies: An Analysis of Cultural, Institutional and Political Influences," *European Management Journal*, Vol. 25, No. 2, pp. 118–131.

Frese, E.(1987), *Unternehmungsführung*, Landsberg/Lech.

Fritz, J.(1982), *Wiedereingliederung höherer Führungskräfte nach einem Auslandseinsatz*, Dissertation, Univ. Mannheim.

Gillespie, K. et al.(2004), *Global Marketing: An Interactive Approach*, Boston/New York.

Gomez–Mejia, L. R./Werner, S.(2008, Ed.), *Global Compensation: Foundations and Perspective*, New York.

Griffin R. W./Pustay, M. W.(2007), *International Business,* 5th Edition, Upper Saddle River, New Jersey.

Hall, E. T.(1976), "How Cultures Collide," *Psychology Today*, July 1976, pp. 67–74.

Harvey, M./Novicevic, M. M.(2006), "The Evolution from Repatriation of Managers in MNEs to 'Patriation' in Global Organizations," in: Stahl, G. K./Björkman, I.(2006, Ed.), *Handbook of Research in International Human Resource Management*, Cheltenham, UK and Massachusetts, USA, pp. 323–343.

Heenan D. A./Perlmutter, H. V.(1979), *Multinational Organization Development*, Reading, Mass.

Herzberg, F.(1959), *The Motivation to Work*, New York.

Hicks, H. G./Gullet, C. R.(1976), *The Management of Organizations*, 3rd Edition, McGraw–Hill.

Hodgetts, R. M./Luthans, F.(2000), *International Management*, 4th Edition, McGraw–Hill.

Hoebel, A.(1970), *Culture & Society*, Oxford University Press, New York.

Hofstede, G.(1982), *Lokales Denken, globales Handeln: interkulturelle Zusammenarbeit und globales Management*, 2. Auflage, München.

Hofstede, G.(2000), *Culture's Consequences: Comparing Values, Behaviors, Institutions and Organizations across Nations*, 2nd Edition, Thousand Oaks/London/New Delhi.

Hofstede, G.(2001), *Culture's Consequences: Comparing Values, Behaviors, Institutions and Organizations across Nations*, 3rd Edition, Thousand Oaks/London/New Delhi.

Kaplan, R. S./Norton, D. P.(1992), "The Balanced Score Card: Measures that Drive Performance," *Harvard Business Review*, January–February, pp. 71–79.

Keegan, W. J.(1989), *Global Marketing Management*, 4th Edition, Englewood Cliffs, New Jersey.

Kieser, A ./Kubicek, H.(1992), *Organisation*, 3. Auflage, Berlin/New York.

Kluckhohn, F. R./Strodtbeck, F.(1961), *Variations in Value Orientations*, Westpot.

Konopaske, R./Ivancevich, J. M.(2004), *Global Management and Organizational Behavior: Text, Readings, Cases, and Exercises*, Boston et al.

Kreikebaum, H.(1989), "Internationale Planung," in: Macharzina, K./Welge, M. K.(1989, Ed.), *Handwörterbuch Export und Internationale Unternehmung*, Stuttgart, Sp. 1650–1658.

Linehan, M.(2006), "Women in the International Management," in: Scullion, H./Collings, D. G.(2006, Ed.), *Global Staffing*, Abingdon, Oxon, pp. 178–195.

Macharzina, K.(1993), *Unternehmensführung; das internationale Managementwissen; Konzepte–Methoden–Praxis*, Wiesbaden.

Macharzina, K./Welge, M. K.(1989, Ed.), *Handwörterbuch Export und Internationale Unternehmung*, Stuttgart.

Maslow, A. H.(1954), *Motivation and Personality*, New York.

McCourt, W.(2003), "Recruitment, Selection and Equal Opportunities," in: McCourt, W./Eldridge, D.(2003, Ed.), *Global Human Resource Management: Managing People in Developing and Transitional Countries,* Cheltenham, UK and Massachusetts, USA, pp. 170–207.

McCourt, W./Eldridge, D.(2003, Ed.), *Global Human Resource Management: Managing People in Developing and Transitional Countries,* Cheltenham, UK and

Massachusetts, USA.

Mondy, R. W./Noe, R. M.(1996), *Human Resource Management*, New York.

Mumford, M. D. et al.(2000), "Leadership skills for d Changing World; Solving Complex Social Problem," *Leadership Quarterly*, Vo. 11, No. 2, pp. 11−35.

Neuland, E./Hough, J.(2007, Ed.), *Global Business–Environments and Strategies: Managing for Global Competitiveness Advantage*, 3rd Edition, Oxford University Press, Southern Africa, Cape Town.

Noe, R. A. et al.(2013), *Human Resource Management: Gaining Competitive Advantage*, 8th Edition, McGraw−Hill.

Organization Resources Counselors(2002), *2002 Worldwide Survey of International Assignment Policies and Practices*, European Edition.

Osland, J. S. et al.(2006), "Developing Global Leadership Capabilities and Global Mindset: A Review," in: Stahl, G. K./Björkman, I.(2006, Ed.), *Handbook of Research in International Human Resource Management*, Cheltenham, UK and Massachusetts, USA, pp. 197−222.

Parkinson, E./Morley, M. J.(2006), "Cross−cultural Training," in: Scullion, H./Collings, D. G.(2006, Ed.), *Global Staffing*, Abingdon, Oxon, pp. 117−138.

Perlitz, M.(2004), *Internationales Management*, 5. Auflage, Stuttgart.

Perlmutter, H. V.(1969), "The Tortuous Evolution of the Multinational Corporation," *Columbia Journal of World Business*, pp. 9ff.

Poole, M.(1986), *Industrial Relations: Origins and Patterns of National Diversity*, London.

Punnett, B. J.(2004), *International Perspectives on Organizational Behavior and Human Resource Management*, New York.

Rugman, A. M./Hodgetts, R. M.(2003), *International Business,* 3rd Edition, London et al.

Salimäki, A./Heneman, R. L.(2008), "Pay for Performance for Global Employees," in: Gomez−Mejia, L. R./Werner, S.(2008, Ed.), *Global Compensation: Foundations and Perspective,* New York, pp. 158−166.

Schertler, W.(1993), *Unternehmensorganisation*, München/Wien.

Scheuss, R.(1985), *Strategische Anpassung der Unternehmung*, Dissertation, St. Gallen.

Schreyögg, G.(1994), "Zum Verhältnis von Planung und Kontrolle," *Wirtschaftswissenschaftliches Studium*, 7/1994, pp. 345-351.

Scullion, H./Collings, D. G.(2006, Ed.), *Global Staffing*, Abingdon, Oxon.

Stahl, G. K./Björkman, I.(2006, Ed.), *Handbook of Research in International Human Resource Management*, Cheltenham, UK and Massachusetts, USA.

Thomas, D. C./Lazarova, M. B.(2014), *Essentials of International Human Resource Management*, Thousand Oaks, California.

Trompenaars, F.(1993), *Riding the Waves of Culture-Understanding Cultural Diversity in Business*, London.

Ulrich, P./Fluri, E.(1992), *Management*, 6. Auflage, Bern/Stuttgart.

Vance, C. M./Paik, Y.(2015), *Managing a Global Workforce: Challenges and Opportunities in International Human Resource Management*, 3rd Edition, New York and Abingdon, Oxon.

von Keller, E.(1982), *Management in fremden Kulturen: Ziele, Ergebnisse und methodische Probleme der kulturvergleichenden Managementforschung*, Bern/Stuttgart.

Weber, W. et al.(2001), *Internationales Personalmanagement*, 2. Auflage, Wiesbaden.

Wild, J. J. et al.(2008), *International Business, The Challenges of Globalization,* 4th Edition, Upper Saddle River, New Jersey.

http://fortune.com/global500/

http://www.wto.org

국·문·색·인

ㅅ

ㅈ

영 · 문 · 색 · 인

[저자약력]

박 주 홍 (朴 珠 洪)

계명대학교 경영학과(부전공: 독어독문학) 졸업(경영학사)
계명대학교 대학원 경영학과 졸업(경영학석사)
독일 슈투트가르트(Stuttgart) 대학교 경영학과 수학
독일 호헨하임(Hohenheim) 대학교 대학원 국제경영전공 박사과정 수학
독일 만하임(Mannheim) 대학교 대학원 국제경영학과 졸업(경영학박사)
독일 바덴-뷰르템베르크(Baden-Württemberg)주 학예부 박사학위지원 장학금 수상독일 학술교류처(DAAD) 연구지원 장학금 수상
BMW 학술상 수상, 2001
남서울대학교 경영학과 조교수 및 경영연구센터 소장 역임
독일 만하임(Mannheim) 대학교 국제경영학과 방문교수 역임
계명대학교 경영대학 부학장, 취업지원처장, 학생복지취업처장 역임
현재 계명대학교 경영학전공(국제경영) 교수(juhong@kmu.ac.kr)
독일 Perlitz Strategy Group(경영컨설팅사) 아시아지역 학술고문(www.perlitz.com)
한국경제질서 경제학회 부회장, 한국국제경영학회 상임이사, 한독경상학회 이사

주요 논문, 저서 및 역서

글로벌 인적자원관리, 유원북스(2016)
글로벌마케팅, 제3판, 유원북스(2022)
글로벌전략(제2판), 유원북스(2020)
글로벌경영(제2판), 유원북스(2018), 집현재(2011)
글로벌마케팅, 박영사(2010)
국제경영전략, 삼영사(2009)
국제경쟁력강화를 위한 전사적 혁신경영, 삼영사(2007)
국제경영(역서, Manfred Perlitz 저), 형설출판사(2003) 외 3권의 저서
"AHP를 이용한 제품혁신을 위한 의사결정 우선순위의 분석: 조직력 측면을 중심으로"(2018)
"The Competitiveness of Korean and Chinese Textile Industry: The Diamond Model Approach"(2010, 공동연구) 외 50여 편의 논문

글로벌 인적자원관리

2016년 2월 28일 초판발행
2022년 2월 25일 초판 2쇄

저 자 박 주 홍
발행인 이 구 만
발행처 유원북스 도서출판

서울특별시 마포구 토정로 222, 416(한국출판콘텐츠센터)
전화 (02)593 1800 FAX (02)593 1801
등록 2011. 9. 6. 제25100-2012-3호
www.uwonbooks.com uwbooks@daum.net

정 가 33,000원 ISBN 978-89-97926-52-7